W0383843

LES ALPES ET LES COMPOSITEURS

Illustration de couverture :
Auteurs : Ferdinand Hodler (Berne, 14.03.1853 – Genève, 19.05.1918)
Titre : *La Jungfrau dans le brouillard*
Datation : 1908
Matières et techniques : Huile sur toile ; Peinture
Dimensions : (haut. x larg.) 92 x 67.7 cm
Musée d'art et d'histoire, Ville de Genève. Achat, 1939
© Musée d'art et d'histoire, Ville de Genève, photographe : Yves Siza
N° d'inventaire : 1939-0034

OUVRAGE PUBLIÉ AVEC LE SOUTIEN DE LA RÉGION AUVERGNE-RHÔNE-ALPES © 2024, ÉDITIONS DU MONT-BLANC

La Région
Auvergne-Rhône-Alpes

© ÉDITIONS DU MONT-BLANC 2024
287 CHEMIN DES CHAVAUX,
74310 LES HOUCHES

CONNECTEZ-VOUS SUR WWW.LESEDITIONSDUMONTBLANC.COM

ISBN : 9782365451840
DÉPOT LÉGAL : NOVEMBRE 2024

Dominique Huybrechts

LES ALPES ET LES COMPOSITEURS

ÉDITIONS DU MONT-BLANC
CATHERINE DESTIVELLE

« Il semble que, sur les sommets, ce ne soit pas seulement la belle vue qui procure de la joie ; il y a en effet aussi l'idée que c'est par notre effort physique que nous avons conquis cette beauté ; c'est, précisément, cet effort couronné de succès qui nous comble de bien-être, et seuls les deux réunis nous procurent une satisfaction totale. »

Bélà Bartók

Le Voyageur contemplant une mer de nuages, Caspar David Friedrich, 1818.

Le compositeur Anton Webern (à droite) lors d'une ascension hivernale du Grossvenediger, 2e sommet d'Autriche, en compagnie de son ami Josef Hueber. Photo prise le 14 août 1935.

SOMMAIRE

Le lac Misurina et les Tre Cime di Lavaredo, l'une des excursions favorites de Gustav Mahler.

AVANT-PROPOS

À l'époque de Gustav Mahler, la station de Toblach (aujourd'hui Dobbiaco) était l'une des plus charmantes cités touristiques du Tyrol du Sud. Le compositeur autrichien y louait un appartement à l'étage d'une auberge, l'actuelle *Gustav Mahler Stube*, située un peu à l'écart du centre. Au fond de la propriété se cache encore son *Häuschen*, petit abri de jardin en bois qu'il s'était fait construire pour pouvoir composer en toute tranquillité. C'est là qu'il élabora ses trois derniers chefs-d'œuvre : *Le Chant de la Terre* et ses deux dernières symphonies, la 9e, et la 10e restée inachevée. Comme tant d'autres compositeurs, Mahler avait constaté l'effet bénéfique de la montagne sur sa santé et son inspiration musicale. Cela n'avait d'ailleurs rien d'exceptionnel depuis qu'un grand nombre d'artistes fréquentaient les Alpes dans le cadre d'un Grand Tour, d'une tournée de concerts, pour améliorer leur état de santé, fuir la guerre ou leur vie sentimentale compliquée, ou encore pratiquer leur sport favori. Mais la plupart venaient simplement se ressourcer à l'air pur et profiter de la belle saison pour composer.

Les Alpes d'aujourd'hui sont restées sensiblement les mêmes qu'à l'époque de Mahler. Certes, les villes ont pris du volume alors que les glaciers ont fortement rétréci, et des pans de montagne se sont effondrés. Mais les paysages sont restés aussi magnifiques et les touristes viennent encore les admirer comme le firent nos compositeurs dès la fin du XVIIIe siècle.

La pension *Trenker* de Dobbiaco (Toblach) accueillit Gustav Mahler et sa famille durant trois étés, entre 1908 et 1910. C'est l'actuelle *Gustav Mahler Stube*, une auberge cossue située un peu à l'écart du village, au lieu-dit Alt Schluderbach. .

Les Alpes bernoises vues de Grindelwald dessiné par Hans Fischer (1849-1886). Lithographié par J. G. Bach.

INTRODUCTION

Bien avant de devenir l'épicentre européen des sports de glisse et des cures de bien-être, le massif des Alpes a longtemps attiré les amateurs de paysages grandioses, de calme ou d'air pur. Nulle part ailleurs on ne trouve une telle concentration de paysages aussi majestueux, de lacs étincelants, de vastes alpages à la faune et à la flore luxuriantes et de glaciers scintillants qui s'étirent le long de parois vertigineuses et abruptes. Du massif du Mont-Blanc aux chaînes des Dolomites, en passant par les Alpes du Valais, de l'Oberland bernois, des Hohe Tauern ou encore du Dachstein, on découvre à chaque fois des paysages merveilleux. C'est dans cet environnement sublime, à l'abri des conflits meurtriers, du fourmillement des grandes villes et des grands bouleversements sociétaux, que certains compositeurs ont choisi de vivre ou de venir passer la belle saison, déchargés enfin de leurs obligations professionnelles. Pour Mendelssohn, Brahms, Mahler, Strauss, Bartók, Messiaen et bien d'autres, l'appel de la montagne fut source de bonheur intense et de créativité renouvelée.

Les raisons qui ont attiré les artistes vers les cimes ne relèvent pas simplement de la recherche d'un havre de paix, ni d'un espace d'agrément pour passer leurs vacances, comme c'est en général le cas de nos jours. Les compositeurs occidentaux ont d'abord été motivés par la nécessité de franchir les Alpes pour gagner leur vie, pour diffuser un savoir-faire ou recevoir un enseignement musical de qualité, comme ce fut le cas dès le XVe siècle. À cette époque, la plupart des compositeurs que l'on nomme aujourd'hui les « Franco-Flamands » traversèrent les Alpes pour partager leur maîtrise de l'écriture polyphonique savante au sein des cours princières et papale italiennes. On connaît mal les détails de leurs voyages mais on sait qu'ils furent nombreux à traverser à pied ou à cheval les cols du Mont-Cenis et du Brenner, plus accessibles que les autres. Plus tard, aux XVIIe et XVIIIe siècles, les compositeurs du nord de l'Europe firent le même voyage, mais cette fois pour recevoir les conseils des Italiens, passés maîtres dans l'art lyrique et instrumental. C'est pour cette raison que le petit Mozart fut envoyé à Bologne par son père pour se perfectionner auprès du Padre Martini, considéré comme le meilleur pédagogue musical de l'époque. Les conditions de traversée des Alpes étaient souvent pénibles, surtout au moment de la fonte des neiges. Mozart emprunta la fameuse route du col du Brenner, réputée plus sûre et plus directe depuis Salzbourg, bien que comportant les dangers habituels des avalanches et des tempêtes de neige. Il renouvela le voyage d'Italie par deux fois, mais ce fut alors pour gagner sa vie et non plus pour recevoir l'enseignement d'un mentor. Plus tard, les jeunes compositeurs français lauréats du Prix de Rome, comme Hector Berlioz et Nicolas Blondeau, firent le voyage d'Italie en passant par le col du Mont-Cenis. Les compositeurs ont donc joué un rôle appréciable dans les échanges culturels de part et d'autre des Alpes. Mais les nécessités de la carrière et des affaires n'ont pas été les seuls moteurs de leurs déplacements, puisqu'avec l'avènement du tourisme au XIXe siècle apparurent d'autres formes de voyages basés cette fois sur le plaisir de la découverte.

Dès la fin du XVIIIe siècle, l'image d'Alpes dangereuses et redoutables changea pour devenir un espace d'émerveillement et de contemplation. La bonne société bourgeoise et aristocratique occidentale découvrit le plaisir du voyage alpin, mieux connu sous les noms de « Grand Tour » (pour les Anglo-Saxons) ou de « Kavaliertour » (pour les germanophones). Ce voyage durait de deux semaines à trois mois, parfois davantage, le temps de découvrir le lac Léman et Genève, le massif du Mont-Blanc et la vallée de Chamonix, le massif de la Jungfrau et Interlaken, le lac des Quatre-Cantons et Lucerne, ou encore quelques grands monastères et lieux de culte des Alpes (Saint-Gall, Einsiedeln, Engelberg, Mariazell, Admont, etc.). Il nous reste aujourd'hui des centaines de témoignages de voyageurs qui ont décrit ce genre de périple. Le Grand Tour et le voyage organisé attirèrent principalement de jeunes Anglais et Anglaises fortunés, aussitôt rejoints par des artistes et des intellectuels aux conditions aisées, la plupart issus des grandes villes du nord de l'Europe, comme les jeunes compositeurs Felix Mendelssohn, Robert Schumann, Carl Maria von Weber, Franz Liszt ou encore Charles Gounod. Leur voyage était en réalité une manière d'apprendre à mieux se connaître. La recherche de relations professionnelles passait largement au second plan.

D'autres compositeurs furent obligés de voyager pour survivre et se retrouvèrent en montagne pour des raisons idéologiques, politiques ou encore sentimentales. Il y eut d'abord Richard Wagner, obligé de se réfugier à Zurich suite à sa participation active au mouvement insurrectionnel de la ville de Dresde, exilé ensuite au bord du lac des Quatre-Cantons en raison de l'hostilité grandissante des autorités bavaroises à son égard. Quelques années plus tard, ce fut au tour de Piotr Ilitch Tchaïkovsky de se réfugier au bord du Léman pour fuir sa jeune femme épousée sur un coup de tête. Et lorsque la Grande Guerre éclata, son compatriote Igor Stravinsky se retrouva coincé dans le canton de Vaud, alors qu'il venait faire soigner son épouse qui souffrait des bronches. Lorsque les nazis arrivèrent au pouvoir en Allemagne, certains musiciens bannis par le régime choisirent les Alpes pour se mettre à l'abri, comme Paul Hindemith, qui vécut à Crans-Montana à partir de 1938, ou Walter Braunfels, exilé au bord du lac de Constance.

C'est aussi pour résoudre leurs problèmes de santé qu'un certain nombre de compositeurs organisèrent des voyages en altitude. Depuis le XVIIIe siècle, l'air alpin avait fait l'objet d'une réflexion approfondie de la part des physiologistes car sa pureté était supposée améliorer la santé de ceux qui souffraient d'affections respiratoires. Avec la progression de fléaux comme la tuberculose et l'alcoolisme, les pratiques sanatoriales gagnèrent en importance au milieu du XIXe siècle. Les années 1920-1930 virent encore se multiplier les stations de cure destinées à accueillir les tuberculeux venus de toute l'Europe, comme les compositeurs Karol Szymanowski, Willy Burkhard ou encore l'épouse de Béla Bartók, tous trois soignés dans un sanatorium à Davos.

L'air pur de la montagne ne profitait pas qu'aux malades des bronches ou aux alcooliques. Le compositeur autrichien Hugo Wolf, qui souffrait de crises aiguës de paranoïa et de schizophrénie, suivit régulièrement des cures de repos au bord du Traunsee, l'un des plus beaux lacs du Salzkammergut, avant de sombrer définitivement dans la folie. D'autres compositeurs firent de courts séjours dans des villes d'eau réputées pour leurs équipements hôteliers et sanitaires, comme Bad Gastein, qui accueillit Franz Schubert et Giacomo Meyerbeer, ou Bad Ischl, où se croisèrent les membres de la famille impériale et des compositeurs comme Johannes Brahms, Johann Strauss ou encore Franz Lehár.

Le spectacle de la nature alpine attira bien d'autres amateurs d'excursions, notamment des compositeurs qui cherchaient l'air pur et l'inspiration dans la contemplation de beaux paysages. C'est pour cette raison que Johannes Brahms, grand amoureux de la montagne suisse et des longues promenades, séjourna durant trois étés consécutifs au bord du lac de Thun. Cette période fut l'une des plus fécondes de sa longue carrière. Outre la promenade traditionnelle au casino, qu'il achevait sur la terrasse par une chope de bière et un bon cigare, il effectua de nombreuses randonnées pédestres, comme l'ascension du Niesen, les montées au lac d'Oeschinen, à Mürren et à Kleine Scheidegg.

Mendelssohn, Wagner , Mahler et Zulawski ont été profondément marqués par l'univers alpin. Dans son journal, Mendelssohn offre une image assez précise de ce que pouvait représenter la traversée des Alpes à pied au milieu du XIXe siècle. Wagner explora intensément les Alpes suisses et effectua de longues excursions parfois risquées qui ont largement inspiré ses opéras. Quant à Mahler, il est l'incarnation du *Sommerkomponist* comme disent les Allemands, le compositeur de l'été à la montagne, randonneur infatigable à pied ou à vélo à travers les Alpes autrichiennes.

Nous ne pouvions passer sous silence la double vocation d'un groupe de compositeurs (Beck, Blanchet, Koechlin, Sinigaglia, Webern, Zapparoli) qui pratiquèrent l'alpinisme comme on déchiffre une partition musicale, avec ce même désir de dépassement, cette même volonté d'explorer de nouvelles voies, quitte à en assumer tous les risques.

En revisitant le profil d'une centaine de compositeurs à travers les liens qui les unissent aux Alpes, nous les accompagnons dans leur ascension et parcourons le répertoire musical au filtre de leurs expériences en montagne. La plupart ont livré de beaux témoignages écrits et des partitions en forme d'album souvenir qui retentissent comme des échos sonores d'une nature splendide et inviolée.

Le compositeur autrichien Karl Weigl face au massif autrichien du Stubaï.

Gruyères
GRAND TOUR
of Switzerland

01

LE GRAND TOUR DES ALPES
DES COMPOSITEURS

L'esprit du Grand Tour a été remis à l'honneur par l'office du tourisme suisse, comme ici au château de Gruyères.

« *Pendant longtemps, la Suisse n'a guère été qu'une étape, l'un des passages obligés vers l'Italie;* [...] *Puis les choses changèrent, et Rousseau y fut évidemment pour quelque chose. On s'intéressa au spectacle de la nature, aux paysages alpestres*[1]. » Ces propos d'Yves Giraud font évidemment référence au vaste mouvement d'intérêt pour les Alpes qui naquit à la fin du XVIIIe siècle, non plus considérées comme de simples obstacles naturels à franchir pour accéder au sud de l'Europe, mais comme un espace d'observation et d'émerveillement à part entière.

Le concept du Grand Tour

À partir des années 1750, les Anglais commencèrent à témoigner un intérêt particulier pour les Alpes suisses et françaises, qui semblaient correspondre à leur penchant naturel pour le sublime. Bientôt les Français, poussés par les écrits de Jean-Jacques Rousseau et par la conquête du mont Blanc (1786), de même que des Allemands influencés par l'esprit du mouvement Sturm und Drang, emboîtèrent à leur tour le pas aux Britanniques. Les voyageurs vinrent de toute l'Europe, mais principalement de France, d'Allemagne et d'Angleterre.

Les Alpes constituèrent aussi la première étape de l'itinéraire du fameux « Grand Tour », terme inventé pour désigner une forme originale de périple réalisé par des jeunes gens de bonne famille qui souhaitaient découvrir les vestiges des cultures antiques du sud de l'Europe. Bien souvent, les Alpes devenaient l'unique but du voyage, comme pour les compositeurs Carl Maria von Weber, Franz Liszt, Robert Schumann, Felix Mendelssohn ou encore Charles Gounod. Pour cette génération de musiciens-voyageurs, il convenait de parfaire leur éducation au contact de cultures inconnues, de créer des liens avec la profession et éventuellement de recueillir des mélodies populaires. En réalité, leur traversée prit l'allure d'une exploration des Alpes en pleine nature.

Le circuit classique du Grand Tour « alpin » consistait, pour les musiciens allemands et autrichiens, à rejoindre le lac de Constance, continuer en Appenzell puis par le lac de Wallenstadt, et de là rejoindre Zurich. Ils poursuivaient en direction de Lucerne et de Berne via le col du Brünig, avant d'explorer le massif de la Jungfrau. Certains se dirigeaient jusqu'aux cols du Grimsel et de la Furka pour revenir ensuite à Lucerne via le massif du Gothard, d'autres poussaient jusqu'au lac Léman, d'où ils rejoignaient l'itinéraire des voyageurs venus de France (dont beaucoup d'Anglais). Une excursion à Chamonix s'imposait depuis Genève, avec une option jusqu'au col du Grand-Saint-Bernard ou dans le Haut-Valais jusqu'à Zermatt.

[1] GIRAUD (Yves), « Les stéréotypes du voyage à travers les récits de madame de la Briche », in *Charles de Brosses et le voyage lettré au XVIIIe siècle* (dir. Sylviane Leoni), Éditions universitaires de Dijon, 2004, pp. 75-77.

La poste de la Furka et le glacier du Rhône, 1906.

Se déplacer dans les Alpes au XIXe et au XXe siècle

Entre le début de l'exploration des Alpes et la naissance du tourisme alpin, les adeptes du Grand Tour durent se contenter de voyages à pied, à dos de mule ou en diligence. Ils utilisèrent souvent leurs propres moyens de transport et se firent parfois accompagner d'un domestique ou d'un guide. Pour Mendelssohn et Schumann, qui effectuèrent une traversée pédestre de la Suisse à quelques années d'intervalle, les conditions climatiques furent désastreuses : ils durent en effet faire face à des tempêtes, à des orages et à des inondations d'une rare violence qui les obligèrent à adapter sans cesse leur itinéraire. Lorsque Franz Liszt et Marie d'Agoult se déplacèrent en Suisse, ce fut à dos de mule ou à cheval, accompagnés d'une servante. Ils logeaient la plupart du temps chez l'habitant et dans un confort spartiate. Les excursions se limitaient le plus souvent aux belvédères, exceptionnellement à l'ascension d'une montagne, comme Mendelssohn au sommet du Faulhorn ou Wagner qui gravit le Säntis et le Sidelhorn. Ce dernier voyageait généralement à pied, en diligence postale ou en *Rietwägeli*, une sorte de charrette tirée par un seul cheval. Et pour la traversée du col du Saint-Gothard enneigé, il monta à bord d'un *Postschlitt*, un genre de gros traîneau tiré par un cheval emportant deux passagers assis l'un en face de l'autre.

Depuis le début du XVIIIe siècle, la famille Tour et Taxis détenait le monopole du transport dans tout le Saint Empire, y compris dans les Alpes. Des milliers de cochers, palefreniers, maîtres de poste et postillons assuraient un service organisé de véhicules empruntés par les marchands et les gens du voyage qui n'avaient pas les moyens de se payer leur propre voiture ni leurs équipages personnels. Les diligences privées couvraient généralement d'assez longues distances. En revanche, les services postaux n'étaient pas des plus efficaces : ils assuraient des trajets très courts à des vitesses plus que modérées. Les délais de halte pour changer d'attelage variaient en fonction de la fréquentation de la ligne, de la difficulté du chemin, des intempéries, des avaries, etc. Pour toutes ces raisons, les Mozart utilisèrent les diligences privées ou celles gracieusement prêtées par des notables ou des connaissances.

Les premiers bateaux à vapeur permirent à nos musiciens de rejoindre les villes du pourtour des lacs alpins : dès 1823 sur le lac Léman, à partir de 1836 sur le Thunersee, et trois années plus tard sur le Brienzersee. Weber, Schumann et Wagner empruntèrent ce moyen de transport pour rejoindre Interlaken depuis Brienz en seulement une heure[2].

Le besoin de satisfaire le tourisme de masse commença à se faire réellement sentir dans les années 1870, parallèlement au développement de centres de revalidation pour les malades qui souffraient des bronches. Les ingénieurs et les pouvoirs locaux imaginèrent alors la construction de voies ferrées accessibles aux stations d'altitude, comme les Chemins de fer rhétiques (RhB) ou le Montreux-Oberland (MOB), mais ils développèrent aussi un nombre incroyable de petites lignes et funiculaires à vocation touristique pour permettre d'accéder plus facilement aux plus beaux points de vue : le sommet du Rigi fut relié par un train à crémaillère dès 1870, celui du Pilatus en 1889 et celui du Gornergrat en 1898. La construction du chemin de fer au sommet de la Jungfrau débuta en 1896 et aboutit en 1912 par l'inauguration d'une gare dans la roche à plus de 3 454 mètres ! En France, l'achèvement du réseau de montagne de Haute-Savoie s'effectua à la veille de la Première Guerre mondiale : un train rejoignait déjà Le Fayet en 1898, ensuite Chamonix en 1901. En 1908, la ligne Chamonix-Le Châtelard fut prolongée jusqu'à Martigny en Suisse. Le rail français s'élança alors à la conquête des sommets : le chemin de fer à crémaillère du Montenvers fut achevé en 1908 et celui du Mont-Blanc jusqu'au glacier de Bionnassay en 1913.

Wagner assista de loin à l'inauguration de la ligne du Gothard, un événement de portée internationale qui bouleversa les transports en Europe. Partout dans les Alpes on construisait des tunnels, des ponts et des gares ! Grâce à l'ouverture de la ligne du Semmering, en Autriche, Mahler put rallier le Wörthersee et Toblach en seulement quelques heures de train, et il ne fallut qu'une paire d'heures à Brahms pour se rendre de Vienne à Bad Ischl, dans le Salzkammergut. Chaque région rivalisait d'ingéniosité avec sa voisine pour permettre aux touristes d'accéder facilement aux plus beaux points de vue. C'est donc à bord de trains à crémaillère ou de funiculaires que Fauré grimpa au mont Rigi, que Bartók monta

Le chemin de fer du Rigi-Scheidegg était l'un des maillons de l'infrastructure ferroviaire du belvédère du Rigi. Inauguré en 1875, il menait les clients des grands hôtels au panorama de Scheidegg. Abandonnée en 1931 faute de succès public, puis démantelée en 1942, cette courte ligne de 6,6 km est aujourd'hui aménagée en circuit de promenade.

au Gornergrat et que Prokofiev put rejoindre le belvédère du Montenvers !

Ce développement fulgurant du transport ferroviaire alpin, principalement entre 1890 et 1913, s'acheva brutalement avec la Première Guerre mondiale. La demande en acier militaire explosa, le matériel ferroviaire fut réquisitionné pour le transport des troupes, et les cheminots et les ouvriers de chantiers, principalement des Italiens, furent envoyés au front. Les projets d'extension et de création de nouvelles lignes ferroviaires furent définitivement rangés au placard, comme celui de rallier en train le sommet du mont Blanc.

À l'issue du premier conflit mécanisé de l'histoire, l'automobile et l'autocar commencèrent à rivaliser sérieusement avec le train, d'autant que certaines vallées sauvages ne pouvaient accueillir le chemin de fer. L'accroissement du parc des véhicules à roues et l'apparition du tourisme automobile poussèrent les autorités locales à améliorer leur réseau routier, notamment par l'aménagement des grands cols. La route des Grandes Alpes en France, la Dolomitenstrasse en Italie, la Grossglockner Alpenstrasse autrichienne, l'Axenstrasse ou encore la route de la Tremola en Suisse attirèrent de plus en plus de véhicules, y compris les motos. L'aménagement de routes panoramiques contribua à désenclaver les vallées les plus reculées, ce qui provoqua un afflux de véhicules motorisés dans les cols. Plusieurs compositeurs optèrent pour un mode de transport individuel, plus rapide et plus confortable que le train, quoique plus onéreux.

[2] En 1848 apparut le premier bateau sur le lac des Quatre Cantons, le *SS Rigi*, en réalité un petit vapeur surmonté d'un pont en bois et de deux cabines, sans commune mesure avec les palaces flottants de la Belle Époque dont on voit encore les répliques parcourir les grands lacs.

Richard Strauss posant devant son véhicule Mercedes flambant neuf en 1920.

Sergueï Rachmaninov à Hertenstein,
devant sa Lincoln KBV12 Limousine (vers 1930).

Se loger dans les Alpes à l'époque du Grand Tour

De nos jours, on ne compte plus dans les Alpes les palaces de prestige, hôtels anciens et sanatoriums reconvertis et remis au goût du jour, comme s'ils avaient toujours été là et qu'ils étaient indissociables du décor. Il faut cependant avoir à l'esprit que ces établissements sont les témoins d'une évolution progressive liée au développement touristique et à l'amélioration des moyens de transport en montagne. Les relations de voyage des compositeurs nés au début du XIXe siècle, comme celles de Felix Mendelssohn, de Robert Schumann, de Richard Wagner ou encore de Franz Liszt, montrent à quel point le voyage dans les Alpes évolua considérablement entre 1820 et 1860, notamment grâce à l'essor du tourisme et des infrastructures d'accueil. Lorsque Mendelssohn fit son premier voyage en Suisse en 1822, il dut camper à Interlaken ! Mais dix ans plus tard, il put loger dans un hôtel flambant neuf à Chamonix : « *En 1830, l'hôtellerie ne permettait pas d'effectuer de longs séjours dans le même endroit et les voyageurs étaient contraints à de fréquents déplacements. Dès le milieu du siècle, les séjours sédentaires devenaient possibles, et Mendelssohn en fit profiter sa famille. Dès lors, le type de voyage changea : du voyage à pied, on passa au voyage en diligence, puis en train à la fin du siècle. L'itinéraire n'était plus la règle, mais juste un moyen de relier deux points de villégiature*[3]. »

Par sa position privilégiée face au massif du Mont-Blanc, Chamonix fut la première station des Alpes à connaître un essor touristique qui ne soit pas lié au thermalisme, contrairement à Saint-Gervais, Baden, Bad Gastein ou Loèche-les-Bains. Après la conquête du mont Blanc en 1786, les touristes, principalement anglo-saxons, mais aussi français et suisses, commencèrent à affluer dès l'ouverture du premier hôtel en 1816. Ce premier hôtel de luxe fut l'*Hôtel de l'Union*, où logèrent précisément Mendelssohn et Liszt.

En Suisse, Interlaken devint très vite le « must » incontournable des tour-opérateurs anglo-saxons. Pour faire face à l'afflux des touristes, on équipa la petite cité de l'Oberland bernois de grands hôtels, assez luxueux pour l'époque. Il faut dire que l'endroit était idyllique, avec sa vue imprenable sur la Jungfrau et sa position privilégiée entre les lacs de Thun et de Brienz. Mendelssohn, Schumann, Spohr, Wagner, Brahms ou encore le jeune Debussy fréquentèrent bientôt Interlaken, considérée comme le « Paris des Alpes ».

Alors que des infrastructures hôtelières commençaient à se développer un peu partout, la plupart des grandes stations aujourd'hui célèbres, comme Saint-Moritz, Arosa, Davos ou encore Zermatt, n'étaient que des petits villages perdus dans la montagne. Lorsque Wagner entreprit son excursion à Zermatt en 1849, le village était complètement inconnu. Il fallut attendre la première ascension tragique du Cervin en 1865[4] pour commencer à voir arriver les touristes ! Et quand le compositeur débarqua à Saint-Moritz en 1853, le village ne comptait qu'un seul hôtel, le *Faller*. Mais deux ans après sa visite, les touristes pouvaient déjà profiter d'un palace flambant neuf, l'*Engadiner Kulm*, suivi l'année suivante d'un hôtel de bains confortable, le *Badekurhaus*. Même si Wagner appréciait le luxe des étoffes et un certain confort bourgeois (en témoigne une photo de Wagner prise à Tribschen), il préférait loger dans des petits hôtels ou des pensions familiales plutôt que dans des palaces fréquentés par une clientèle snob anglo-saxonne qu'il détestait. D'ailleurs, il méprisait ces touristes qui grimpaient en chaise à porteurs, les femmes en jupe bouffante et les hommes en costume du dimanche ! Il n'hésita pas à loger dans de petites auberges rustiques, comme au sommet du Rigi, ou dans l'Oberland bernois, à l'*Hôtel Jungfrau* à Wengernalp, au *Bellevue* de Kleine Scheidegg ou encore à l'hôtel-restaurant bâti sur le Faulhorn en 1832[5].

En peu de temps, le mont Rigi, qui fait face à la ville de Lucerne, est devenu le temple absolu du tourisme helvétique. Il attira bon nombre de musiciens-voyageurs qui grimpèrent pour contempler le lever du soleil au son du cor des Alpes, comme le voulait la tradition. Le premier hôtel du Rigi ouvrit ses portes en 1848. Mais en 1863 on y comptait déjà deux hôtels de 330 lits chacun, et trente ans plus tard le Rigi offrait une capacité de 2 000 lits pour plus de 150 000 visiteurs par an ! Wagner dut renoncer plus d'une fois à loger au sommet, tant l'affluence des touristes

[3] SCHNEIDER (Mathieu), *L'Utopie suisse dans la musique romantique*, Éditions Hermann, 2016, p. 122.

[4] Celle de l'Anglais Edward Whymper, qui perdit quatre de ses compagnons d'ascension.

[5] Le premier grand hôtel suisse ouvrit ses portes en 1834, il s'agit de l'*Hôtel de Bergues* à Genève. Wagner refusa d'y loger, préférant l'*Hôtel de l'Écu* de Genève, recommandé par le Baedeker de l'époque.

Le premier hôtel de Chamonix, *L'Union*, qui ouvrit ses portes en 1816. Mendelssohn et Liszt y séjournèrent.

était considérable durant la période estivale. D'autres promontoires rocheux attirèrent bientôt les musiciens en quête de sensations fortes, comme le Faulhorn, le Niesen ou encore le Pilatus. Et contrairement à Wagner, Mendelssohn, qui grimpa au sommet du Faulhorn en 1831, n'eut pas la chance de pouvoir loger dans un hôtel. L'établissement de Samuel Blattner – en réalité une auberge d'une vingtaine de chambres – ouvrit ses portes en 1832, soit une année après l'ascension de Mendelssohn, de sorte que celui-ci dut passer la nuit dans un petit chalet de bois !

L'auberge sur le Faulhorn où Richard Wagner passa la nuit en juillet 1852 (2 681 m). Cet établissement fut érigé en 1832, soit une année après la visite de Mendelssohn, qui dut se contenter d'une nuitée en cabane.

02

LE GRIMPEUR EST UN ARTISTE

Bélà Bartók en route vers le Grossglockner en 1937 (photo prise par Ditta Pásztory, deuxième épouse du compositeur).

Gustav Mahler éprouvait une vive attirance pour la montagne ; elle lui procurait une joie indescriptible qui servait de nourriture spirituelle à son inspiration créatrice. Mais sa peur du vide, sans doute liée à ses nombreux problèmes de santé, l'empêcha de connaître l'expérience des hauts sommets. Durant l'été 1899, alors qu'il séjournait dans la région de Bad Aussee en compagnie de sa sœur Justi et de son futur beau-frère, le violoniste Arnold Rosé, Mahler décida de grimper sur le Sattal, une petite montagne de la région du Salzkammergut, et, tandis qu'il marchait tranquillement derrière ses compagnons, « *le sol se déroba tout à coup sous ses pas, il manqua tomber et perdre connaissance, lui qui n'avait jamais connu de sa vie le vertige. Justi le vit "pâle comme la mort", prit peur, et, après avoir appris la cause de son malaise, fit rebrousser chemin à tout le groupe*[1] ».

Contrairement à Mahler, Wagner ne craignait pas le vide, ce qui lui permit de gravir des sommets et de traverser plusieurs glaciers. Lorsqu'il entreprit la montée au Säntis, point culminant de l'Appenzell, il vint à la rescousse de son ami Karl Ritter, complètement tétanisé : « *Je m'aperçus que j'avais eu tort de forcer Karl à nous accompagner dans cette montée périlleuse. De toute évidence, le vertige lui avait enlevé la conscience de ses actes. Il regardait devant lui avec des yeux d'aveugle et il nous fallut le faire marcher entre nos alpenstocks. À chaque instant nous craignions de le voir s'affaisser et tomber dans l'abîme*[2]. » Wagner avait le pied montagnard, mais il ne se sentait pourtant pas alpiniste. En réalité, il était de ceux qui, doués d'une bonne condition physique, gravissaient des sommets ne nécessitant aucune aptitude technique particulière mais qui offraient des vues spectaculaires et un air pur exceptionnel. C'était sans doute sa manière personnelle de tutoyer les dieux[3]…

Pour des artistes comme Wagner et Mahler, musique et montagne étaient complémentaires et indissociables. Mais pour des compositeurs-grimpeurs accomplis comme Blanchet, Beck, Koechlin, Sinigaglia, Webern et Zapparoli, cette relation était carrément fusionnelle : grimper une paroi, ouvrir une nouvelle voie, revenait à déchiffrer une nouvelle partition, qu'il fallait interpréter le mieux possible, en prenant soin d'éviter les écueils et en maîtrisant l'ensemble des difficultés. À la veille de son engagement durant la Grande Guerre et dix ans avant de disparaître tragiquement sur la face nord de l'Everest, l'alpiniste anglais George Mallory[4] fit paraître un article dans le *Climbers' Club Journal* intitulé « The Mountaineer as Artist ». Pour ce pionnier des montagnes, l'alpinisme relevait davantage d'un art que d'un sport. La pensée de Mallory rejoignait ainsi celle des musiciens-alpinistes pour qui explorer une nouvelle voie s'apparente à de la pure création artistique. Le stress de l'interprète qui entre en scène serait-il comparable à la montée d'adrénaline du grimpeur qui s'engage dans un couloir inconnu ? Le travail et la concentration permettraient-ils de vaincre leurs appréhensions et leurs peurs ? Composer reviendrait-il finalement à renouveler l'expression, à enrichir la palette sonore et à inventer

[1] DE LA GRANGE (Henry-Louis), *Mahler*, tome 1, Éditions Fayard, 1973, p. 803.

[2] BETTEX (Gustav) et GUILLON (Edouard), *Les Alpes suisses dans la littérature et dans l'art*, Matty Librairie, 1913, p. 273. De nos jours, pour accéder au sommet du Säntis, le sentier est équipé de câbles comme une via ferrata.

[3] Allusion au *Crépuscule des dieux*, opéra de la Tétralogie de Wagner.

[4] George Herbert Leigh Mallory (1886-1924). Grand alpiniste anglais, auteur des premières hivernales de l'éperon Whymper dans les Grandes Jorasses et de la face nord du Cervin (en solitaire), de la face est du Grand Capucin dans le massif du Mont-Blanc, du pilier Bonatti des Drus. Il disparut le 8 juin 1924 sur la crête nord de l'Everest.

de nouvelles sonorités orchestrales, comme l'alpiniste parvient à ouvrir de nouveaux itinéraires, à explorer de nouvelles pistes d'ascension, quitte à prendre certains risques ?

Ce rapport étroit qui lie l'activité du compositeur à celle du grimpeur s'observe chez Anton Webern (1883-1945), l'un des cofondateurs de la Seconde école viennoise. Originaire d'une famille patricienne du Tyrol du Sud, Webern est généralement perçu comme un musicien intellectuel ne laissant place qu'à des formules d'écriture complexes qui donnent l'image d'un compositeur « *abstrait enfermé dans la rigueur de ses formes, ses combinaisons, ses carrés magiques*[5] ». Or, cette vision très répandue cache en réalité un être dominé à la fois par l'importance de la nature et par sa fascination des montagnes : « *Il était un alpiniste aussi passionné qu'expérimenté. L'amour des Alpes, les neiges éternelles, le silence des montagnes furent pour lui source de force spirituelle*[6]. »

[5] ZABIEGA (Tadeusz), « Anton Webern et l'idée de la nature », *Revue musicale de Suisse romande*, mai 1981, pp. 73-80.

[6] *Ibid.*, p. 74.

Le pianiste-compositeur suisse Émile-Robert Blanchet sur la paroi est du Zinalrothorn, le 14 septembre 1932

Le compositeur-alpiniste italien Ettore Zapparoli posant devant un refuge de la vallée de Macugnaga, dans le massif du Mont-Rose.

Webern pratiqua toute sa vie l'alpinisme et la botanique dans un but réflexif, voire philosophique. À son ami Alban Berg, il évoque ses randonnées en précisant qu'il lui faut « *de temps en temps respirer cet air, cet air raréfié des hauteurs* » et « *que tout ça doit vouloir dire quelque chose*[7] ». Quelques années plus tard, après avoir atteint le sommet du Hochschwab, une montagne des Préalpes autrichiennes qu'il adorait gravir, il écrit à un ami : « *Tu le sais : il ne s'agit pas pour moi d'un sport ni d'un jeu. Ce que je cherche dans cette nature, c'est le chemin du Jugement*[8]. »

À l'issue d'une nouvelle randonnée sur cette montagne, Webern écrivit à nouveau à Berg une lettre qui constitue l'un des témoignages essentiels de sa pensée, dans lequel il décrit sa vision du monde et où le plaisir de grimper semble toujours soumis à une réflexion d'ordre métaphysique : « *Je suis allé au Hochschwab. C'était splendide, car pour moi ce n'est ni un sport ni une distraction, mais bien quelque chose de tout autre : la recherche de ce qu'il y a de plus élevé, la découverte dans la nature de correspondances avec tout ce qui a pour moi valeur de modèle et que j'aimerais avoir en moi-même*[9]. » Durant l'été suivant, après une nouvelle course dans les Préalpes styriennes, Webern poursuivit sa réflexion entamée l'année précédente avec Berg[10] : « *L'effet qu'exerce la nature sur moi relève de la spiritualité. Et c'est ainsi que tu dois comprendre ma frénésie pour les torrents de montagne (si clairs qu'on voit le fond), pour le parfum des fleurs (la tendresse des fleurs des Alpes), pour la forme des arbres, pour l'air des montagnes, la pluie, etc.*[11] »

Sans aborder des considérations d'ordre métaphysique ou théosophique, le Lausannois Émile-Robert Blanchet (1877-1943) est parvenu à exprimer l'analogie qui relie la pensée de l'artiste à celle du grand sportif. Connu pour avoir été un excellent compositeur-pédagogue du piano et l'un des alpinistes suisses les plus célèbres de son époque, celui-ci comparait généralement les difficultés du grimpeur à celles de l'interprète-virtuose. Il y avait d'ailleurs dans ses écrits une sorte de langage commun, puisqu'il utilisait à la fois un vocabulaire musical pour décrire ses récits d'ascension et à l'inverse des termes techniques d'alpinisme dans les ouvrages consacrés au toucher et à la sonorité pianistiques : « *Les touches noires : des arêtes entre des précipices* [...] *Glisser d'une arête est une catastrophe. Glisser d'une touche noire en est une aussi. Combien de chefs-d'œuvre ont été tués comme des grimpeurs par des sauts mal calculés*[12]. »

À côté de son métier de professeur de piano, Blanchet pratiqua l'alpinisme extrême, dont il décrivit ses exploits dans deux ouvrages sur la montagne : *Hors des chemins battus* (1932) et *Au bout d'un fil* (1937). Membre de l'Alpine Club de Londres, il fut l'un des rares alpinistes suisses de son époque à avoir vaincu la plupart des grands sommets du Valais et ouvert de nouvelles voies souvent difficiles, parfois dangereuses : premières ascensions des faces nord de la pointe de Zinal, du Rimpfischhorn, du Fletschhorn, du Lyskamm, face est du Zinalrothorn, face ouest

Le compositeur autrichien Karl Weigl entraîne son fils Wolfi à l'escalade.

[7] Lettre du 4 juin 1912.

[8] Lettre du 11 septembre 1918.

[9] Lettre du 1er août 1919.

[10] GALLIANI (Alain), *Anton von Webern*, Éditions Fayard, 2007, p. 281.

[11] Lettre du 14 juillet 1919.

[12] BLANCHET (Émile-Robert), *Traité du doigté*, notes inédites de Blanchet, ouvrage constitué et parachevé par Germaine Schmidt et Francis Lombriser.

du Grand Combin, face sud-est de l'Aletschhorn, etc., une activité de grimpeur avec ou sans guide qui s'étala sur plus de quarante ans et que décrit Henri Stierlin-Vallon : « *C'est au milieu des rochers hostiles et des neiges éblouissantes que Blanchet vécut alors ses pensées musicales les plus intenses. Le cadre indifférent des éboulis, des glaciers et des cimes convenait à ses méditations, à la création d'œuvres nouvelles. Le piolet en main, un crayon, rongé à l'extrême, entre les dents, il ne s'arrêtait que pour noter des idées, des rythmes, des combinaisons d'harmonies et de thèmes ; puis il reprenait son pas lent de montagnard, montant, s'élevant sans cesse, physiquement et moralement, hors des chemins battus (tel est le titre de son premier livre d'alpinisme) et ne reprenant qu'à regret la descente vers la plaine*[13]. »

Le compositeur d'origine turinoise Leone Sinigaglia (1868-1944) prétendait que musique et alpinisme formaient un « tout » propice à créer une sorte d'état de grâce spirituelle[14]. Après l'obtention de ses diplômes d'écriture au Conservatoire de Turin, Sinigaglia commença à voyager à travers l'Europe et rencontra notamment Johannes Brahms à Vienne (1894), puis Antonin Dvo ák à Prague, avec lequel il prit quelques leçons. Ce dernier lui fit découvrir l'intérêt des musiques populaires traditionnelles, une influence décisive sur Sinigaglia qui le poussa à aller récolter des chants populaires dans la région du Piémont. Sa deuxième passion fut l'alpinisme, qui lui donna l'occasion de gravir le Cervin (Matterhorn) avec le célèbre guide Jean-Antoine Carrel[15] et de se distinguer en effectuant les premières ascensions de la Croda da Lago et du Monte Cristallo dans les Dolomites, et dont il raconte l'exploit dans *Climbing Reminiscences of the Dolomites* (*Mémoires d'ascension dans les Dolomites*)[16].

Si Blanchet n'a jamais caché son désir de disparaître durant une course en montagne – sans jamais y parvenir –, d'autres compositeurs payèrent un prix élevé pour leur double vocation, comme Max Puchat (1859-1919), qui fit une chute mortelle de trois cents mètres le 8 août 1919 alors qu'il grimpait dans le massif du Karwendel[17], Rudolf Moser (1892-1960), compositeur suisse qui se tua accidentellement en glissant du piz Julier[18], ou encore l'Italien Ettore Zapparoli (1899-1951), qui disparut le 18 août 1951 sur la paroi est du mont Rose[19]. Le destin tragique de ce dernier est d'ailleurs directement lié à sa double casquette de compositeur et d'alpiniste de haut niveau. Dès la découverte de sa passion de grimpeur, Zapparoli parvint à réaliser en moins de deux heures l'ascension de la Marmolada (3 342 m), l'une des plus célèbres cimes des Dolomites italiennes. Au commerce auquel on l'avait destiné, il préféra la musique et décrocha un diplôme de composition au Conservatoire de Parme. Chez Zapparoli, l'analogie entre musique et montagne allait bien au-delà du simple rapprochement esthétique évoqué dans l'article de Mallory. Selon lui, « une paroi est une partition qu'il convient d'interpréter le mieux possible ». Il semble par ailleurs avoir été le seul à éprouver le besoin de fusionner à la fois le récit poétique, l'ascension et la musique dans une sorte de Gesamtkunstwerk alpin : on lui doit en effet un nouveau type de spectacle basé sur l'intervention du piano pendant une projection de diapositives, le but étant de faire ressentir au public les impressions esthétiques et sensorielles d'une ascension en haute montagne. Chez Zapparoli, l'appel de la montagne semble avoir été plus fort que celui de la musique, au point de consacrer ses derniers instants à l'une des parois les plus redoutables des Alpes.

---

13 STIERLIN-VALLON (Henri), « E.-R. Blanchet, le musicien-poète », in *Feuilles musicales*, décembre 1949, p. 84. Blanchet avait l'habitude de grimper en solo ou accompagné d'un guide, comme Armand Chalet, Oskar Supersaxo ou encore Kaspar Mooser.

14 Correspond à l'expression « élévation de l'âme » chère au philosophe Michel Serres, alpiniste amateur.

15 Jean-Antoine Carrel (1829-1891) fut le concurrent malheureux de l'Anglais Edward Whymper lors de la première tragique du Cervin.

16 Sinigaglia succomba à Turin le 16 mai 1944, lors d'une rafle par l'occupant nazi en raison de ses origines juives. Dans le domaine de la composition, on lui doit notamment une romance pour cor et quatuor opus 3, un concerto pour violon et orchestre opus 20, des bagatelles opus 25 pour piano, une rhapsodie piémontaise pour violon et orchestre opus 26, un quatuor à cordes opus 27, une sonate pour violon et piano opus 44. Son ascension du Cervin est relatée dans le chapitre « Tragédies musicales dans les Alpes ».

17 Le massif du Karwendel est situé en Autriche près de Garmisch-Partenkirchen. Originaire de Breslau, Max Puchat composa notamment des pièces symphoniques comme *Euphorion* ou *Tragédie d'un artiste*, un concerto pour piano, un quatuor à cordes, etc.

18 Le piz Julier (3 380 m) est situé en Haute Engadine près de Saint-Moritz - Silvaplana. Rudolf Moser fit une chute mortelle de quatre-vingt-cinq mètres sur de la neige fraîchement tombée. Comme compositeur, il développa un style alliant écriture polyphonique, formes pré-classiques et modes ecclésiastiques. Il a composé pour tous les genres : symphonique, musique de chambre, lied, musique chorale, pour piano, etc.

19 Le mot « rose » provient en réalité de la déformation du mot franco-provençal *ruize* qui signifie « glacier » et qui rappelle que le massif du Mont-Rose est le plus englacé des Alpes.

03

UNE MUSIQUE POUR DÉCRIRE

LES ALPES

Gustav Mahler en promenade dans la région de Toblach.

Pour le compositeur russe Dmitri Chostakovitch, peu importait l'endroit où il composait, pour autant qu'il puisse disposer de papier à musique et de quoi écrire, ce qui l'amena à dire un jour : « *Il m'est arrivé plus d'une fois d'écrire dans le train, dans une position très inconfortable, et inversement, de rentrer du plus confortable des sanatoriums sans avoir noirci la moindre feuille de musique*[1]. » En revanche, pour Gustav Mahler, certaines conditions devaient être réunies avant de pouvoir envisager le simple fait de composer : il attendait le début de l'été afin d'être complètement déchargé de ses obligations professionnelles. Ce n'est qu'alors qu'il s'installait en montagne dans son *Häuschen*, une sorte d'abri de jardin qu'il se fit construire successivement à Steinbach sur l'Attersee, à Maiernigg au bord du Wörthersee et à Toblach dans les Dolomites. Mais passer de la situation de directeur d'opéra et de chef d'orchestre renommé à celle de paisible vacancier n'était pas forcément propice à stimuler son inspiration créatrice. Ce brusque changement de situation le rendait même stérile pour un bon moment, si bien qu'il prit l'habitude de partir quelques jours à la montagne pour se ressourcer, seul ou accompagné, à pied ou à bicyclette. Ce genre d'escapade lui réussissait en général fort bien, puisque dès son retour il se remettait à composer avec application. Mais une fois installé dans son abri, encore fallait-il lui garantir une absolue tranquillité d'esprit : il était interdit de le déranger en plein travail et les riverains étaient tenus à l'écart de la propriété par toutes sortes de moyens dissuasifs ! L'entourage immédiat du compositeur était donc mis à rude épreuve pour lui assurer de bonnes conditions de travail[2].

Mahler comprit très tôt que les montagnes étaient bénéfiques pour sa santé et son imagination créatrice. Pour Richard Wagner, elles soignaient même ses maux de tête, ses troubles gastriques et ses rhumatismes, mais il y trouva surtout l'inspiration nécessaire pour composer et élaborer ses grands drames d'opéra. Ainsi, il avoua un jour à sa deuxième épouse Cosima que ce fut en traversant le col du Julier, près de Saint-Moritz, qu'il découvrit le thème de la *Walhalla* dans l'*Or du Rhin*, et que ce serait en se promenant sur le mont Pilate et le Rigi qu'il aurait trouvé l'énergie pour réaliser *L'Anneau du Nibelung*.

La vue d'un sommet enneigé ou celle d'un alpage rempli de fleurs des Alpes aurait-elle le pouvoir de déclencher l'inspiration créatrice, comme cela semble avoir été le cas chez Mahler et Wagner ?

Il semblerait en effet que bien d'autres compositeurs succombèrent aux charmes des montagnes puisque c'est au Bürgenstock, près de Lucerne, qu'Ernest Chausson mit un point final à la partition du *Roi Arthus*, que c'est à Clarens, au bord du lac Léman, que Piotr Ilitch Tchaïkovsky se remit à composer après des semaines d'inactivité causée par l'échec de son mariage, et qu'il parvint à achever son concerto pour violon et les orchestrations d'*Eugène Onéguine* et de *La Pucelle d'Orléans* (*Jeanne d'Arc*). C'est aussi à Saanen, au milieu des vaches à cloche de l'Oberland bernois, que Béla Bartók termina en moins de trois semaines son célèbre *Divertimento* pour cordes.

De nos jours, si les Alpes sont un peu passées de mode auprès des artistes, il est difficile d'imaginer qu'elles firent l'objet d'une foule de romans, de récits, de tableaux paysagers, de drames lyriques et de pièces de musique descriptives au tournant des

---

[1] BERLINSKY (Valentin), *Le Quatuor d'une vie*, Éditions Aedam Musicae, 2015, p. 89.

[2] Lire à ce propos *Malheriana* (éd. L'Harmattan, 1998) de Natalie Bauer-Lechner, une amie de jeunesse de Gustav Mahler.

Richard Strauss en promenade dans les Dolomites.

Richard Strauss aimait vivre entouré de sommets, comme ici en janvier 1942, dans le jardin de sa villa de Garmisch-Partenkirchen.

XVIIIe et XIXe siècles. Et les compositeurs n'ont évidemment pas échappé à cette vogue soudaine. Avant 1790, peu d'œuvres musicales étaient consacrées aux Alpes. Le plus souvent, les opéras et les ballets se limitaient à des sujets empruntés à la mythologie et à la vie campagnarde. Mais avec la mode naissante pour les Alpes, certains compositeurs commencèrent à transposer ce type de sujet dans les montagnes. Le succès de ce genre d'opéra, appelé « pastorale de montagne », coïncide en réalité avec l'engouement général de l'Europe du Nord pour les Alpes, suisses en particulier, et qui inspira notamment la construction de faux villages de montagne ou d'imitations de chalets d'alpage, comme au Petit Trianon de Versailles. L'attribution du substantif « suisse » à certaines régions d'Europe occidentale date également de cette époque, comme la Petite Suisse normande, la Suisse saxonne, la Suisse du Holstein, la Suisse polonaise (Zakopane), ou encore la Petite Suisse luxembourgeoise.

Parallèlement à cette mode qui consistait à prendre pour lieu d'intrigue un alpage tranquille où vivaient des éleveurs de vaches laitières, les compositeurs commencèrent à introduire des sujets qui traitaient du sublime dans les hautes Alpes. Le mot « sublime » évoque de nos jours un paysage ou un lieu enchanteur, mais à l'époque cette notion englobait également la perception du danger qu'encouraient les voyageurs qui pénétraient dans le massif. La haute montagne apparaissait du coup comme un endroit à la fois splendide et redoutable, où évoluaient des personnages exposés à des drames qui pouvaient entraîner la mort. Ainsi, sous la Révolution et l'Empire, apparurent des œuvres lyriques dont les protagonistes s'aventuraient dans des régions où se produisaient des accidents, des éboulements, des orages et des avalanches de neige. L'aspect sensationnel prévalait sur la beauté du lieu, dans la perspective de mises en scène dramatiques nécessitant l'emploi de machines à vent et à tonnerre, comme dans l'opéra *Eliza* ou *Le Voyage aux glaciers du Mont St Bernard* (1794) de Luigi Cherubini ou dans *Der Bergsturz bey Goldau* (*L'éboulement de Goldau*) (1813) de Joseph Weigl.

Sous l'emprise des Lumières, l'image stéréotypée de la montagne effrayante et tragique va peu à peu disparaître au profit d'une vision agréable, voire idyllique. Certains voyageurs commencèrent d'ailleurs à remettre en question l'idée générale que l'on se faisait des Alpes, qui était celle d'un monde terrifiant et cruel. Des auteurs comme Goethe, Rousseau, Byron et Sénancour contribuèrent à dédramatiser ces territoires, et lorsque les Alpes furent enfin reconnues comme espace d'émerveillement et de contemplation, les compositeurs prirent conscience du potentiel émotionnel et symbolique qu'elles pouvaient leur offrir. Ainsi, le poème de Goethe *Sur chaque sommet se trouve le repos*, qui est l'un des grands classiques de la poésie allemande et qui invite à admirer les rochers plutôt qu'à les redouter, s'est retrouvé dans d'innombrables versions avec voix et clavier, notamment chez Schubert (*Le Pâtre sur le rocher*), Liszt, Loewe ou encore Fanny Hensel-Mendelssohn.

Peu de musiciens s'étaient jusqu'ici rendus dans les Alpes. Cela tenait évidemment au caractère redouté et inexploré du massif. Mais cette situation changea avec l'arrivée de ce que le musicologue Charles Rosen nomme la « génération romantique » et que Mathieu Schneider appelle les « musiciens-touristes », c'est-à-dire les compositeurs nés aux alentours de 1810[3].

À cette époque, on parlait de plus en plus du ranz des vaches, mélodie authentique des hautes vallées suisses qui servait à rassembler les troupeaux d'alpage. Par son caractère populaire ancestral, le ranz servit de prétexte à certains compositeurs pour arpenter les Alpes dans le but de le saisir dans son contexte et de pouvoir ensuite l'intégrer dans des pièces de musique savante. Ainsi, bon nombre de compositeurs de la fin du XVIIIe et du début du XIXe siècle s'emparèrent du ranz des vaches pour symboliser de manière générique la nature alpine, que ce soit Rousseau dans son *Dictionnaire de musique*, Grétry et Rossini dans leur *Guillaume Tell*, Joseph Haydn dans *Les Saisons*, Berlioz dans la scène aux champs de sa *Symphonie fantastique*, etc. Lorsque Charles Gounod, l'auteur de *Faust*, entreprit son Tour des Alpes, ce fut en partie pour pouvoir recueillir un ranz des vaches qui lui permettrait d'emporter un Grand Prix de Rome, car il était conseillé d'introduire une mélodie populaire dans l'œuvre imposée.

Le poème symphonique du milieu du XIXe siècle représente l'aboutissement de certains compositeurs à vouloir transposer musicalement différents aspects de la nature, que ce soit un lieu pittoresque ou une atmosphère particulière. Le titre à lui seul suffit à mettre l'auditeur en appétit. Ainsi, César Franck composa *Ce qu'on entend sur la montagne* en 1846, deux années avant le premier des poèmes symphoniques que Franz Liszt nomma *Bergsinfonie* (symphonie de la montagne) mais qui porte en réalité le même titre que le poème de Franck. Ce type de composition est au cœur du débat qui fit rage au milieu du XIXe siècle et qui opposa Richard Wagner à Johannes Brahms, ce dernier défendant une « musique pure » abstraite qui ne se rapporte à rien d'autre qu'à elle-même, par opposition à la relation métaphorique entre la nature et la musique, une idée défendue par Wagner et Liszt[4].

Qu'est-ce qui prouve en effet qu'une musique ou un instrument soit capable d'exprimer, de réincarner tel paysage de montagne, telle forêt ou telle cascade, et si tel est le cas, quels sont les moyens techniques pour y parvenir ? Nous bénéficions en réalité de pré-acquis culturels qui font qu'une sonorité de cor évoque de façon presque naturelle un paysage de forêt, une chasse à courre ou encore une vallée montagneuse, bien plus que l'emploi épisodique d'une mélodie de ranz des vaches ou d'une clochette d'alpage. Le phénomène est d'autant plus évident lorsque résonne le cor des Alpes (*Alpenhorn*), cet instrument typique des hautes vallées et des sommets alpins. Et qui douterait de l'origine géographique d'un groupe folklorique de *Hudigäggler* formé de deux accordéons, d'une basse, d'un violon et d'une clarinette, ou encore d'un joueur de Hackbrett, cette cithare sur table apparue en Suisse au XVe siècle ? Toutes ces sonorités évoquent immanquablement les montagnes de l'Appenzell, de l'Oberland bernois, de la Haute-Bavière et du Tyrol. Et c'est bien la preuve que notre oreille est conditionnée à associer un type de sonorité à son espace culturel d'origine.

La transposition musicale d'un décor alpin est saisissante dans l'œuvre de Gustav Mahler, qui se nourrit des paysages de montagne pour composer la plupart de ses symphonies. Une lettre adressée la veille de ses dix-neuf ans à son ami d'enfance Josef Steiner ne laisse planer aucun doute sur ses états d'âme, puisqu'il déclare : « *J'ai gravi les montagnes où souffle l'esprit de Dieu, j'ai parcouru les prairies où les clochettes des troupeaux ont enchanté mes rêves. Pourtant je n'ai pas pu échapper à mon destin*[5]. » Quelques années plus tard, Mahler introduit un jeu de clochettes d'alpage dans trois de ses symphonies (n° 3, 6 et 7), ou encore un récitatif de trombones pour faire entendre « la voix des rochers de la montagne ».

[3] SCHNEIDER (Mathieu), *L'Utopie suisse dans la musique romantique*, Éditions Hermann, 2016, p. 47.

[4] Chez Wagner, chaque personnage de ses opéras se rapporte à une mélodie bien particulière, c'est le Leitmotiv. La « musique de l'avenir » prétend subordonner la musique à un texte, à une pensée philosophique.

[5] DE LA GRANGE (Henry-Louis), *Mahler*, tome 1, Éditions Fayard, 1973, p. 86, lettre de Mahler du 18 juin 1879.

La superposition ou la juxtaposition d'éléments sonores disparates (bruissements divers, tintements, sonneries militaires, etc.) nous rappelle que chez ce compositeur, forêts, casernes et hauts sommets ne sont jamais très loin. D'ailleurs, la plupart des historiens de la musique s'accordent pour dire que chez Mahler (comme chez son compatriote Bruckner) la représentation de la nature est gravée dans la plupart de ses symphonies. Pour Michel Fleury : « *Presque toutes ses symphonies abondent en onomatopées stylisées de cette "musique de la nature" qui plongeait l'auteur dans le ravissement. À la suite de Bruckner, il montre aussi de profondes affinités avec l'âme rustique des paysans qui peuplent la montagne autrichienne : Laendler, valses ou danses sont ainsi de constants leitmotive.* » Marc Vignal affirme que les symphonies de Mahler nous font entendre « *les derniers bruits perçus par l'homme gravissant une montagne à l'instant où il atteint la zone des sommets* ». Quant à Lucien Rebatet, celui-ci déclare : « *Il arrive que nous ne le suivons [sic] pas toujours dans ses ascensions. Il arrive que nous restions à mi-côté, en observant avec sourire son escalade à grand renfort de choristes et de cuivres. Mais on le trouve bien rarement en peine d'invention et de pittoresque*[6]. »

Lorsque Richard Strauss, cet autre « musicien des cimes », enclenche les machines à vent et à tonnerre dans sa fameuse *Symphonie alpestre*, c'est pour mieux nous faire partager son environnement de Haute-Bavière, où il s'était établi. Et si un compositeur fait appel au yodel, cette technique vocale des montagnards suisses et autrichiens qui consiste à changer brusquement de registre, le rapport à la montagne est instantané.

[6] REBATET (Lucien), *Une histoire de la musique*, Éditions Robert Laffont, 1969, p. 521.

Le titre, la préface, ou encore le manuscrit d'une œuvre peut nous apporter de précieuses indications sur le lieu d'où jaillit l'inspiration et sur le contenu d'une œuvre. C'est ainsi que Gustav Mahler signa au bas du manuscrit de sa quatrième symphonie : *Dritter Satz und somit die ganze Symphonie Sonntag 6. August (1900) zu Maiernigg beendet* (le troisième mouvement et toute la symphonie terminés à Maiernigg le 6 août 1900)[7]. Certains titres d'opéra ne laissent d'ailleurs planer aucun doute sur le lieu où se déroule l'intrigue : *Mariage dans la vallée d'Engelberg* (von Schauensee), *La Batelière de Brienz* (Adolphe Adam), *Die Gletscher Jungfrau* et *Das Rösli vom Säntis* (Franz Curti), *Linda di Chamounix* (Donizetti), *La Folle de Glaris* (Conradin Kreutzer), *Die Mädels von Davos* (Martin Knopf), ou encore *Le Nain du Hasli* (Gustave Doret).

Le romantisme et le post-romantisme musicaux ont suscité le plus grand nombre de représentations symphoniques des Alpes, coïncidant avec la naissance suivie du développement exponentiel du tourisme en montagne. Ainsi, les opéras, les poèmes symphoniques et autres symphonies dédiés aux Alpes apparurent à un moment clé du tourisme alpin, lorsque les compositeurs réalisèrent leur Grand Tour ou commencèrent à profiter du développement des infrastructures touristiques et de l'amélioration des transports au cœur du massif. Et ce sont au final plus de deux cent cinquante œuvres musicales qui nous parlent des Alpes depuis la fin du XVIIIe siècle[8].

[7] Lire à ce sujet : VAN MOERE (Didier), *Montagnes imaginées, montagnes représentées. Nouveaux discours sur la montagne, de l'Europe au Japon*, collectif sous la direction d'André Siganos et Simone Vierne, ELLUG, Université Stendhal, Grenoble, 2008, p. 138.

[8] Mathieu Schneider énumère pas moins de 222 œuvres liées rien qu'à la Suisse, dont 129 opéras, 44 lieds, 14 ouvertures ou symphonies, 21 pièces de musique de chambre (cf. *ibid.*, p. 17) !

À lire également

- GYSI (Fritz), « Alpine Darstellungen in der Musik », *Schweizerisches Jahrbuch für Musikwissenschaft*, 1-1924 ETH, Zürich, www.library.ethz.ch
- KING (Hyatt), « Mountains, Music, and Musicians », *The Musical Quarterly*, G. Schirmer, Inc., oct. 1945.

L'ÉCOLE FRANCO-FLAMANDE

Par-delà les Alpes

Dès la fin du Moyen Âge, les cols du Brenner, du Mont-Cenis et du Gothard, qui constituaient les trois principales voies d'accès vers l'Italie[1], furent pris d'assaut par de nombreux musiciens, chanteurs, instrumentistes, compositeurs et luthiers, attirés par le rayonnement des cours princières et papale italiennes. Mais ce fut surtout aux XVe et XVIe siècles que le transit des musiciens s'accéléra, lorsque les musiciens franco-flamands, passés maîtres dans l'art de la polyphonie, firent le voyage pour aller diffuser leur savoir à travers la péninsule. À cette époque, le passage des Alpes demeurait encore hasardeux : les voyageurs craignaient les avalanches, les éboulements, les tempêtes de neige, les inondations, etc.

[1] Le col du Simplon prit son essor plus tardivement.

En général, il valait mieux traverser les Alpes durant l'hiver plutôt qu'à la débâcle du printemps, mais on subissait alors les assauts du froid, d'autant que les auberges étaient mal chauffées. Ces contraintes étaient connues au Moyen Âge mais elles n'empêchèrent pas l'exode irrésistible des musiciens du nord vers le sud de l'Europe. Certaines familles, comme les Médicis à Florence, les Sforza à Milan ou encore les Este à Ferrare, et de grandes personnalités comme le pape à Rome ou le doge de Venise étaient d'authentiques mécènes particulièrement accueillants pour les musiciens venus du nord.

Johannes Ciconia, Hugo et Arnold de Lantins furent les premiers musiciens à traverser les Alpes vers 1400. Guillaume Dufay, Alexandre Agricola, Josquin Desprez et des dizaines d'autres polyphonistes leur emboîtèrent le pas[2]. Certains s'établirent définitivement dans la péninsule, d'autres effectuèrent régulièrement le voyage des Alpes, comme le Flamand Gaspar van Weerbeke (1445-1516) qui se rendit à Milan en 1471 auprès de la chapelle du duc Sforza, puis repartit dans le Nord l'année suivante pour recruter des chanteurs. Il renouvela cette mission plusieurs fois pour le compte du duc de Milan et la ville de Florence. Être maître de chapelle, recruteur ou chanteur d'une cour privée n'était pas une tâche de tout repos, le musicien devant accompagner son maître dans la plupart des déplacements, fût-ce pour un voyage d'affaires, une festivité ou pour prendre part à une campagne militaire. On apprend ainsi que Nicolas Gombert, compositeur attaché à la cour de Charles Quint, entreprit la périlleuse traversée des Alpes le 3 avril 1530 en direction d'Innsbruck : « *L'assemblée emprunta le col de Brenner qui, avec ses 1 375 mètres d'altitude, est le col le plus bas des Alpes. À son arrivée dans cette ville [Innsbruck], Gombert fut ébloui par la chapelle particulièrement fastueuse du frère de Charles Quint, le roi Ferdinand Ier*[3]. » Il ne quitta la ville que trois mois plus tard, le 6 juin 1530, pour aller assister avec les deux chapelles réunies aux festivités du Reichstag à Augsbourg.

[2] On cite souvent le chiffre de 250 polyphonistes ayant appartenu à l'école franco-flamande.

D'autres compositeurs furent chargés de missions particulières, comme Roland de Lassus (1532-1594), qui dépendait de la cour d'Albert V de Bavière établie à Munich. Enfant, il fut enlevé par un recruteur de belles voix alors qu'il participait à l'office de l'église Saint-Nicolas de Mons. Parvenu à l'âge adulte, il exerça ses activités comme maître de chapelle pendant plus de quarante ans. Chargé par son employeur de missions diplomatiques et artistiques, il entreprit de nombreux voyages en France, en Autriche et en Italie, parcourant les Alpes dans un sens comme dans l'autre.

Après deux siècles de suprématie franco-flamande, les compositeurs italiens avaient complètement assimilé la technique des musiciens du Nord et les transferts commencèrent à s'inverser, particulièrement à la naissance de l'opéra italien.

[3] VAN NEVEL (Paul), *Nicolas Gombert et l'aventure de la polyphonie franco-flamande*, Éditions Kargo & l'Éclat, 2004.

Le col du Gothard, avec le col du Brenner, étaient les voies d'accès les plus fréquentées par les compositeurs franco-flamands et allemands pour rejoindre la péninsule italienne.

Georg MUFFAT
Légende savoyarde

Les origines de Georg Muffat (1653-1704) sont restées longtemps incertaines. On le croyait né à Sélestat, en Alsace, alors qu'il naquit à Megève, dans le duché de Savoie, d'une mère française et d'un père d'origine écossaise, mercenaire au service de l'armée autrichienne. Par ses origines, ses déplacements au nord comme au sud des Alpes et son assimilation des styles français, italien et allemand, il est considéré comme le plus européen des compositeurs de son époque. Il a travaillé dans l'entourage de Lully à Paris avant de revenir en Alsace pour suivre des études classiques chez les jésuites. Fuyant la guerre, il se rendit à Vienne et se mit sous la protection de l'empereur Léopold Ier. Il se lia d'amitié avec Corelli durant un séjour à Rome et termina sa carrière à Passau, en Bavière.

Sébastien de Brossard, dans son *Dictionnaire de musique* paru en 1703, affirme que Georg Muffat serait né à Sélestat, en Alsace. Mais un autre historien découvrit l'existence d'une famille Muffat installée à Megève depuis le XVIIe siècle, dont un certain Georg Muffat, baptisé le 1er juin 1653, fils d'André Muffat et de Marguerite Orsy, musicien et compositeur de son état. Le site de la mairie de Megève mentionne également les écrits d'un certain Jean-Baptiste Clément-Berthet, curé megèvan du XVIIIe siècle, qui raconte les origines de la ville. Il nous plonge dans un récit légendaire transmis par les Anciens et qui cite un certain Muffat, qui pourrait être l'ancêtre du compositeur. Arrivé avec un autre compagnon pour mettre fin aux agissements d'une bête cruelle qui sévissait dans la vallée, on lui aurait donné le nom de Muffat parce qu'il portait sur la tête le mufle d'un monstre en signe de son courage et de son habilité à libérer les contrées des animaux féroces.

La suite est connue grâce à la préface du *Florilegium primum* que Muffat fit paraître à Augsbourg en 1695 et dans lequel il décrit en quatre langues sa formation et ses pérégrinations à travers l'Europe. Ce multilinguisme exprime à la fois sa grande érudition et sa volonté d'unir les peuples par sa musique, à une époque déchirée par la guerre de Trente Ans : « *Certes j'ay bien d'autres soins, que ceux d'exciter le trouble des armes, ou d'animer le Dieu Mars au combat. Ma profession est bien eloignée du tumulte des armes, & des raisons d'Estat qui les font prendre. Je m'occupe aux notes, aux chordes, & aux sons. Je m'excerce a l'Etude d'une douce Symphonie : & lorsque je mêle des airs François, a ceux des Allemans, & des Italiens, ce n'est pas emouvoir une Guerre ; mais plustot preluder peut-être a l'harmonie de tant de nations, a l'aymable Paix.* »

Aquarelle de Megève, par Jean Pierre Rémon.

Florilegium primum comporte cinquante « fleurs » individuelles, principalement des mouvements de danses réunis en sept « arbustes » à fleurs ou fascicules qui forment un seul « bouquet » (*florilegium*).

Wolfgang Amadeus MOZART
Le passage du Brenner

Enfant, Wolfgang Amadeus Mozart (1756-1791) passa beaucoup de temps à voyager, poussé par un père qui avait décelé chez lui d'immenses capacités de musicien. Celui-ci voulait le faire connaître au monde, lui assurer une parfaite éducation, mais il avait également vu en son fils une source de revenus. Lorsque la famille Mozart voyagea pour la première fois, Wolfgang n'avait que six ans. Entre 1762 et 1766, la famille parcourut l'Europe entière pour exhiber le petit prodige dans la plupart des cours: en Allemagne, en France, aux Pays-Bas, en Angleterre. Et trois ans plus tard, Wolfgang découvrit l'Italie! Tout cela représente plusieurs centaines de journées de déplacement en voiture de location, en chaise de poste, en diligence, etc. Ces voyages étaient longs, les routes cahoteuses, les auberges froides et humides. Nul doute que Mozart y laissa une partie de sa santé.

« *Sans voyage, l'artiste, le savant, reste une pauvre créature* », déclara un jour Mozart. Les trois voyages du jeune Mozart en Italie succédèrent à la grande tournée européenne réalisée avec toute sa famille. Cette fois, Wolfgang voyageait uniquement avec son père, Léopold, dont le but était de parfaire l'éducation de son fils, alors âgé de treize ans, dans un pays qui constituait la destination incontournable pour tout compositeur au XVIIIe siècle. Léopold espérait en outre que Wolfgang obtienne des engagements et des commandes qui lanceraient sa carrière. En 1766, les Mozart étaient déjà passés par la Suisse, sans pour autant emprunter les hauts cols de montagne[1]. Cette fois, pour rejoindre l'Italie depuis Salzbourg, il fallait traverser le Tyrol du Sud avec un passage obligatoire par le col du Brenner, accessible en principe durant toute l'année. Pour les Mozart, habitués à la proximité des sommets de Salzbourg, cela n'avait rien d'effrayant, même s'ils en connaissaient les dangers.

Ces voyages, dont on connaît les détails grâce au journal et à la correspondance de Léopold, semblent s'être déroulés sans trop de difficultés. Ils se situent à une époque de paix favorable d'environ cinquante ans, entre la fin de la guerre de succession d'Autriche (1748) et l'invasion de l'Italie par Napoléon (1796). Globalement, les routes des Alpes étaient assez sûres, contrairement à celles du sud de l'Italie. Les couloirs commerciaux du Nord étaient bien gardés et protégés par un système défensif (châteaux, tours, forteresses, citadelles) dont on peut encore voir les traces tout au long de la route du Brenner (A22). La qualité des routes autrichiennes, et du Tyrol du Sud en particulier, laissait toutefois à désirer, mais elle s'améliora sous le règne de l'impératrice Marie-Thérèse, qui imposa des routes plus larges et moins raides. Les Mozart étaient munis de recommandations écrites adressées à des dignitaires censés pouvoir les soutenir et faciliter ainsi leur voyage par des prêts d'équipages. Sinon, il fallait utiliser les moyens de locomotion payants proposés par certaines entreprises privées, les vetturini. Pour Léopold, mieux valait éviter la malle postale, qui n'avançait pas assez vite à son goût. La qualité de l'hébergement variait d'un endroit à l'autre.

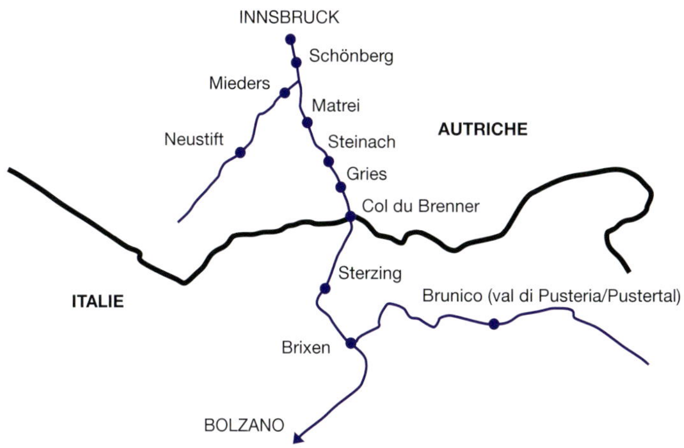

Col du Brenner.

[1] De Genève à Schaffhouse, en passant par Lausanne, Berne, Zurich et Winterthur. Lire à ce propos l'ouvrage de René Spalinger, *Quand Mozart traversait la Suisse* (Slatkine, 2022).

Dessin mural d'une malle-poste du XIXe siècle sur la façade d'une maison de Mittenwald, en Bavière.

La vermine n'était pas absente durant les déplacements en vetturini comme dans certaines auberges, mais cela concernait davantage le sud que le nord de l'Italie. La plupart du temps, Léopold et Wolfgang logeaient chez des notables qui étaient honorés de les héberger.

Léopold avait remarqué que l'atmosphère était plus saine en hiver qu'à tout autre moment de l'année. Pour cette raison, et pour éviter la fonte des neiges, ils voyageaient durant l'hiver. Bien qu'ayant prévu des vêtements chauds et des bouillottes d'eau chaude renouvelées à chaque relais, la peau des mains et du visage devenait rugueuse et rouge, nécessitant une pommade spéciale fournie par la mère de Wolfgang.

Même si l'altitude moyenne du Brenner est la plus basse de tous les cols alpins, il subissait régulièrement de fortes chutes de neige, formant des congères et rendant les côtes glissantes, surtout dans la longue montée entre Innsbruck et Schoenberg. Les avalanches étaient fréquentes, en particulier dans le défilé d'Eisack (à l'approche de Bolzano), un risque que décrit un témoin de l'époque : « *C'est l'une des routes les plus dangereuses de tout le Tyrol, et le postillon m'a assuré que, quand ils devaient conduire un courrier la nuit et entendaient un bruit dans les montagnes, ils avaient grand peur d'être écrasés avec leurs chevaux et leurs chaises. Les chevaux quant à eux, par disposition naturelle et par peur, s'emballaient et on ne pouvait pour ainsi dire plus les retenir.* »

À l'époque des voyages en Italie, Wolfgang était un enfant bien docile pour son âge et il se plaisait à voyager avec son père : il ne rechignait jamais à partir dès l'aube, à partager le voiturin avec des inconnus, à passer les cols pendant la mauvaise saison, fréquenter des auberges médiocres, ou encore patienter lors des changements d'attelage.

Le premier voyage en Italie débuta à la mi-décembre 1769. Partis de Salzbourg où Léopold occupait alors le poste de maître de chapelle à la cour du prince-archevêque, ils remontèrent la vallée de l'Inn jusqu'à Innsbruck et passèrent une première nuit à Wörgl (Woergl), après avoir déjeuné à St. Johann. Depuis Wörgl, Wolfgang ajouta un post-scriptum au courrier de son père daté du 12 décembre 1769 :

« *Très chère maman,*

Mon cœur est absolument ravi d'un vif plaisir, parce que le voyage est tellement amusant. Il fait bien chaud dans la voiture et notre cocher est un gars galant, qui conduit vite lorsque la route le permet un tant soit peu. Mon papa aura certainement déjà fait la description du voyage à maman ; la raison pour laquelle j'écris à maman, c'est pour lui montrer que je connais mes devoirs et que je reste avec le plus profond respect son fils fidèle. »

Il leur fallut deux jours pour parcourir la distance de Salzbourg à Innsbruck, capitale du Tyrol. L'accueil sur place fut si chaleureux que le jeune Mozart offrit un concert privé le 16 décembre. Il était alors accompagné par des instrumentistes amateurs recrutés dans toute la ville. La petite famille se remit en route le 19 décembre dans l'après-midi. Elle pénétra dans la péninsule, le long de la vallée de l'Adige jusqu'à la plaine lombarde. Les Mozart traversèrent le passage délicat de l'Eisack (Isarco) et arrivèrent sans encombre le 22 à Bozen. Ils s'installèrent à l'auberge Zur Sonne, un établissement déjà fréquenté par Wolfgang Goethe lors de son voyage en Italie. Il semble que cette ville n'ait pas laissé un très bon souvenir au petit Mozart, qui déclara à sa sœur : « *Et bien, nous sommes déjà à Bozen. Déjà ? Seulement ? J'ai faim, j'ai soif, j'ai sommeil, je suis fainéant, mais je suis en bonne santé.* [...] *De Bozen, ce trou à porc. Voici un poème de quelqu'un qui était terriblement endurci et rendu furieux contre Bozen : "Je dois aller à Bozen, J'aime encore mieux un coup de pied quelque part".* »

Après le passage de la ville de Trento, ils débarquèrent à Rovereto le soir de Noël, toujours en territoire autrichien, et furent invités le lendemain au repas de Noël chez un dignitaire de la ville, en réalité un ancien élève de Léopold, en compagnie du bourgmestre et d'une vingtaine de convives. « *Ce fut un joyeux déjeuner* », déclara Léopold. Une plaque signale encore que les deux Mozart donnèrent un concert au *Palazzo Todeschi*, le lendemain (le 26), dans la maison du bourgmestre de Rovereto. Le séjour à Rovereto dura finalement plus longtemps que prévu (quatre jours), après quoi les Mozart quittèrent le Tyrol du Sud. L'Italie était en vue ! À Milan, le succès fut bel et bien au rendez-vous, puisque le petit Mozart rentra chez lui avec une commande d'opéra pour la fin de l'année. À Bologne, il put rencontrer le « Padre Martini », grand pédagogue dont la renommée était très étendue, et il s'appliqua à suivre scrupuleusement les enseignements du maître. En quittant Venise, où ils s'arrêtèrent pour les festivités du carnaval, Léopold et Wolfgang parcoururent le canal de la Brenta vers Padoue, puis de là prirent une malle-poste pour Vérone, qu'ils quittèrent le 20 mars 1771 via Rovereto et Brixen, pour arriver à Innsbruck le 25 mars. Trois jours plus tard, ils étaient de retour à Salzbourg pour embrasser Anna Maria et la jeune Nannerl.

Le 13 août 1771, père et fils Mozart entamèrent leur deuxième voyage en Italie, car il fallait sans tarder honorer les commandes milanaises reçues lors du premier voyage. Même itinéraire que la première fois mais sans les inconvénients de l'hiver. Le séjour milanais fut un réel succès, et les Mozart prirent la route du retour à Salzbourg par la même route (du 5 au 15 décembre) pour fêter Noël à la maison. Entre-temps, le Prince-Évêque vint à mourir. Le comte de Colloredo qui lui succéda autorisa un nouveau congé à Mozart pour la création à Milan de *Lucio Silla*.

Le troisième et dernier périple italien des Mozart débuta le 24 octobre 1772 et prit fin le 13 mars 1773. Le séjour au Tyrol fut plus bref que la première fois, afin de pouvoir rallier plus rapidement Milan. En réalité, ce troisième voyage ne fut pas une réussite. Léopold espérait que son fils ou lui-même obtiendrait un poste à la cour italienne des Habsbourg, mais cette nomination n'arriva pas. De plus, les voyages répétés dans la péninsule finirent par déplaire à l'impératrice Marie-Thérèse, qui leur reprochait de « *courir le monde comme des gueux* » ! Les Mozart revinrent bredouilles d'Italie, sans poste fixe et forts d'un simple succès d'estime, mais ces trois voyages permirent au jeune Mozart d'affirmer un nouveau style de composition imprégné des couleurs et du parfum de l'Italie.

À lire également

- LINDGREN (Uta), « Voyager entre Salzbourg et l'Italie à la fin du XVIIIe siècle », Université de Bayreuth, traduction Marc Vignal, *Les Chemins de l'Europe*, sous la direction de Brigitte Massin, actes du Congrès de Strasbourg, 1991.
- MASSIN (Brigitte et Jean), *Wolfgang Amadeus Mozart*, Éditions Fayard, 1990.
- DES CARS (Jean) et PFEFFER (Frédéric), *Sur les pas de Mozart*, Librairie Perrin, 1991.

♪ Les six quatuors dits « milanais » de Mozart datent précisément du début de l'année 1773, peu avant le retour de son troisième voyage en Italie.

Pierre BLONDEAU
Hector BERLIOZ
Tous les chemins mènent à Rome !

Altiste de métier, Pierre Auguste Louis Blondeau (1784-1863) fit ses études au Conservatoire de Paris. Il remporta le Premier Grand Prix de Rome en 1808 et devint altiste à l'Opéra de Paris, poste qu'il occupa pendant plus de trente ans. Il a laissé quelques œuvres, dont un opéra *Alla fontana*, des ouvertures pour orchestre et des pièces de musique de chambre aujourd'hui délaissées.

Hector Berlioz (1803-1869) est considéré comme l'initiateur du grand orchestre symphonique. Son influence sur les compositeurs de la fin du XIXe siècle fut décisive. Ses quatre symphonies (*Symphonie fantastique*, *Harold en Italie*, *Roméo et Juliette* et la *Symphonie funèbre et triomphale*) reçurent un bon accueil de son vivant et forment encore le répertoire des orchestres symphoniques. Leur modernité est caractérisée par un grand sens de la mélodie, un goût pour les timbres inédits et une invention rythmique prodigieuse. Il est certainement le plus grand compositeur romantique français.

Ayant obtenu le Premier Grand Prix de Rome en 1808, Blondeau s'en alla rejoindre pour trois ans la villa Médicis à Rome. Son itinéraire passait par le col du Mont-Cenis[1], passage régulièrement emprunté par les lauréats et qu'il décrit en détail dans sa relation de voyage en Italie[2].

Après être passé par Lyon, Chambéry et la vallée de la Maurienne, l'équipage de Blondeau atteignit la forêt de Bramant[3] et parcourut la belle route du Mont-Cenis dont Napoléon avait ordonné la construction quelques années auparavant. Arrivé à un endroit obstrué par des éboulis, le conducteur se vit obligé de faire descendre tous les voyageurs afin d'alléger la voiture et se frayer ainsi un chemin à travers la forêt de résineux. Ce n'est qu'au bout de plusieurs heures de marche que la petite compagnie retrouva la voiture arrêtée au village de Lanslebourg, situé au pied du col.

C'est alors qu'un compagnon du voyage proposa au musicien de gravir le col, non pas à bord de la voiture en suivant la route de l'Empereur, mais par l'ancien chemin. Les deux comparses louèrent une mule et prirent rendez-vous avec le reste de l'équipage au sommet du col. Laissant derrière eux la vallée de Lanslebourg noyée dans les nuages et la pluie, ils découvrirent un ciel parfaitement dégagé du côté italien, un air délicieux, un soleil resplendissant et une chaleur qui, malgré la présence de neige, les força à quitter leurs vêtements chauds. Les deux marcheurs parvinrent sur un plateau où était

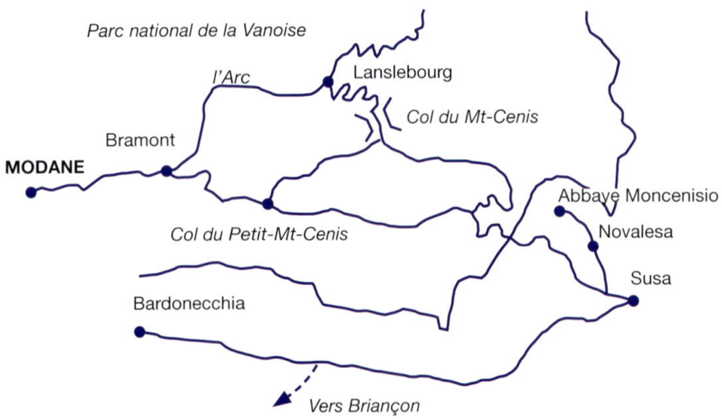

Col du Mont-Cenis.

[1] Dès le Moyen Âge, le Mont-Cenis était l'un des passages obligés pour tout compositeur et instrumentiste français qui se rendait en Italie pour y travailler, comme Guillaume Dufay (1401-1474), actif chez les Médicis et à la cour du pape à Rome, ou plus tard le violoniste-compositeur Jean-Marie Leclair (1697-1764), qui entra à l'opéra de Turin en 1722 après avoir passé le col.

[2] FAUQUET (Joël-Marie), *Voyage d'un musicien en Italie (1809-1812)*, Éditions Mardaga, 1993.

[3] S'écrit de nos jours Bramans.

La route du mont Cenis et le chantier de la construction du chemin de fer, depuis le versant italien.
Gravure d'Edward Whymper, 1860.

bâti l'hospice des religieux, face à un lac d'un bleu éclatant. L'établissement était bondé de prisonniers et de blessés autrichiens victimes des campagnes de Napoléon. Quand la diligence réapparut enfin, tout le monde reprit sa place et on changea les chevaux à hauteur de la grande croix.

Après un rétrécissement de la route et le passage d'une énorme congère, ils aperçurent une vaste vallée en contrebas. Le chemin était dangereux, la diligence manqua de se retourner mais finit par amener tout ce monde sain et sauf à Susa en soirée. Après une courte nuit à l'auberge, l'équipage repartit de bon matin et découvrit la campagne italienne sous un ciel pur et serein.

Le jeune Hector Berlioz obtint à son tour le Grand Prix de Rome avec sa cantate *La Mort de Sardanapale*, qui lui permit de rejoindre la villa Médicis en 1830. Le 12 mai 1832, après avoir achevé son séjour, il repassa par le col du Mont-Cenis. Il n'était pas loin de la vallée où vivait sa jeune étoile des montagnes, une jeune fille dont il était tombé amoureux durant sa prime jeunesse : « [...] [4]*le rocher de Saint-Eynard... Voilà le gracieux réduit où brilla la Stella montis... là-bas, dans la vapeur bleue, me sourit la maison de mon grand-père. Toutes ces villas, cette riche verdure... c'est ravissant, c'est beau, il n'y a rien de pareil en Italie!* »

Bien que natif de la plaine dauphinoise de La Côte-Saint-André, Hector Berlioz avait l'âme d'un montagnard. Enfant, il se baladait déjà en bord du massif de la Chartreuse. Lors de son passage à Rome, il s'échappa souvent de la villa Médicis pour cheminer à travers les montagnes environnantes. Miroir de ses expériences personnelles, certaines œuvres du compositeur démontrent une réelle capacité à faire entendre les bruits de la montagne. Ainsi, dans sa *Symphonie fantastique*, il cite un ranz des vaches dans la « Scène aux champs » et fait retentir des clochettes d'alpage. Il dépeint aussi le peuple montagnard des Abruzzes, ses joueurs de flûtes (les *pifferari*) et ses brigands des grands chemins dans l'œuvre pour alto et orchestre *Harold en Italie*.

Harold en Italie opus 16 (1834) fut composé peu après le retour d'Italie de Berlioz. Niccolo Paganini, le commanditaire, refusa de créer l'œuvre sous prétexte qu'elle ne le mettait pas assez en valeur. Les quatre mouvements sont : *Harold aux montagnes*, *Marche des pèlerins*, *Sérénade d'un montagnard des Abruzzes*, *L'Orgie des Brigands*.

[4] BERLIOZ (Hector), *Mémoires*, tome 1, Éditions Flammarion, 1969, pp. 280-281. La *Stella montis* du compositeur n'est autre qu'une jeune fille ravissante dont il tomba amoureux alors qu'il n'avait que treize ans.

Carl Maria VON WEBER
Premier Grand Tour

L'éducation du jeune Carl Maria von Weber (1786-1826) se fit au hasard des voyages de son père, directeur d'un théâtre itinérant. L'abbé Vogler, grand pédagogue de la musique en Allemagne, lui donna les bases de la composition, après quoi il entreprit des voyages, notamment à Prague, où il fut engagé comme maître de chapelle. Par la suite, et jusqu'à sa mort due à une tuberculose pulmonaire, il dirigea l'opéra de Dresde. Sa gloire posthume repose essentiellement sur trois opéras: le *Freischütz*, *Euryanthe* et surtout *Oberon*, son dernier chef-d'œuvre conçu en anglais pour le Covent Garden de Londres, sans oublier ses pièces concertantes pour clarinette et sa musique de chambre.

« *Va-t'en! Il faut sortir d'ici, partir loin! Le champ de l'artiste c'est le monde!* » C'est ainsi que débute *La Vie d'un musicien*[1], ouvrage autobiographique inachevé que le compositeur allemand Carl Maria von Weber écrivit par intermittence entre 1809 et 1820. Weber analyse dans ce récit l'effet de l'observation des paysages sur la créativité d'un compositeur. Les trois mois qu'il passa en Suisse durant l'été 1811[2] ont certainement contribué à le convaincre de la nécessaire symbiose entre l'artiste créateur et la nature.

Ayant quitté Munich le 9 août 1811, Weber se dirigea vers le lac de Constance, qui faisait office de frontière naturelle entre la Bavière et la Suisse. Mais pour passer la douane, il devait encore traverser l'extrémité du Land de Bade-Wurtemberg, une province allemande qui venait de le condamner pour un délit de non-recouvrement de dettes. Le compositeur fut immédiatement arrêté par un fonctionnaire de la police locale et aussitôt placé en garde à vue. Délivré au bout de cinq jours, mais fiévreux et affaibli par son incarcération, il fut emmené à Morsburg et placé *manu militari* à bord d'un bateau à destination de la Suisse. Bien qu'exténué, il était enfin libre et se dirigeait dans la bonne direction! Un admirateur le reçut aussitôt dans sa villa au bord du lac de Constance. De là, il entreprit une tournée de concerts dans le nord du pays, en passant par Schaffhausen, Winterthur, Bâle et Zurich.

Comme beaucoup d'autres voyageurs à cette époque, il consigna ses déplacements dans un journal. On y apprend notamment qu'il se rendit aux chutes du Rhin, à la chapelle de Guillaume Tell, qu'il grimpa sur le mont Rigi et alla observer les glaciers de Grindelwald dans le massif de la Jungfrau.

Que le jeune artiste ait été impressionné par les vallées, les cols, les glaciers et les lacs de montagne, cela ne fait aucun doute, mais on perçoit dans ses écrits un malaise à exprimer ses états d'âme et ses impressions lorsqu'il décrit les avalanches, la beauté translucide des glaciers ou qu'il cueille des

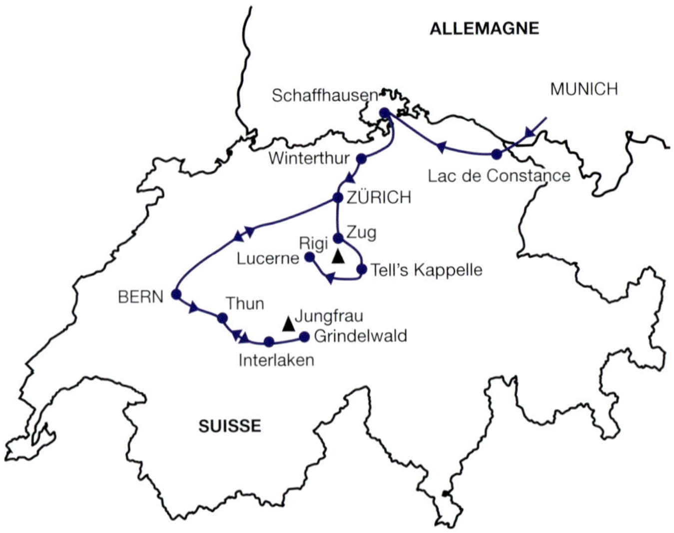

Grand Tour de Carl Maria von Weber en 1811.

[1] WEBER (Carl Maria von), *La Vie d'un musicien et autres écrits*, traduction de l'allemand par Lucienne Gérardin, présentation et notes de Gérard Condé, Éditions Jean-Claude Lattès, 1986.
[2] Du 9 août au 23 octobre 1811.

Carl Maria von Weber parcourut l'Oberland durant l'été 1811.
Ici, la Jungfrau dans le brouillard par le peintre Ferdinand Hodler.

fleurs sur les bas-côtés : « *Personne ne s'attend à recevoir la description de toutes ces merveilles* », ou encore : « *Je dois te décrire cette scène, le dois-je vraiment ? Je perçois la Nature de Dieu, mais je ne peux l'exprimer.* »

Le Rigi

Après avoir quitté Zurich le 6 septembre 1811 à 5 h 30 du matin, Weber entreprit le pèlerinage historique de la Suisse en commençant par la montée de l'Albishorn (909 m), un petit sommet de la vallée de la Sihl où il dégusta du lait et du beurre d'alpage. Il gravit ensuite le Schnabel. La vue y était « *divine* », avec le lac de Zug en contrebas. Il déjeuna à Zug après avoir visité le champ de bataille de Kappel, traversa le lac jusqu'à Immensee, visita la chapelle de Guillaume Tell près de la Hohlen Gasse et se remit en route pour le Rigi.

En fin d'après-midi, Weber commença à gravir le mont Rigi à pied. Pour cet homme qui souffrait d'une grave maladie pulmonaire, l'ascension fut une véritable épreuve physique. Il atteignit péniblement Rigi Staffel vers 19 h 30 mais décida de remettre au lendemain la distance qui le séparait du sommet. Reprenant son souffle, il lui fallut une heure de plus pour rejoindre l'hôtel où il avait prévu de passer la nuit. Pour lui donner un peu de force, l'aubergiste lui offrit du lait chaud tout juste sorti des mamelles d'une chèvre. Le lendemain, Weber se remit en route avant l'aube pour assister au lever du soleil, clou du spectacle sur ce promontoire. Vers 5 h 30, le soleil apparut dans toute sa splendeur, après avoir illuminé les glaciers d'une teinte dorée. Le compositeur fut ainsi largement récompensé de ses efforts. Vers 11 heures, il redescendit à Wehgis (Weggis) et embarqua à bord du bateau qui devait le ramener à Lucerne.

Rigi Staffel est la dernière étape avant le sommet du Rigi. Pour le compositeur Carl Maria von Weber, l'ascension du Rigi fut une épreuve de force considérable qui l'obligea à passer la nuit à Staffel avant de poursuivre le lendemain jusqu'au sommet.

Weber put observer en chemin le célèbre trio de l'Eiger, du Mönch et de la Jungfrau. Tableau de Ferdinand Hodler.

L'Oberland bernois

Le voyage de Weber se poursuivit dans l'Oberland bernois. Parti de Berne, où il venait de donner un concert, il rejoignit Thun, porte d'entrée de l'Oberland. Il embarqua aussitôt à bord d'un bateau en direction d'Interlaken, passa devant le Stockhorn, le Niesen, et à sa gauche, Beatenberg et sa caverne. Après l'exploration de la vallée de Lauterbrunnen dans laquelle coule la rivière Lutschine blanche, il se rendit dans le chalet du pasteur Webra, dont les fenêtres offraient une vue spectaculaire sur le Silberhorn (3 695 m) et sur la fameuse chute de Staubbach.

Le lendemain, il entreprit la montée escarpée en direction de Wengernalp et Kleine Scheidegg. Il entendit et observa les avalanches qui dégringolaient des sommets environnants. Arrivé à Grindelwald vers 15 heures, le compositeur s'installa une fois de plus chez un homme d'Église, dont la maison faisait face au Mettenberg (3 104 m) et au Fiescherhorn (4 049 m). « *Repas avec de la viande de chamois. Bonne nuit. Un pauvre berger vient de casser ses deux jambes* », écrit-il dans son journal.

L'année de son voyage en Suisse vit naître la plupart des œuvres concertantes pour clarinette et orchestre ainsi que l'éclosion de son opéra *Abu Hassan*.

La journée du mercredi 18 septembre fut consacrée à l'exploration des deux glaciers de Grindelwald : « *La teinte bleue est indescriptible, sous nos pieds de l'eau glacée coule sous la voûte.* » Weber se mit à cueillir quelques fleurs à proximité du glacier, puis acheta une poignée de cerises à un mendiant. Après avoir passé le glacier de Schwarzwald et le Wellhorn, il débarqua à l'auberge de Schwarzwald (Schwarzwaldalp, 1 454 m), où il reçut du lait, du beurre et du fromage. « *Le glacier de Rosenlaui est le plus pur de tous, écrit-il, car il est peu recouvert par les avalanches.* » Il prit ensuite le chemin reliant Grosse Scheidegg (1 961 m) à Meiringen (595 m), où, après sept heures et demie de descente constante, il alla voir les chutes du Reichenbach et fit étape à l'auberge *Wilden Mann*. Le lendemain, le compositeur entreprit le retour en bateau à vapeur depuis Brienz jusqu'à Interlaken et débarqua à Thun pour y passer la nuit. Il avait prévu de rejoindre le Mont-Blanc via le lac Léman, mais dut y renoncer faute d'argent.

À lire également

- WEBER (Carl Maria von), *La Vie d'un musicien et autres écrits*, traduction de l'allemand par Lucienne Gérardin, présentation et notes de Gérard Condé, Paris, Jean-Claude Lattès, 1986.

Gioacchino ROSSINI Vincenzo BELLINI Gaetano DONIZETTI Giuseppe VERDI

Opéra et bel canto autour du lac de Côme

À l'âge de vingt et un ans, Gioacchino Rossini (1792-1868) était déjà célèbre dans toute l'Italie grâce à son *opera seria Tancrède*, et à son *opera buffa L'Italienne à Alger*. Il s'établit à Paris, où il codirigea le Théâtre italien. C'est à l'Opéra de Paris qu'il fit représenter son dernier ouvrage lyrique, *Guillaume Tell*, dont l'histoire se passe au cœur des Alpes suisses. Il a imprimé sa marque par un renouvellement de l'écriture vocale et orchestrale, à la fois brillante, légère et virtuose, qui mettait en valeur les instruments romantiques tels que la clarinette et le cor.

On a vu en Vincenzo Bellini (1801-1835) l'idole romantique à l'état pur, une sorte de héros byronien trop tôt disparu. Après les succès de *La Somnambule* et de *Norma*, il rejoignit Rossini à Paris, qui le prit sous son aile. Sa disparition prématurée nous a privés du seul grand rival qu'aurait eu Giuseppe Verdi.

Grand concurrent de Bellini, Gaetano Donizetti (1797-1848) naquit dans une famille modeste de Bergame, sur les contreforts des Alpes italiennes. Après un bref engagement dans l'armée italienne, il décida de se consacrer totalement à l'art du bel canto. Ce n'est qu'à partir des années 1830 qu'il rencontra le succès, grâce à *Anna Bolena* et surtout à *Élixir d'amour*. Suivirent de nombreux ouvrages qui font aujourd'hui partie du grand répertoire des maisons d'opéras, notamment *Lucrezia Borgia* et *Lucia di Lammermoor*. Son intense activité créatrice (plus de soixante-dix opéras), ses déboires sentimentaux et sa vie dissolue eurent raison de ses forces. Atteint de syphilis, il sombra dans la folie.

Giuseppe Verdi (1813-1901) s'est imposé avec Wagner comme l'un des deux géants de l'art lyrique au XIXe siècle, surpassant ses compatriotes Rossini, Bellini et Donizetti. Après quelques débuts lyriques difficiles, le triomphe de son opéra *Nabucco* lui valut une reconnaissance nationale. Le peuple italien sous domination autrichienne vit en lui l'incarnation musicale de ses préoccupations morales et politiques. C'est ainsi que le slogan « Viva V.E.R.D.I. » (Vittorio Emanuele Re D'Italia) fut repris par le mouvement d'insurrection. Le succès du *Trouvère*, de *La Traviata* et de *Rigoletto* lui offrit cette fois une reconnaissance internationale. Les chefs-d'œuvre de maturité furent bientôt plus espacés et longuement mûris, tels *Aïda*, *Otello* ou *Falstaff*.

La villa Pliniana à Torno, où résida quelque temps le compositeur Gioacchino Rossini.

La villa Passalacqua de Moltrasio, où séjourna le compositeur d'opéra Vincenzo Bellini entre 1829 et 1833.

Le lac de Côme est souvent considéré comme le plus beau des grands lacs du sud des Alpes. Protégé des vents grâce aux montagnes environnantes, il bénéficie d'un climat particulièrement doux. Les plantes exotiques et les agrumes y poussent à profusion et son encaissement entre les falaises lui donne un aspect assez spectaculaire. Franz Liszt, Giuseppe Verdi, Johannes Brahms, Vincenzo Bellini, Gaetano Donizetti et Gioacchino Rossini l'ont admiré, et il n'est guère étonnant de voir que les nombreuses villas fréquentées par ces artistes ont été construites en bordure du lac, principalement sur la rive gauche. Elles sont pour la plupart situées près de Griante: villa Carlotta, villa La Collina, villa Margherita, villa Giuseppina, villa Norella, et surtout la villa Roccabruna ayant appartenu à la célèbre cantatrice Giuditta Pasta. La villa Carlotta du XVIIe siècle, sans doute la plus belle et la plus célèbre, accueillit notamment Johannes Brahms.

L'une des plus élégantes demeures situées en bordure du lac est la villa Pliniana de Torno, aujourd'hui reconvertie en hôtel de luxe. Elle a vu passer de nombreux artistes et poètes, comme Stendhal, Byron, Shelley, ou encore des compositeurs comme Rossini, Liszt, Bellini et Puccini. En 1813, Gioacchino Rossini se rendit dans cette villa à l'invitation des propriétaires, les Belgiojoso, et de la cantatrice Giuditta Pasta, que le compositeur considérait alors comme insurpassable dans les rôles tragiques aussi bien que légers. C'est là qu'il aurait achevé en trois jours l'opéra *Tancrède* et offert le rôle principal à la Pasta.

♪ La version adaptée pour la Pasta de l'opéra *Tancrède* date du séjour en 1813 de Rossini à la villa Pliniana.

♪ Bellini travailla ses deux opéras, *La Somnambule* et *Norma*, à la villa Passalacqua.

La villa Passalacqua de Moltrasio est située à l'extrémité du lac de Côme, sur la rive opposée au village de Blevio et à deux pas de la villa Pliniana de Torno. Cette villa occupa une place particulière dans la vie de Vincenzo Bellini. Il s'agit d'une imposante demeure à trois étages, rehaussée d'un parc en terrasses qui descend jusqu'au bord du lac. L'intérieur est enrichi d'œuvres d'art et d'une imposante bibliothèque aménagée par la famille Passalacqua, propriétaire des lieux. C'est en fréquentant les salons de la bourgeoisie milanaise que Bellini rencontra le comte Andrea Passalacqua, qui l'invita à s'installer dans cette somptueuse demeure durant la période 1829-1833. Il y rencontra surtout Giuditta Cantù, femme cultivée et très sensible aux arts, avec laquelle il vécut une liaison secrète. À cette époque, Giuditta occupait une villa voisine, la villa Salterio, joli bâtiment néoclassique surplombant le lac et protégé d'un grand jardin, où elle donnait rendez-vous à Bellini. Cette liaison inspira *La Somnambule* et *Norma*, deux opéras qui mettent encore une fois à l'honneur la voix de la Pasta. Leur idylle fut brisée à jamais lorsque Ferdinando Turina, mari de Giuditta, découvrit que sa femme l'avait trompé avec le compositeur. La Cantù fut répudiée par son mari et abandonnée aussitôt par Bellini, qui finit par s'installer à Paris.

C'est à Blevio, face à l'étendue silencieuse du lac de Côme, que l'on peut découvrir la villa Roccabruna, jolie demeure néoclassique ayant appartenu à la célèbre cantatrice

La villa Roccabruna ayant appartenu à la célèbre cantatrice italienne Giuditta Pasta. Elle a été reconvertie en hôtel de luxe *La Casta Diva*.

La villa Margherita Grande, propriété de l'éditeur Ricordi, qui accueillit plus d'une fois le célèbre compositeur d'opéras Giuseppe Verdi.

italienne Giuditta Pasta (1797-1865), qui la fit restaurer grâce à son oncle maternel Filippo Ferranti entre 1827 et 1829. Cette villa a depuis été reconvertie en complexe hôtelier 5 étoiles, *La Casta Diva*, doté d'un véritable jardin botanique aux alentours. On peut y observer la grotte des muses, spécialement construite pour la Pasta et décorée de bustes de chanteurs concurrents de la chanteuse, comme celui de Maria Malibran, rivale sur scène mais admirée et respectée par la Pasta. La villa Roccabruna devint un lieu de rencontre d'artistes, compositeurs et chanteurs, parmi lesquels Gioacchino Rossini, Vincenzo Bellini et Gaetano Donizetti, qui avaient fait de la Pasta leur favorite.

C'est en 1853, précisément au moment où il mit la main à son célèbre opéra *La Traviata*, que Giuseppe Verdi accepta de venir vivre quelque temps à la villa Margherita, invité par son propriétaire, l'éditeur Giulio Ricordi. Il s'agit d'une somptueuse propriété néoclassique située en bordure du lac, juste en face de la petite cité de Bellagio. Verdi y vint plus d'une fois dans les années 1860 et 1870. Pour s'y rendre, il suffit de rejoindre Cadenabbia de l'autre côté de la rive, où, à la lisière du village, se dresse cette coquette villa, aujourd'hui demeure privée, et qui aurait été construite grâce aux bénéfices plantureux du *Trouvère* de Verdi. Il est néanmoins possible de l'observer depuis le lac ou de l'entrevoir en bord de route, avec sa façade surmontée d'un fronton rehaussé d'une horloge et de deux sculptures représentant la Musique et la Poésie. À l'intérieur se trouve une salle en hémicycle qui accueillait jadis des petits concerts privés et qui surplombe aujourd'hui un jardin décoré de plantes rares et de roses.

> ♪ On dit que Donizetti passa plus d'un mois à la villa Roccabruna en 1829 et qu'il y composa son opéra *Anna Bolena*.

> ♪ Légende ou pas, il se dit que Verdi aurait composé certains airs de *La Traviata* à la villa Margherita, dont le célèbre duo entre Violetta et Alfredo.

Lacs du Tessin et du nord de l'Italie.

Louis Ferdinand HÉROLD

La route des Karawanken

Petit-fils d'un instituteur-organiste parisien, Louis Ferdinand Hérold (1791-1833) reçut ses premières leçons musicales de son père, pianiste et compositeur. Il rejoignit ensuite le Conservatoire de Paris, où il obtint le Premier Grand Prix de Rome en 1812, puis passa trois ans à la Villa Médicis de Rome. Le climat de la ville éternelle ne lui convenant pas, il gagna Naples, où il enseigna aux enfants du roi de Sicile (Murat). En 1815, il entreprit un voyage à Venise, qu'il quitta précipitamment pour rejoindre Vienne en traversant les Alpes autrichiennes. Son œuvre est principalement dédiée au théâtre d'opéra et son style avoisine celui de Rossini et Boieldieu. Il a laissé un journal incomplet qui rassemble ses souvenirs depuis son séjour à Rome, et qui raconte notamment son voyage de Venise à Vienne via la chaîne des Karawanken[1].

[1] Publié dans le *Bulletin français de la Société Internationale de Musique*, janvier 1910, pp. 100-111 et février 1910, pp. 156-170.

Durant de nombreux siècles, les voyageurs qui souhaitaient quitter l'Italie pour rejoindre l'Autriche avaient le choix entre la route du col du Brenner (pour se rendre à Salzbourg via Innsbruck) et celle, plus à l'est, des Karawanken et des Hohe Tauern (pour gagner Vienne).

Lorsque Louis Hérold quitta Venise dans l'espoir de décrocher un emploi dans la capitale autrichienne, c'est tout naturellement qu'il emprunta la route du Tyrol du Sud qui traverse les Karawanken[2]. Parti de Venise le 17 mai 1815 en fin d'après-midi, il traversa la lagune et débarqua à Mestre, puis grimpa dans un voiturin équipé de trois chevaux. Il dépassa Trévise, Valvasone et San Daniello, puis dut traverser le fleuve Tagliamento, considérablement gonflé par les pluies du moment. Un orage violent éclata à Ponteba : « *Seul, dans un pays sauvage, abîmé par la pluie, un orage épouvantable : tous les paysans qui s'enfuient dans leurs cabanes sont étonnés de voir là un individu habillé en muscadin, ne se pressant pas, ayant même l'air content.* »

Comme Hérold ne disposait d'aucun laissez-passer pour entrer en Autriche, il lui fallut trouver un passeur clandestin. Le plan était de traverser le fleuve de nuit afin de déjouer les sentinelles installées de part et d'autre du pont. Arrivé au bord du fleuve, impossible de le traverser à cause du courant. Le passage du pont s'imposait ! Le passeur couvrit Hérold d'un grand manteau et d'un gros chapeau de paysan, car ses vêtements de gentilhomme auraient éveillé les soupçons de la douane. Du côté italien, heureusement personne n'occupait les guérites. Mais du côté autrichien : « *O Dieu, voici un homme, il dort sous un banc* [...] *Que je*

[2] Lors des voyages de la famille Mozart en Italie, Léopold avait déjà envisagé de remonter par la route des Karawanken et par les Tauern, puisque dans une lettre rédigée à Milan le 27 octobre 1770, il écrit : « *Je regrette seulement que nous aurons à entreprendre ensuite un voyage de retour par des chemins boueux et peut-être même dangereux, car ce n'est pas drôle de traverser la montagne au printemps, quand les neiges se mettent à fondre. Je songe toujours à passer par la Carinthie ; le Tyrol, je l'ai déjà vu et je n'ai pas envie de faire deux fois le même chemin comme font les chiens, sauf quand la nécessité m'y contraint…* » Léopold Mozart, bien informé, finit par renoncer à cette route au profit du col du Brenner. La route du Tauern, avec ses nombreuses gorges et chutes d'eau, offrait des paysages magnifiques, mais elle était considérée comme la plus mauvaise d'Autriche !

♪ Le premier opéra d'Hérold, *La Gioventù di Enrico Quinto*, date de l'année 1815.

Le Lesachtal verdoyant (ici Kartitsch) longe la chaîne des Alpes carniques jusqu'à Klagenfurt.
C'est l'une des portes d'entrée des voyageurs qui se rendaient de Vénétie en Autriche.

suis imprudent : me mettre en voyage au milieu de la nuit, par un temps horrible (il pleuvait toujours) avec un homme que je ne connais pas, qui peut m'assassiner sans danger, dans les gorges de montagne [...] *J'arrive dans le premier village [autrichien] à 4h. du matin...* » Après avoir attendu longtemps, Hérold aperçut enfin le voiturin, y grimpa et se sentit en sécurité. Toutefois, vers midi, une soupente de la voiture se rompit, bloquant l'équipage sur une grand-route par une pluie épouvantable. Il fallut rejoindre une hôtellerie à Villach où deux garçons acceptèrent de réparer la voiture avec des chaînes.

Le lendemain, le compositeur reprit la route en direction de Klagenfurt, descendit à pied pour éviter les contrôles à l'entrée de la ville et perdit à nouveau de vue le voiturin, qu'il retrouva au-delà de Neumark. Après le passage de Limme, un essieu se rompit, puis une roue cassa aux environs de Judenburg. Il débarqua finalement le 31 mai à Vienne, soulagé d'être encore sain et sauf.

Ludwig SPOHR
Balades à travers l'Oberland

Ludwig Spohr (1784-1859) est avec Joseph Joachim l'un des plus célèbres violonistes-compositeurs allemands du XIXe siècle. Ses nombreux ouvrages font de lui l'un des principaux représentants du romantisme allemand dans l'esprit de Mendelssohn. Outre ses dix symphonies et ses dix-sept concertos pour violon, il a publié une méthode de violon encore utilisée de nos jours et une autobiographie en deux volumes qui raconte avec beaucoup de détails ses déplacements à travers toute l'Europe. Spohr voyagea régulièrement dans les Alpes, notamment en Suisse, le plus souvent pour y donner des concerts avec orchestre ou en compagnie de sa première épouse, la harpiste Dorette Scheidler.

En 1816, la réputation du violoniste-compositeur Ludwig Spohr était bien établie. Après avoir tenu le poste de violon solo de l'orchestre du Theater an der Wien, il décida d'entreprendre une grande tournée en Allemagne et en Italie. De passage par la Suisse, il donna quelques concerts à Bâle, Bern et Zurich, puis s'installa avec sa femme Dorette et ses enfants à Thierachern, un petit village de la région du lac de Thun. Il profita de quelques jours de repos et du temps printanier pour entreprendre l'une ou l'autre excursion dans l'Oberland bernois.

Le 4 juin, les Spohr partirent pour Kandersteg, distant d'environ quarante kilomètres de leur lieu de séjour. Ils louèrent un Rietwägeli, sorte de charrette tirée par un cheval, que conduisait le violoniste lui-même. Après avoir longé la rive droite du lac de Thun jusqu'à Spiez, ils traversèrent la rivière Kander, contournèrent la pyramide majestueuse du Niesen et s'engagèrent à travers la vallée fruitière de Frutigen[1].

Thun - Spiez - Lötschberg - Kandertal - Interlaken.

[1] Frutigen est situé à l'entrée des vallées de la Kander et d'Adelboden.

Les villages aux chalets et clochers typiques se succèdent le long du lac de Thun, comme ici à Leissigen.

À partir de Frutigen s'ouvrit une deuxième vallée, où coulait la Kander. C'est à partir d'ici que débuta l'ascension, au milieu d'une impressionnante vallée rocheuse juste assez large pour accueillir le lit de la rivière et la route carrossable. Les rochers suspendus au-dessus de la route et le ronronnement de la rivière tumultueuse rendaient le lieu particulièrement sombre et lugubre. À mesure que l'attelage s'élevait, les Spohr sentirent un net recul de la saison. Ici, les arbres fruitiers bourgeonnaient à peine. Plus haut dans la vallée, ils disparaissaient complètement pour ne laisser place qu'à quelques sapins parmi les rochers. Le village de Kandersteg[2],

[2] Kandersteg est situé à l'entrée du tunnel historique du Lötschberg, face au sommet de la Blümlisalp (3 664 m). À l'époque du compositeur Ludwig Spohr, il n'existait qu'une seule auberge, l'*Hôtel de l'Ours*, qui a brûlé depuis.

La vallée de Lauterbrunnen en automne, depuis les hauteurs de Wengen.

avec ses chalets de bois entourés de petits jardins clos et de quelques arbres encore en vie, apparut enfin. La neige, présente ici plus de neuf mois par an, était encore visible, et les maigres fourrages jaunis portaient les stigmates de l'hiver. Des sommets environnants recouverts de leur épais manteau de neige jaillissaient d'innombrables ruisseaux qui bondissaient vers le bas de la vallée. De là, la route continuait jusqu'au col de la Gemmi, puis descendait précipitamment vers Leukerbad (Loèche-les-Bains), connu pour ses sources d'eau chaude[3]. Les Spohr passèrent la nuit à Kandersteg, après quoi ils rebroussèrent chemin en direction de Thun, heureux de retrouver le printemps.

Depuis leur lieu de vacances, les Spohr trépignaient d'impatience, car ils espéraient une amélioration du temps pour entreprendre une nouvelle excursion. Le 1er août 1816, le baromètre indiqua un temps sec, et la petite famille put enfin remonter à bord du Rietwägeli. Cette fois, le but de l'excursion était Lauterbrunnen[4] et la célèbre chute d'eau de Staubbach. Les montagnes environnantes, jusqu'ici cachées par les nuages, apparurent dans toute leur majesté. À Thun, ils louèrent un bateau qui les transporta jusqu'à Neuhaus, à quelques pas d'Interlaken. Ils entreprirent ensuite la lente montée en direction du massif de la Jungfrau. Au bout de la vallée apparut le village de Lauterbrunnen avec sa chute spectaculaire, que le violoniste se plut à décrire : « *Après avoir dépassé le flanc d'une montagne, la chute de Staubach apparaît dans toute sa grandeur. L'eau se précipite d'une hauteur vertigineuse sur une paroi de roche perpendiculaire et se disperse en un jet de vapeur que l'on peut comparer à un nuage d'une infime poussière plutôt que d'eau. Tout ce qui entoure un tel miracle de la nature prend aussitôt de l'importance. Dans le fond de la vallée, jaillissent de petits torrents hors des rochers recouverts d'un glacier à la teinte grisâtre, et non loin de là, s'étirant loin en avant, Wengern Alps, que domine majestueusement la Jungfrau*[5]. »

[3] De nombreux thermalistes empruntaient le col de la Gemmi à dos de mule ou sur un brancard, conduits et portés par les habitants du village pour qui c'était la principale source de revenu.

[4] Lauterbrunnen se trouve à une dizaine de kilomètres au sud d'Interlaken.

[5] SPOHR (Ludwig), *Selbstbiographie*, 2 volumes, Kassel, 1860-1861. Traduction anglaise, Longman, Green, Longman, Roberts & Green, *The Musical Journeys of Ludwig Spohr*, pp. 241-245.

Au moment où Spohr entreprit son voyage en Suisse, il préparait son opéra *Faust*, qui fut créé à Prague l'année suivante.

Fanny HENSEL-MENDELSSOHN

Un petit air d'Italie

Élevée dans l'atmosphère cultivée de la famille Mendelssohn, Fanny (1805-1847) reçut une excellente éducation musicale de sa mère, travailla ensuite avec Marie Bigot à Paris et suivit les conférences de physique expérimentale et de géographie physique de Humbolt à Berlin. Mais c'est la musique qui fut sa véritable passion. Elle épousa le peintre Hensel et composa dans l'ombre de son frère Felix, qui signa certaines de ses œuvres. Sa mort prématurée causa un énorme choc à Mendelssohn, qui mourut de chagrin quelques mois plus tard. Elle a laissé des lieder, des pièces de musique de chambre, dont un joli quatuor à cordes en mi-bémol majeur (1834).

La famille Mendelssohn découvrit les Alpes en 1822. Ce voyage d'agrément, d'une durée de quatre mois, fut organisé dans un grand confort pour l'époque, puisque la famille voyageait en calèche particulière, en compagnie du précepteur des enfants et des domestiques, et qu'elle logeait dans les meilleures auberges du pays : l'*Hôtel de l'Union* à Chamonix, l'hôtel *Interlaken*, la maison communale d'Unterseen, etc. Fanny, la sœur aînée de Felix, rêvait surtout de découvrir l'Italie, dont elle avait entendu parler dans les récits de Goethe, de Heine et de Müller, mais lorsqu'elle débarqua avec sa famille au sommet du Gothard et que lui parvint l'air méridional de la péninsule, il était déjà temps de rebrousser chemin, ce qui la désola. Elle ne put dès lors cacher sa déception dans un courrier qu'elle envoya à sa cousine Marianne : « *L'idée d'un pays qui commence derrière ces montagnes, en effet, la proximité perceptible de l'Italie, le simple fait que les gens d'ici ont tous été en Italie, parlent l'Italien et saluent le voyageur avec les doux sons de cette langue délicieuse, me remua énormément*[1]. »

Fanny venait de rencontrer son futur mari, Wilhelm Hensel, peintre officiel à la cour de Prusse, dont elle tomba éperdument amoureuse. Mais contrairement à son frère, qui fut autorisé à voyager seul par la suite, elle ne put réaliser son rêve d'Italie qu'après son mariage.

La diligence postale du Gothard. D'après une toile de 1888 de Rudolf Köller.

La qualité du quatuor en mi bémol majeur (1834) de Fanny Hensel se rapproche de celle des œuvres de son frère Felix.

[1] HENSEL (Sebastian), *Die Familie Mendelssohn 1729-1847, Nach Briefen und Tagebüchern*, Hesse & Becker, 1929.

Franz SCHUBERT

Le Pâtre sur le rocher

Franz Schubert (1797-1828) est l'un des représentants les plus importants du romantisme musical allemand. Il eut une enfance modeste mais heureuse, élevé par un père maître d'école qui voulait faire de lui son associé. Mais Franz ne montra aucune aptitude particulière dans ce domaine et quitta son poste d'instituteur pour s'installer à Vienne, où il vécut de quelques cours et de l'édition à bas coût de ses œuvres. C'est grâce à l'aide de nombreux amis qu'il parvint à survivre et à lutter contre le désespoir et la maladie. Il a laissé une œuvre gigantesque, surtout des lieder mais également neuf symphonies et beaucoup de musique de chambre, dont il n'entendit qu'une partie de son vivant.

Schubert était d'un naturel plutôt sédentaire. Il ne quittait jamais sa ville de Vienne, sauf pour entreprendre de courts voyages professionnels au service de la maison Esterhazy, dont il dépendait. Pourtant, entre mai et octobre de l'année 1825, il réalisa un périple ambitieux qui devait le mener aux pieds du massif des Hohe Tauern, en passant par les lacs du Salzkammergut. Ce fut son voyage le plus important, que l'on pourrait qualifier de Grand Tour d'Autriche, et qui fit dire à son frère Ferdinand quelques années plus tard : « *En 1825, Franz fit, en compagnie de Vogl, un plaisant voyage à Gastein. Le séjour dans cette ville d'eaux compta pour Franz comme les plus beaux jours de sa vie*[1]. » Deux longues lettres adressées à son frère montrent à quel point Schubert sembla émerveillé par la nature environnante autant que par la beauté de la ville de Salzbourg qu'il visita au passage. La description de la ville de Mozart est d'ailleurs à ce point détaillée qu'elle pourrait bien figurer dans n'importe quel guide touristique !

[1] MASSIN (Brigitte), *Franz Schubert*, Éditions Fayard, 1977, p. 309.

Voyage de Franz Schubert en 1825.

De passage à Steyr chez son fidèle ami le baryton Vogl, les deux musiciens décidèrent d'entreprendre un voyage en direction de Salzbourg et du Salzkammergut. Ils ne savaient pas encore à ce moment-là qu'ils pousseraient jusqu'au pied du massif des Hohe Tauern. Ils se rendirent d'abord à l'abbaye de Kremsmünster, où Vogl et les amis de Schubert avaient reçu leur formation scolaire. Comme l'atteste le livre d'hôtes de l'abbaye, ils y chantèrent des lieder en soirée, et Schubert joua même quelques variations et marches. Les deux comparses en profitèrent pour aller visiter l'abbaye voisine de Saint-Florian[2].

L'hôtel de ville de Gmunden fait face à l'embarcadère d'où partent les bateaux à aubes du Traunsee. Schubert séjourna plus de six semaines dans cette cité qui lui fit le plus bel effet.

[2] Édifiée par des moines bénédictins au XIe siècle, Saint-Florian est l'une des plus célèbres abbayes autrichiennes. Elle est reconnaissable à ses trois tours et sa façade qui s'étend sur plus de 214 mètres de long. Un portail à deux balcons donne accès à la cour intérieure ornée d'une belle fontaine sculptée. Le compositeur Anton Bruckner passa une bonne partie de son existence à Saint-Florian, d'abord comme étudiant au Konvikt, ensuite comme organiste titulaire.

L'étape suivante fut Gmunden, dans le Salzkammergut, où Schubert et Vogl séjournèrent plus de six semaines au milieu d'une nature sublimée par les eaux du Traunsee et par les montagnes des Hohengebirge toutes proches. La correspondance du maître décrit l'état de satisfaction dans lequel il baignait alors : « *Je ne suis resté que quelques jours à Steyr, après quoi nous sommes allés à Gmunden où nous avons passé six semaines très agréables. Nous étions logés chez Traweger, qui possède un magnifique pianoforte et qui est, comme tu le sais, un grand admirateur de ma petitesse. J'ai vécu là, sans gêne et très agréablement*[3]. »

Entre les concerts et les moments consacrés à la composition, les deux camarades excursionnèrent en voilier sur le Traunsee et se promenèrent notamment jusqu'au château d'Ebenzweier situé à cinq kilomètres de là[4]. De Gmunden, qu'ils quittèrent à regret vers la mi-juillet, Schubert et Vogl firent une halte de quelques jours à Puchberg, près de Wels, puis se retrouvèrent à Steyr pour décider de la suite du voyage.

Comme le chanteur souffrait de graves crises de goutte, ils décidèrent de rejoindre la ville de Bad Gastein, dans les Hohe Tauern, cité réputée pour ses cures thermales. Un courrier rédigé à Steyr dévoile les intentions réelles du compositeur : « *Je me retrouve maintenant à Steyr, et si vous voulez me faire bientôt l'honneur d'une lettre, elle me parviendra encore ici, car nous ne resterons que dix à quatorze jours, et alors nous commencerons le voyage à Gastein, une des plus célèbres stations thermales, à environ trois jours de Steyr. Je me réjouis extraordinairement de ce voyage, car je ferai ainsi la connaissance des pays les plus beaux, et nous visiterons Salzbourg, célèbre pour sa magnifique situation et ses environs. Comme nous ne reviendrons de ce voyage qu'à la mi-septembre et que nous avons promis d'aller encore une fois à Gmunden, à Linz, à Steyeregg et à Saint Florian, il me serait difficile sans doute d'arriver à Vienne avant la fin octobre*[5]. »

Le 12 septembre 1825, Schubert écrivit une longue lettre à son frère Ferdinand, alors qu'il était déjà sur la route du retour. L'étape de Salzbourg y est largement décrite, avec notamment l'Untersberg et son massif énorme, les remparts de pierre de la résidence des princes-électeurs et les maisons à quatre ou cinq étages dans des ruelles très étroites. La ville elle-même lui fit une impression un peu triste, car elle semblait désertée en cette période de l'année, tandis que le temps gris du jour rendait les anciens monuments plus sombres encore. Du haut du Mönchberg, d'où il put observer une grande partie de la ville, Schubert s'étonna du nombre d'édifices, palais et églises qui peuplaient la ville.

La cathédrale de Salzbourg avec son dôme, largement décrite par Schubert dans sa correspondance. La maison de Mozart est située à l'opposé de la Residenzplatz.

Quelques jours plus tard, le musicien écrivit une nouvelle fois à Ferdinand, alors qu'il était déjà de retour à Steyr. Dans son courrier, il dit être passé par Hallein, « *un endroit crasseux où vivent des gens pâles à faire frémir* », puis par Gölling, où eut lieu une sinistre bataille entre les Tyroliens et les Bavarois. Au-delà de Werfen et de sa forteresse apparurent enfin les sommets du massif des Hohe Tauern, but du voyage.

On aurait bien aimé connaître les détails de son séjour dans la ville thermale de Bad Gastein[6], mais rien n'apparaît dans la correspondance du musicien. Le 4 septembre, Vogl et Schubert quittèrent définitivement Gastein et entamèrent la route du retour, par Hallstatt, l'Attersee, l'Ebensee, et se retrouvèrent à nouveau à Gmunden chez les Traweger. Lorsque Schubert franchit les portes de Vienne, quatre mois s'étaient écoulés. Ce fut l'unique long voyage du célèbre musicien avant sa mort prématurée.

[3] Lettre à son ami Joseph von Spaun du 21 juillet 1825.
[4] C'est à Gmunden que Schubert aurait commencé la composition d'une grande symphonie en ut aujourd'hui disparue.
[5] Lettre à ses parents du 28 juillet 1825.
[6] L'eau thermale de Bad Gastein, dont les propriétés bienfaisantes sont connues depuis plusieurs siècles, provient du massif du Graukogel tout proche. Elle jaillit à une température qui peut avoisiner les 47 °C.

Du séjour de Schubert à Gastein date le lied *Das Heimweh* d'après le texte de Pyrker.

Robert SCHUMANN
Échappée de jeunesse dans les Alpes

Le jeune Robert Schumann (1810-1856) fut envoyé à l'université de Leipzig puis à celle d'Heidelberg pour y étudier le droit, mais il négligea ses études, préférant sécher les cours pour suivre ceux du pianiste Friedrich Wieck, le père de sa future femme, Clara. Un stupide accident aux doigts de la main droite l'obligea à renoncer définitivement à la carrière de virtuose. C'est alors qu'il se mit sérieusement à la composition, tout en écrivant des articles de critique musicale pour un journal. Il fut également professeur au Conservatoire de Leipzig, établissement fondé par son ami Felix Mendelssohn, et fit la connaissance de Johannes Brahms, qui devint l'ami intime de la famille. Mais Schumann souffrait de troubles nerveux et psychiques qui se révélèrent de plus en plus fréquents et qui nécessitèrent son internement. Il mourut à l'âge de quarante-six ans, veillé par Clara et Brahms. Ses quatre symphonies sont celles d'un grand romantique qui s'écarte des schémas classiques tout en offrant une grande liberté mélodique, mais les œuvres les plus significatives de son génie sont ses pièces de musique de chambre et sa musique pour piano.

Après avoir entamé ses études de droit, le jeune Robert Schumann abandonna l'université de Leipzig pour s'installer à Heidelberg, où il récolta ses premiers succès d'interprète. L'été venu, il réalisa un grand tour de Suisse en solitaire, un voyage que beaucoup d'artistes et intellectuels avaient l'habitude d'entreprendre à pareille époque. On connaît son parcours grâce au journal qu'il écrivit entre 1827 et 1838 et qui, bien que rédigé en style télégraphique, donne une idée de son itinéraire entre le 20 août et le 11 septembre 1829.

Nous étions à l'ère du voyage en diligence, qui demeurait le principal moyen de transport organisé dans les Alpes, mais Schumann se déplaça surtout à pied. Mis à part quelques jours de beau temps, les conditions climatiques furent désastreuses.

Parti le jeudi 20 août à la tombée de la nuit, Schumann s'arrêta pour manger à Strasbourg et arriva le soir à Fribourg-en-Brisgau, dans le Schwarzwald, où il fit une étape. Dès l'aube, il reprit la route en direction de Bâle. Lorsqu'il entra en Suisse, il fut frappé par la luxuriance des prairies, dont la verte douceur et le soin contrastaient

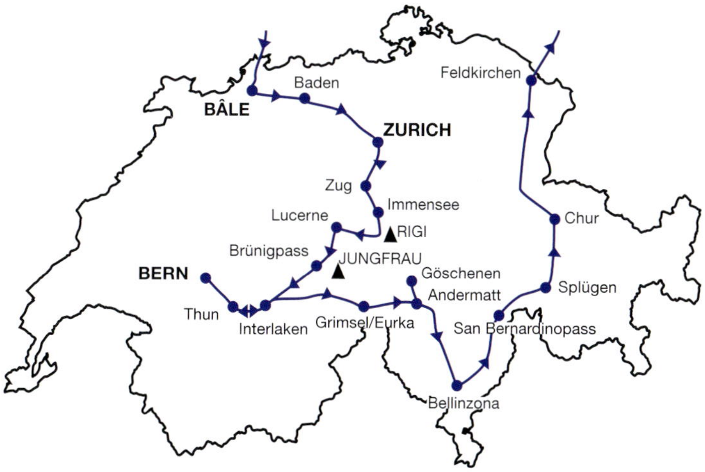

Itinéraire du Grand Tour de Robert Schumann en 1829.

Le massif de la Jungfrau était au programme du voyage de Schumann.

Le Ritzlihorn (3 283 m) domine le village de Guttannen sur la route du col de Grimsel. C'est ici que Schumann aurait réclamé un baiser à une jolie fille de la vallée ! (peinture de Felix Mendelssohn datée du 17 août 1847).

La façade de l'hospice du Grimselpass de nos jours. Rien à voir avec l'établissement d'origine fréquenté par Schumann, qui a brûlé, et dont les ruines sont encore visibles au fond du Grimselsee.

avec l'Allemagne voisine. Arrivé dans le centre de Bâle, il parcourut des rues quasi désertes, puis traversa le pont sur le Rhin et se rendit à l'auberge *Gasthof zum Storch* pour y passer la nuit. De là il fit une étape dans la ville thermale de Baden, puis reprit sa route en direction de Zurich, via Dietikon. Il passa notamment par la colline d'Uetliberg, d'où il put admirer le lac de Zurich en contrebas et la blancheur des sommets des Alpes grisonnes et glaronaises. Le séjour à Zurich fut agrémenté d'une bonne table d'hôte, d'une visite à la bibliothèque, d'un café littéraire, le tout arrosé de bière locale !

Poursuivant son Grand Tour, il atteignit le village d'Immensee le 26 août et décida d'entreprendre l'ascension du mont Rigi, curiosité incontournable de la région. Muni de son alpenstock – bâton indispensable pour tout marcheur dans les Alpes –, il atteignit Rigi Staffel, puis Rigi Kulm où il se mêla à un groupe de randonneurs formé de belles Anglaises et d'une famille de Français dont les filles étaient « *passables* »[1] ! La vue dégagée lui permit d'admirer le Säntis et le massif de la Jungfrau. Et comme le voulait la tradition, un étudiant strasbourgeois fit sonner son cor des Alpes, l'alpenhorn. Après l'inoubliable coucher du soleil que l'on appelle ici l'*Alpenglühn*, il s'offrit un repas au *Rigi Kulm Hotel*, souper qu'il acheva par du vin chaud, le *Glühwein*.

Le 27 août 1829, Schumann se reposa à Lucerne après sa sortie au mont Rigi. Il reprit aussitôt la route à pied en direction de l'Oberland bernois. Il espérait atteindre le col du Brünig au plus vite (le 28), mais le temps se dégrada subitement : « *Tout est sombre et lugubre en raison du mauvais temps* », écrit-il. Les conditions climatiques empirèrent le 29, lorsque, passé le col du Brünig, il entreprit la descente vers Brienz par un froid de canard et un brouillard intense. La traversée du lac de Brienz en bateau se fit sous la tempête, ce qui ne l'empêcha pas d'apprécier la présence à bord d'une jolie petite batelière ! Le 30 août, il débarqua à Interlaken.

Malgré le temps maussade, Schumann effectua une promenade à Wengernalp. Durant la pause, il dégusta le célèbre fromage fondu au miel et put entendre le vacarme des avalanches dans la vallée de Grindelwald. Schumann fut saisi par la teinte bleutée des glaciers qui laissent échapper un torrent d'eau limpide et glacée. Arrivé à l'auberge de Grindelwald, il se mit à jouer du piano sous le regard admiratif de touristes anglais, manifestement ravis de pouvoir profiter des talents du jeune virtuose. La nuit à l'hôtel fut perturbée par le comportement provocant d'un cocher qui déambulait bruyamment dans le couloir, nu comme un ver, à la poursuite d'une femme de chambre tout aussi dénudée ! Le lendemain, Schumann se rendit à Grosse Scheidegg, d'où il put entrevoir le Wetterhorn et l'Eiger enveloppés dans un épais brouillard. Il fit un saut jusqu'aux chutes du Reichenbach et courut à Meiringen pour se mettre à l'abri des intempéries. Un repas suivi d'un bon sommeil réparateur à l'auberge *Gasthof von die Jesuiten* achevèrent cette journée mémorable.

Le beau temps sembla enfin rétabli le 4 septembre, lorsque Schumann se remit en marche vers l'hospice de Grimsel, situé au sommet de la vallée du Hasli. Arrivé à Guttannen, il croisa une beauté locale – la plus jolie fille de Suisse, d'après lui – à qui il réclama un baiser romantique ! Remis de ses émotions, il poursuivit

[1] Dans son journal, Schumann évoque souvent les jolies femmes qu'il croise sur son passage. À dix-neuf ans, le compositeur, plutôt joli garçon, ne se privait jamais de manifester son attirance pour le genre féminin.

l'ascension au milieu d'une nature de plus en plus hostile, où les arbres firent place à d'énormes blocs de granit. Le soir venu, la lune joua à cache-cache avec les sommets, sur fond de ciel étoilé. Enfin parut l'hospice, face au Grimselsee, où Schumann passa une nuit réparatrice.

Le lendemain commença l'étape la plus audacieuse du voyage, l'ascension du col lui-même (2165 m), avec son petit lac – le Totensee –, suivie d'une promenade à travers les champs de neige qui recouvraient l'endroit, face au Finsteraarhorn et à son glacier. Arrivé au sommet du Sidelhorn, il découvrit la vue magistrale de la vallée du Rhône et le glacier qui coulait lentement du Dammastock.

Le 5 septembre il emprunta la route qui descend abruptement du col de Grimsel vers Gletsch (1759 m), avec une halte obligatoire au pied du glacier du Rhône. À cette époque, la langue du glacier recouvrait encore une bonne partie du hameau, au point de menacer les quelques bâtiments situés en contrebas. De là, il rejoignit le col de la Furka (2431 m), puis longea la Reuss, petite rivière d'origine glacière qui se dirige à contresens du Rhône jusqu'au village-garnison d'Andermatt.

Le 6 septembre, le ciel étant partiellement dégagé, Schumann grimpa dans une diligence pour aller observer le pont du Diable qui traverse les gorges des Schöllenen – trop sauvages à son goût. De retour à Andermatt, il entreprit la montée du col du Gothard, dont l'hospice est situé à une altitude de 2095 mètres. Il y régnait un froid intense et les gens qu'il y croisa avaient plutôt l'air de bandits que d'honnêtes gens du voyage. Ses connaissances de la langue italienne lui furent bien utiles pour commander du vin. La descente vers Airolo et le fleuve Ticino s'effectua sous un épais brouillard. Le 7, il débarqua à Magadino, dans le Tessin, à l'embouchure du fleuve Ticino qui se jette dans le lac Majeur.

Le site du col du Saint-Gothard à 2091 mètres d'altitude.

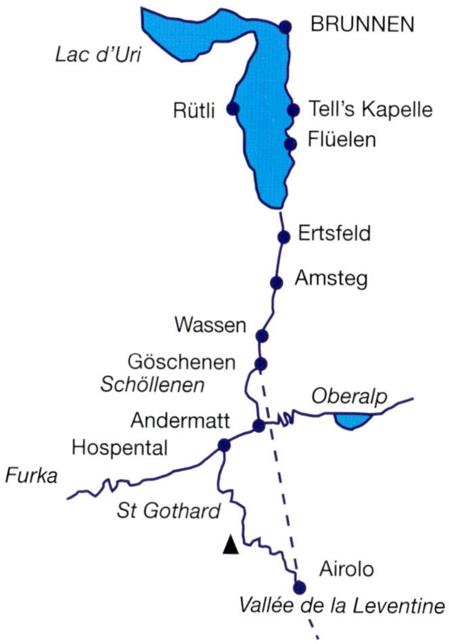

Route et massif du Saint Gothard.

Mais le voyage touchait déjà à sa fin ! Le 9 septembre, il reprit la route vers Bellinzona, puis emprunta le val Mesolcina (Misox) et le col du Petit-Saint-Bernard pour rejoindre le canton des Grisons. Le 10, il arriva à Coire en soirée, où il passa la nuit, et le lendemain, il se présenta au poste frontière de Feldkirch, où s'acheva son périple helvétique.

Durant son Grand Tour, il écrivit une lettre à sa mère pour la rassurer : « *Il y a un immense plaisir à être loin de tout ; la présence des vieilles montagnes donne naissance à de nombreux sentiments poétiques. Je suis parti de Zurich à travers les montagnes jusque Zug. Ce fut un périple glorieux mais pas du tout fatigant. Je me suis promené seul, mon sac sur le dos, en balançant mon alpenstock dans l'air de la montagne. Je me suis arrêté à chaque instant pour observer autour de moi, afin d'imprimer à jamais dans ma mémoire ces paradis alpins innombrables. L'homme n'est pas si malheureux qu'il l'imagine, car il a un cœur qui trouve toujours des échos sensibles de la nature. Ne pleure pas pour moi si je suis écrasé par une avalanche ou si je tombe dans un glacier ; ce serait une mort plus fine et noble que de mourir dans un lit de malade*[2]. »

[2] KING (Hyatt), « Mountains, Music, and Musicians », in *The Musical Quarterly*, octobre 1945, p. 405.

Peu avant le voyage en Suisse, Schumann composa coup sur coup deux concertos pour piano et orchestre en mi bémol majeur et en fa majeur, ainsi qu'un quatuor à clavier et un quatuor à cordes, considérés comme des œuvres d'apprentissage.

Felix MENDELSSOHN

Journal d'une grande randonnée

Mendelssohn (1809-1847) fut avec Mozart l'un des enfants prodiges de la musique, composant de véritables chefs-d'œuvre dès l'âge de quinze ans (l'*Octuor* ou *Le Songe d'une nuit d'été*). Élevé au sein d'une famille juive aisée, il reçut une éducation raffinée, ouverte à tous les arts (il dessinait et peignait à merveille) et aux voyages, formant l'esprit et le corps. Il a excellé dans tous les domaines, particulièrement dans la symphonie (dont l'écossaise et l'italienne) et dans la musique de chambre (ses trios et quatuors), mais sa musique a parfois été injustement qualifiée de facile. Ce serait nier la fluidité de ses mélodies, son grand sens de la proportion et de la mesure qui firent de lui le plus « classique des romantiques ». Il ne s'est jamais consolé du décès prématuré de sa sœur Fanny, qui composait elle aussi.

Goethe l'avait écrit : « *Après les années d'apprentissage viennent les nécessaires années de voyage* » ! Comme pour beaucoup d'artistes de l'époque, le voyage était inscrit dans les gènes de Mendelssohn. Il parcourut ainsi la France, l'Italie et visita régulièrement la Grande-Bretagne. Mais c'est en Suisse qu'il se sentit le mieux, ce pays dont il tomba amoureux dès l'âge de treize ans.

Il découvrit la Suisse en 1822 en compagnie de ses parents et de ses sœurs. La famille Mendelssohn était suffisamment riche pour s'offrir un voyage dans les Alpes dans le but de voir les lieux décrits par Goethe et Schiller. D'après Fanny, l'aînée de la famille et future compositrice, ce premier voyage semble avoir eu un effet surprenant sur le développement physique et intellectuel du jeune Felix, qui n'avait que treize ans. Ils visitèrent Schaffhouse et le lac des Quatre-Cantons, puis, après avoir grimpé dans le massif du Gothard, explorèrent le massif de la Jungfrau en passant par Grindelwald et Interlaken. Ils admirèrent les chutes de Lauterbrunnen avant de rejoindre le lac Léman et d'achever le voyage à Chamonix.

Le deuxième voyage de Mendelssohn en Suisse fut la concrétisation de son vœu d'enfance, celui d'y revenir seul et d'arpenter le pays exclusivement à pied. Cette traversée de l'été 1831 marque en quelque sorte l'aboutissement d'un *Bildungsreise* (récit descriptif) commencé en 1829 et qui le mena à travers toute l'Europe. Il quitta la Lombardie à la fin du mois de juillet. La Suisse était forcément sur son passage. L'itinéraire fut à peu près le même qu'en 1822, mais en sens contraire, puisqu'au lieu d'entrer par le nord (Schaffhausen), il arriva cette fois de Milan par le col du Simplon, rejoignit la vallée de Chamonix, traversa le Pays-d'Enhaut jusqu'en Oberland bernois, excursionna dans la région de la Jungfrau, poussa jusqu'au Grimselpass et au glacier du Rhône, repassa par l'abbaye bénédictine d'Engelberg puis monta au sommet du Rigi, pour terminer son long périple dans l'Appenzell ! Tout au long de cette grande randonnée de cinq semaines, Mendelssohn consigna ses pensées et ses observations dans un journal assez détaillé, tout en réalisant des croquis de paysages à la pointe sèche.

Selon les objectifs fixés par son père, Mendelssohn était censé découvrir de nouvelles cultures, nouer des relations professionnelles et donner des concerts pour diffuser ses œuvres. Mais en réalité, rien de tel n'arriva : il évita les grandes villes, ne visita aucun monument, ne fréquenta aucun milieu musical et ne donna aucun concert, mis à part une brève apparition lors de la messe dominicale de l'abbaye d'Engelberg. Alors qu'en Italie ou en France Mendelssohn fréquenta les théâtres et les musées, il mena en Suisse une existence quasi spartiate, se déplaçant uniquement à pied, aidé de quelques guides locaux.

Sur le plan pratique, Mendelssohn fut confronté à des conditions climatiques d'une rare violence : l'été de 1831 fut en effet marqué par des inondations historiques, des tempêtes et

La place et la maison communale d'Unterseen, où logea la famille Mendelssohn en 1822 et que le compositeur revisita durant son Grand Tour de 1831.

des orages dévastateurs, au dire des Suisses eux-mêmes. Les intempéries eurent pour conséquence de l'obliger à adapter le programme de ses visites et de ses déplacements. Les routes furent coupées, les ponts arrachés, les villages envahis par de la boue et noyés sous des torrents d'eau. Pourtant, rien ne semble avoir contrarié la bonne humeur du jeune aventurier ! Comme il se déplaçait à pied et par des chemins de montagne qu'il ne connaissait pas, il se fit accompagner d'un guide, Peter Michel, qui portait aussi ses bagages. Pour la traversée du Pays-d'Enhaut et le passage du col de Jaman dans le canton de Vaud, il reçut l'aide d'une jeune femme de la région, une certaine Pauline, car il n'avait trouvé aucun guide masculin dans les parages ! D'abord méfiant à l'idée d'être conduit par cette jeune inconnue, Mendelssohn tomba vite sous son charme, au point d'imaginer mener la vie d'un berger pour le restant de ses jours !

Mendelssohn retourna encore deux fois en Suisse par la suite, une première fois en août 1842, quand il se rendit à Lausanne en compagnie de son épouse, et une dernière fois en juillet 1847, à nouveau dans l'Oberland bernois, après la mort de sa sœur Fanny. Il logea à Thoune puis à Interlaken, et c'est là que, accompagné de sa femme Cécile et de leurs cinq enfants, il composa son ultime chef-d'œuvre de musique de chambre, le quatuor à cordes opus 80, surnommé le « Requiem pour Fanny ». Dès son retour, il forma le projet de composer une symphonie typiquement suisse, mais il mourut quelques mois plus tard, terrassé de fatigue et inconsolé de la disparition de sa sœur bien-aimée.

De son Grand Tour d'Europe, seule la partie Suisse fit l'objet d'un journal, sans doute pour faire revivre à ses proches les plus beaux moments du voyage familial de 1822. Ce document est exceptionnel et probablement unique dans l'histoire de la musique car il offre une image assez précise de ce que pouvait représenter la traversée des Alpes à pied au milieu du XIXe siècle, alors que le tourisme était un concept inexistant et qu'on n'avait pas encore inventé le chemin de fer.

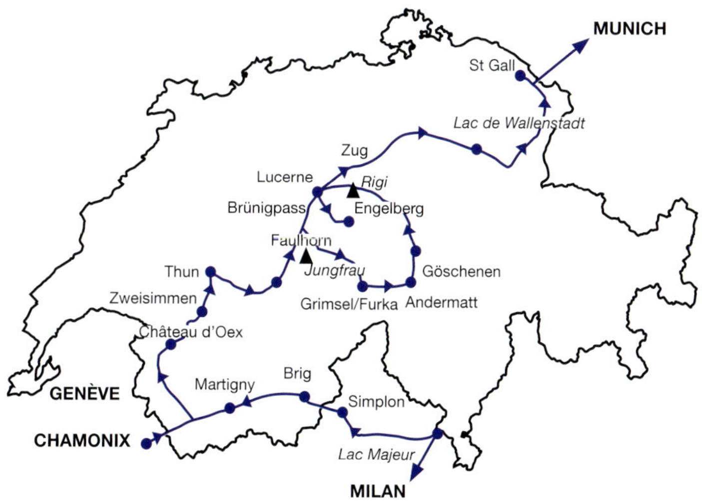

Itinéraire du Grand Tour de Felix Mendelssohn en 1831.

Journal de bord de Felix Mendelssohn à travers les Alpes[1]

1. Chamouni[2]

Le jeune Mendelssohn débarqua à Chamouni après avoir visité les îles Borromées, traversé le col du Simplon, parcouru la vallée du Rhône et grimpé le col de la Forclaz. Il s'installa à l'*Hôtel de l'Union-Prieuré*, premier grand hôtel de la vallée, où il prit le temps d'écrire un courrier à sa famille pour raconter ses dernières aventures. Le temps était à ce point désagréable sur le lac Majeur et les îles Borromées qu'il prit la décision de fuir la région et de grimper dans une diligence en direction du Simplon : « *Nous avions à peine voyagé une demi-heure que la lune apparut, les nuages se dispersèrent et le temps devint radieux et beau. J'étais presque honteux d'avoir cette chance mais je pus en profiter pleinement. Nous traversâmes de vertes vallées, des ravins et des prairies, et pour finir des glaciers et des montagnes enneigées.* » Au col du Simplon, tout était glacial, et Mendelssohn frissonna de froid pour la première fois depuis plus d'un an et demi. Une Française dirigeait le refuge, et la sensation de propreté du lieu contrastait avec tout ce qu'il avait pu voir durant son séjour en Italie.

[1] WALLACE (Lady, trad.), *Letters of Felix Mendelssohn Bartholdy, from Italy and Switzerland*, Oliver Ditson & Co. *Lettres d'Italie et de Suisse*, extraits sélectionnés et traduits par l'auteur.
[2] Se disait de Chamonix à l'époque de Felix Mendelssohn.

L'hospice du Simplon n'a pas vraiment changé depuis le passage de Felix Mendelssohn en 1831.

Vue de la Mer de Glace, par Carl Hackert, 1781..

Felix descendit ensuite à Brig, dans le Valais, où il passa la nuit, heureux de rencontrer à nouveau des gens honnêtes parlant l'allemand et qui ne passaient pas leur temps à piller les étrangers ! Le lendemain, il traversa le Valais par une journée magnifique. La route courait entre deux rangées de merveilleuses montagnes ; les sommets enneigés apparaissaient par intermittence, et le long des avenues de noyers verts se dressaient de belles maisons brunes en bas desquelles coulait le Rhône sauvage. À partir de Martigny, il voyagea à pied et, en raison du prix trop élevé des guides, décida de marcher seul, son manteau et son sac à dos sur les épaules. Après une paire d'heures, il croisa un jeune paysan qui accepta de le guider jusqu'à Chamouni. Ils marchèrent de Forclas (La Forclaz) jusqu'au Trient, où ils déjeunèrent avec du lait et du miel, puis poursuivirent jusqu'au col de Balme. La vallée de Chamouni apparut toute baignée de lumière, avec le mont Blanc et ses glaciers vertigineux face au musicien ébahi.
Au retour d'une promenade à Montenvert, à la Mer de Glace et aux sources de l'Arve, Felix passa le reste de la journée à l'hôtel,

L'*Hôtel de l'Union-Prieuré* de Chamonix, qui ouvrit ses portes en 1816. Il a été détruit dans les années 1930.

avec pour seul projet de dessiner à la pointe sèche les contours des montagnes environnantes. Il chercha un beau point de vue, mais lorsqu'il ouvrit son cahier, la feuille de dessin lui parut si petite qu'il hésita à commencer son croquis. Il réussit tant bien que mal à dresser les contours des sommets, mais les coups de crayon lui parurent bien modestes par rapport à la majesté du paysage[3].

2. Une femme pour guide

Après avoir quitté Chamonix par le col de Balme, Mendelssohn se dirigea vers le lac Léman et fit une étape à Vevey. Il chercha un guide pour rejoindre le Pays-d'Enhaut via le col de Jaman. C'est alors qu'une paysanne vint lui annoncer d'un air grave qu'il n'y avait personne au village pour le guider, ni pour porter son sac à dos, hormis une jeune fille car tous les hommes étaient partis au travail ! À ses sœurs, Mendelssohn écrivit aussitôt : « *Je peux vous dire qu'elle est absolument charmante et que son nom est Pauline; elle vient de mettre mes affaires dans sa hotte de vigneronne et c'est ainsi que nous allons partir pour la montagne. Adieu !* » Un peu plus tard, il ajouta : « *Je n'oublierai jamais mon trajet avec Pauline. C'est l'une des plus agréables filles jamais rencontrées, si charmante et si pétillante de santé, et naturellement intelligente.* »

Lorsqu'ils arrivèrent en haut du col de Jaman, Mendelssohn aperçut quelques membres de la famille de Pauline qui fauchaient l'herbe et rassemblaient leurs vaches. Que de cris et de sifflements ! Ils commencèrent à jodler[4] et tous éclatèrent de rire. Felix ne comprenait pas une syllabe de leur patois, excepté le début qui disait « Adieu Pierrot » ! Tous ces sons étaient reproduits en écho. Ils arrivèrent le soir à Allières, où Pauline et Felix se firent des adieux poignants. Fatigué du voyage, le jeune compositeur se reposa le restant de la journée dans le chalet d'un charpentier, qui lui offrit aimablement le couvert et de l'agneau rôti. Le lendemain, le compositeur parcourut la vallée de la Sarine et fit étape à Château-d'Œx. Dans son carnet, il conclut cette partie du voyage par l'éloge du canton de Vaud : de toutes les contrées qu'il traversa, celle-ci lui sembla la plus jolie, et il aurait bien aimé y vivre ses vieux jours ! Les habitants semblaient tellement heureux et en si bonne santé…

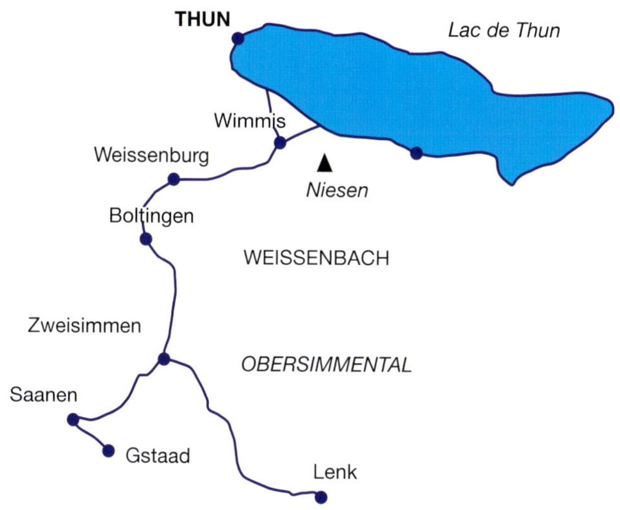

Simmental.

[3] Mendelssohn avait suivi des cours de peinture en privé.

[4] Manière de chanter typique des régions alpines.

La dent de Jaman et le col du même nom dominent le lac Léman. C'est l'itinéraire qu'emprunta le jeune Mendelssohn en 1831. Le compositeur était alors accompagné d'une jeune paysanne, Pauline, qui lui servit de guide.

Le village de Château-d'Œx, étape de Felix Mendelssohn en 1831, domine la jolie vallée de la Sarine.

3. La tempête se déchaîne

La suite du voyage fut gâchée par une succession de journées maussades et tempétueuses. Il chemina à travers la vallée de Saanen, toute parsemée de chalets brun ocre. Le soir venu, il prit son repas dans une énorme maison typique de la région de Zweisimmen, sorte de chalet cossu dans lequel tout respire la propreté et dans lequel les moindres détails sont savamment étudiés. Il fit expédier son sac à dos par la diligence d'Interlaken et put désormais se promener avec pour simple bagage une chemise de nuit, une brosse, un peigne et son cahier à dessin. Lorsqu'il arriva à Boltigen, les éclairs et le tonnerre firent place à des torrents de pluie qui se déversèrent dans la vallée : « *En montagne, on apprend d'abord à respecter le temps qu'il fait* », écrit-il !

Le 8 août, il arriva à l'auberge *Zum Wilden Mann* de Wimmis. Le temps était épouvantable et il dut abandonner aussitôt son projet de se rendre à Interlaken : « *Depuis quatre heures, il pleuvait comme si l'on pressait les nuages, les chemins étaient aussi mous que des édredons ; quelques fragments de montagne étaient pourtant visibles. Il fallut enfermer le carnet à dessin sous le gilet.* » Des ruisseaux de montagne jaillissaient de partout et débordaient furieusement. L'un de ces démons, la rivière Kander, était déchaîné, jaillissant, vrombissant et écumant, dispersant ses eaux brunâtres dans toutes les directions. Un sommet noir, peut-être le Niesen ou alors le Stockhorn, pointait à travers les nuages chargés d'eau. Par chance, Mendelssohn put monter dans un petit bateau en direction de Neuhaus, qui est à deux pas d'Interlaken. En débarquant, le compositeur ne payait pas de mine : ses chaussures, ses bas, tout était brunâtre jusqu'au genou ; même le cahier à dessin sous son gilet était trempé. C'est ainsi qu'il arriva à Interlaken, où il fut sèchement accueilli par des habitants qui refusèrent de lui offrir le gîte. Du coup, il se rendit à Untersee, où on lui offrit une chambre confortable équipée d'un piano !

4. Le Harder Kulm

Le 11 août, Mendelssohn monta en haut du Harder Kulm, qui domine la ville d'Interlaken. Par beau temps, il offre un point de vue inoubliable sur les Alpes bernoises : « *Dès l'aube j'étais sur le Harder. Son point culminant est à 1 731 m et je vis les montagnes dans toute leur splendeur.* [...] *Les gens disent que l'état des routes sera meilleur demain et qu'il y aura des tas de choses à voir et à dessiner. L'Aar n'est plus monté aussi haut depuis 70 ans. Aujourd'hui les gens se sont placés sur le pont avec des perches et des crochets afin de pouvoir récupérer des fragments des ponts endommagés.* »

Le 13 août, Felix mit à exécution son projet de traversée de l'Oberland. Pour cela, il lui fallait rejoindre la vallée de Lauterbrunnen puis Wengernalp. La route était restée dans un état pitoyable. La Lütschine avait accumulé des masses de pierres sur ses côtés et charrié des fragments de rochers plus gros qu'une étuve. Le soir venu, il logea à Wengernalp sous un ciel enfin dégagé[5].

[5] C'est en l'honneur de la visite à Wengen de Mendelssohn le 21 août 1842 que fut érigée en 2006 une stèle du musicien au lieu-dit « Meschti » où il esquissa un dessin au pastel noir considéré comme la représentation la plus ancienne du village. La promenade n° 42 dite « Wanderweg Mendelssohn » relie le centre de Wengen à Wengernalp en passant par Innerwengen, Stadenfluh et Mettlenalp. Durée approximative : 3 h 30, d'une longueur de 11 kilomètres et d'une déclivité de 600 mètres, principalement à travers bois et alpages. L'office du tourisme a installé six tables descriptives sur la vie de Mendelssohn tout au long du trajet, notamment à propos de ses voyages répétés en Suisse, à Wengen, etc.

La place d'Unterseen, peinture de Felix Mendelssohn réalisée le 8 août 1847.

La place n'a pas beaucoup changé depuis.

Le lendemain, il se leva avec le pressentiment que le temps redeviendrait maussade, mais il n'en fut rien. Le ciel était parsemé de nuages blancs qui flottaient loin au-dessus des sommets enneigés; aucun brouillard sous les montagnes qui brillaient dans l'air pur du matin. Il avait gardé de son voyage d'enfant le souvenir précis de masses impressionnantes. Mais aujourd'hui, il était frappé par l'immense étendue à leur base, par leur masse solide et leur largeur, avec l'impression qu'elles se donnaient la main.

Le mémorial Mendelssohn de Wengen et la promenade n° 42 qui lui est dédiée. En bas, le belvédère du Harder Kulm.

À gauche, aquarelle de Felix Mendelssohn réalisée le 1er août 1847 représentant les chutes de Lauterbrunnen. À droite, le même endroit pris en photo cent soixante-dix ans plus tard!

5. La fête alpestre à Itramen

Un berger l'informa qu'une grande fête était organisée dans l'alpage d'Itramen, non loin de Scheidegg. Comme ce genre de fête alpestre n'était pas fréquent, que le temps semblait de la partie et que le guide qui l'accompagnait avait une forte envie d'y assister, Mendelssohn accepta l'invitation avec enthousiasme. En prenant de l'altitude, ils entendirent retentir les avalanches du côté de la Jungfrau. Dès l'instant où il vit les gens réunis pour la fête, Mendelssohn oublia les désagréments de la montée et ne pensa plus qu'aux jeux et aux réjouissances.

Une aquarelle de Felix Mendelssohn réalisée le 17 juillet 1847, en souvenir de l'excursion vers Mürren au départ de Lauterbrunnen. Les sommets de l'Oberland, bien que légèrement déformés, sont reconnaissables avec, de gauche à droite, l'Eiger, le Mönch et la Jungfrau.

Face à la prairie festive on pouvait voir les dômes du grand Eiger, le Schreckhorn, le Wetterhorn ainsi que la Blümlisalp ; la vallée de Lauterbrunnen se trouvait en contrebas, dans les profondeurs du brouillard, toute petite, tout comme la route de la veille, les chalets pareils à de petits points et les arbres comme de l'herbe. Très loin on apercevait le lac de Thun qui émergeait du brouillard par intermittence. Les gens étaient habillés de vêtements colorés et portaient des chapeaux à fleur ; il y avait là beaucoup de jeunes filles, des tables avec des tonneaux de vin et tout autour le silence solennel des montagnes. Il y eut des concours de lutte, on chanta, on but, on rit : « *Rien que des gens sains et braves* », écrit-il. Les jeunes filles servirent du kirsch et de l'eau-de-vie. On fit passer les bouteilles de main en main et Felix en but autant que les autres puis offrit des cakes à trois petits enfants ; un vieux paysan complètement ivre leur chanta quelques mélodies, peut-être un ranz des vaches, puis tous chantèrent en chœur en yodlant. Le soir venu, ils redescendirent des prairies jusqu'au chalet familier ; une brise fraîche et rafraîchissante soufflait depuis les glaciers.

6. Le Faulhorn

Mendelssohn grimpa au sommet du Faulhorn le 15 août 1831 et dut se contenter de passer la nuit dans un minable chalet de bois : « *Je suis transi de froid ! Dehors tombe une neige épaisse et le vent fait rage. Nous sommes 8000 pieds au-dessus du niveau de la mer et face à une longue étendue de neige à traverser, mais je suis là, vivant ! On ne voit rien car le temps est épouvantable aujourd'hui. Notre excursion d'hier semble déjà n'être qu'un lointain souvenir ; durant cinq heures mortelles nous nous sommes battus contre la pluie et le brouillard, pataugeant dans la boue et ne voyant rien autour de nous si ce n'est des vapeurs grises.* »
Il débarqua à Grosse Scheidegg sous une tempête de neige, mais cela lui parut sublime au-delà de toute mesure. Arrivé à l'hospice du Grimsel, le brouillard empêcha de réaliser l'ascension du Sidelhorn avec le guide. Après avoir franchi les cols du Grimsel suivi de celui de la Furka, il débarqua à Hospental, face au massif du Gothard. Il renonça à monter à l'hospice, car il souhaitait rejoindre au plus vite Göschenen et de là Lucerne, où l'attendait le courrier familial.

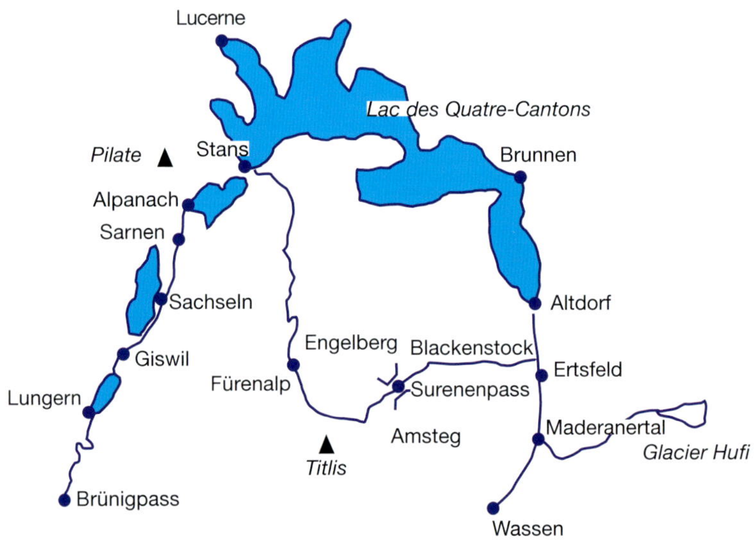

Suisse centrale : col du Brünig, Engelberg, Maderanertal.

Le col de la Kleine Scheidegg, avec sa gare à plus de 2061 m.

Le Faulhorn que Mendelssohn gravit le 15 juillet 1831.

Le chemin qu'emprunta Mendelssohn lors de son passage du col du Brünig.

7. La fête dominicale à l'abbaye d'Engelberg

Vers le 20 août, Mendelssohn reprit la route pour une excursion de trois jours dans le canton d'Unterwald. Il ne résistait pas à l'idée de se rendre à Engelberg, réputé pour son abbaye bénédictine et son sommet caractéristique, le Titlis. La veille au matin, il tenta la traversée du Gental avec son guide, mais le mauvais temps s'installa au sommet et ils furent obligés de progresser sous des bourrasques de neige. Lorsque les nuages se dissipèrent enfin, ils aperçurent la vallée verte d'Engelberg en contrebas et le grand bâtiment blanc de l'abbaye dont la cloche d'argent résonnait dans toute la vallée.

Il était à présent installé dans la plus charmante des auberges : propre, bien rangée, très petite et rustique. La maison en bois était située dans une prairie un peu éloignée de la route ; il était impossible de voir les gigantesques montagnes tout autour car elles étaient noyées dans le brouillard, mais les jolies prairies, les nombreux ruisseaux, les chalets et les pieds des montagnes rendaient l'endroit merveilleux. Il y eut ensuite une grande fête au monastère et un service religieux solennel auquel le Père Abbé lui demanda de participer. Les moines furent à ce point époustouflés par les improvisations du jeune compositeur allemand qu'ils le sollicitèrent à nouveau pour la messe festive du lendemain. Le père organiste lui proposa aussitôt un thème à partir duquel il devrait improviser durant l'office dominical.

Le 24 août, Mendelssohn ne fit rien d'autre que dessiner et jouer de l'orgue. L'instrument était installé à côté des stalles des moines ! Un bénédictin jouait de la contrebasse, d'autres du violon. Le *pater præceptor* se tenait debout face à lui et chanta en solo tout en dirigeant avec une baguette aussi longue que son bras ! Les élèves du monastère vêtus de leur soutane noire formaient le chœur ; un vieux paysan jouait du hautbois chevrotant, et à petite distance deux autres soufflaient dans d'énormes trompettes ornées de glands verts. Impossible de ne pas apprécier un tel ensemble, car tous s'appliquèrent avec beaucoup de zèle.

Paysage d'Engelberg réalisé par Mendelssohn en 1847.

L'abbaye bénédictine de nos jours.

L'*Hôtel du Rigikulm* à l'époque de Mendelssohn. De nos jours l'hôtel a disparu, il a été remplacé par une tour de télécommunication.

8. Le Rigi

Mendelssohn découvrit le mont Rigi en 1822 en compagnie de ses parents. Il décida de refaire l'ascension le 30 août 1831. Il partit de Lucerne de très bonne heure et rôda durant toute la matinée au pied du Rigi, guettant l'apparition du sommet caché dans les nuages. Soudain le vent se leva et les nuages se dissipèrent. Il n'y avait plus de temps à perdre pour pouvoir observer le coucher du soleil. De son grand pas de montagnard, il grimpa en seulement deux heures trois quarts ! Tout en haut de la cime il aperçut environ quarante personnes debout, étendant leurs mains et se livrant à une pantomime expressive. Il courut les rejoindre et fut le témoin d'un nouveau et merveilleux spectacle. Les vallées étaient toutes remplies de nuages et de brouillard au-dessus desquels se détachaient les hautes montagnes enneigées, les glaciers et les rochers noirs. Le brouillard dissipé, il découvrit les Alpes bernoises, la Jungfrau, le Mönch et le Finsteraarhorn, ensuite le Titlis et les montagnes d'Unterwalden.

Enfin, la chaîne complète apparut sur toute sa longueur. Les nuages qui couvraient jusqu'ici les vallées commencèrent à se déchirer, dévoilant les lacs de Lucerne et de Zug, et il ne resta que quelques voiles transparents du côté du couchant : « *Lorsqu'on voit ainsi des montagnes et qu'on regarde du haut du Rigi, cela vous fait le même effet que si, à la fin d'un opéra, l'on entendait jouer à nouveau l'ouverture et d'autres morceaux. La Wengernalp, le Wetterhorn, la vallée d'Engelberg se présentent encore une fois l'un à côté de l'autre, et l'on peut ainsi faire ses adieux. Je m'imaginais que les glaciers ne pouvaient faire une si grande impression qu'une seule fois à cause de la surprise qu'on éprouve lorsqu'on ne les a pas encore vus, mais je m'aperçois que cette impression est encore plus grande à la fin qu'au début.* »

9. Fin du voyage

Après avoir exploré la vallée d'Engelberg, gravi le Säntis et parcouru la Suisse centrale, il arriva au bord du lac de Wallenstadt qu'il traversa peu avant de rejoindre Saint-Gall. Le 5 septembre, il quitta la Suisse par Lindau. Dans quelques semaines, il serait à nouveau plongé dans la vie musicale, puisqu'il était attendu à Munich pour créer son premier concerto pour piano : « *Derrière moi se trouve la Suisse, avec ses montagnes bleu foncé, ses excursions, ses tempêtes et ses sommets glorieux. Ici prend fin la grande partie de mon périple ainsi que mon journal. Ce soir, j'aurai traversé le Rhin en ferry et au-delà de Rheineck je serai en Bavière.* »

C'est ici que s'arrête la relation du voyage de Felix Mendelssohn, sans doute l'un des témoignages les plus précieux d'un grand compositeur romantique à propos des Alpes. Son œil est vif et attentif et ses facultés d'observation sont davantage celles d'un peintre que d'un compositeur. Mendelssohn était conscient d'avoir accompli un épisode exceptionnel de son existence, puisqu'au moment de clôturer son Grand Tour de Suisse, il acheva son journal par les mots suivants : « *Le marcheur sale et trempé, avec son balluchon sur l'épaule, prend congé de vous. La prochaine fois qu'il vous écrira, ce sera en tant que citadin, muni de cartes de visite, de linge propre et d'un frac. Au revoir.* »

♪ Le premier concerto pour piano et orchestre en sol majeur op. 25 fut créé à Munich par Mendelssohn dès son retour de Suisse.

Louis NIEDERMEYER
Vie de château en pays lémanique

Louis de Niedermeyer (1802-1861) s'est illustré par la composition de belles mélodies. À Paris, où il se fixa à l'issue de ses études, il se tourna vers la musique d'église et développa l'institut de musique religieuse qui porte son nom et qui compta parmi ses professeurs Camille Saint-Saëns et pour élève un certain Gabriel Fauré.

Niedermeyer naquit dans la manufacture de porcelaine que son grand-père exploitait au bord du lac de Genève, à la sortie de la ville de Nyon[1]. Son père, qui avait remarqué les prédispositions de son fils pour la musique, l'envoya suivre sa formation à Vienne, puis à Rome et Naples, où il fit la connaissance de Giacomo Rossini. Entre les nombreux séjours d'apprentissage à l'étranger, Niedermeyer revenait toujours à Nyon dans la maison de ses parents. Il se rendait parfois au bal de la Redoute, qui avait lieu dans une maison de maître située non loin de chez lui et d'où il rapportait quelques idées de tyroliennes (comme la fameuse tralala-i-tou) et de ranz des vaches qui allaient lui inspirer notamment la pièce pour harpe et piano *Nocturne pour harpe et piano sur la Valse n° 2 de la Redoute de Nyon*[2].

C'est probablement au bal de la Redoute qu'il fit la connaissance de sa future épouse, Jeanne-Charlotte des Vignes de Givrins, qui l'emmena vivre à partir de 1831 dans son château de Genolier-sur-Nyon, un village proche des montagnes jurassiennes que l'on rejoint de nos jours grâce au petit train rouge qui relie Nyon à La Cure.

Après son mariage, le compositeur commença à délaisser la musique, puisqu'il était chargé de surveiller les travaux agricoles de la propriété. Les amis des environs venaient toutefois passer la soirée au vieux castel de Genolier pour l'écouter improviser sur l'orgue de seize jeux qu'il avait fait installer par le facteur Moser. Au fil du temps, le désir d'aller tenter sa chance à l'étranger finit par envahir le musicien, au point de vouloir abandonner cette vie de château, pourtant si agréable.

[1] Cette manufacture n'existe plus. La municipalité de Nyon, qui a fait ériger un buste à l'effigie de Niedermeyer, héberge aussi un centre de documentation qui lui est consacré.
[2] Il est probable que ce soit Niedermeyer qui ait introduit la tyrolienne dans les salons parisiens.

En 1834, le couple Niedermeyer et leur jeune enfant quittèrent définitivement les bords du Léman pour se rendre d'abord en Belgique, ensuite à Paris : « *À cette époque, les communications n'étaient ni aussi faciles, ni aussi rapides qu'aujourd'hui ; le jeune maître, partant avec sa femme et sa première fille en bas âge, trouva plus commode d'accomplir ce déplacement à petites journées, et dans sa voiture. Sur le haut de la berline, avec les bagages et le berceau de l'enfant, était un petit piano, ou pour mieux dire un clavecin fait à l'intention du voyage, ayant trois octaves et demie sous la forme d'une caisse d'environ un mètre de longueur sur quarante centimètres de hauteur : quatre pieds se vissaient à chaque coin. Le soir, on portait ce petit instrument dans la chambre de l'auberge, et le compositeur y essayait les inspirations venues dans la journée : c'était une façon originale de travailler tout en voyageant*[3]. » Malgré ce nouveau départ, Niedermeyer ne devait jamais oublier Nyon ni son lac, où il avait vécu les trente-deux plus belles années de sa vie.

Les crêtes jurassiennes dominent la région de Nyon et le lac Léman, là où vécut Louis Niedermeyer.

Nocturne pour harpe et piano sur la Valse n° 2 de la Redoute de Nyon de Niedermeyer.

[3] Souvenirs d'Alfred Niedermeyer, fils du compositeur. Fondation Niedermeyer.

Franz LISZT
Les *Années de pèlerinage*

Fils d'un intendant du prince Esterhazy, Franz Liszt (1811-1886) joua en concert dès l'âge de neuf ans et devint rapidement le plus célébré des virtuoses du piano. Son séjour à Paris entre 1823 et 1835 le consacra comme le plus grand des pianistes de son temps, et c'est à lui qu'on attribue l'invention du récital de piano. Sa personnalité particulière se forma au contact des salons parisiens et de la fréquentation des milieux littéraires (Hugo, Sand, Lamartine, Musset) qui nourrirent ses convictions progressistes et révolutionnaires. Il eut comme premier grand amour Marie d'Agoult, une femme mariée qu'il rencontra chez Chopin et qui lui donna trois enfants, dont Cosima, future épouse de Wagner. Composant au début exclusivement pour le piano, il se tourna vers l'orchestre en 1842, au moment de son installation comme maître de chapelle à la cour de Weimar. C'est là qu'il composa une longue série de treize poèmes symphoniques, dont il fut pour ainsi dire l'inventeur et le plus ardent défenseur : le premier en date, *Ce qu'on entend sur la montagne*, fut bientôt suivi de *Tasso*, *Les Préludes*, *Orphée*, *Mazeppa*, *Hungaria*, etc.

Liszt visita plus d'une fois la Suisse, notamment pour aller rendre visite à son ami Richard Wagner qui vivait à Lucerne. Mais sa découverte des Alpes date de 1835, alors qu'il venait de tomber sous le charme de Marie de Flavigny, comtesse d'Agoult, jolie et intelligente, et qui écrivait avec beaucoup de talent. Malgré leur différence d'âge et de statut social, ils éprouvèrent une vive passion l'un pour l'autre au point que Marie décida de quitter son mari. Le scandale fut retentissant, et c'est pour fuir les commérages parisiens que le couple s'installa en Suisse.

Ils envisagèrent d'aller vivre à Genève, où Liszt possédait quelques relations. Mais le temps ne pressait pas et les deux amoureux décidèrent d'entreprendre un périple à travers les montagnes suisses, voyage durant lequel ils purent assouvir leur passion en toute liberté. Ils quittèrent Bâle le dimanche 14 juin en compagnie d'une femme de chambre et entamèrent ainsi leur grand tour, comme cela se faisait dans les milieux bourgeois de l'époque. Liszt développa aussitôt un amour profond pour la nature des Alpes : « *Byron et Senancour lui donnèrent un avant-goût des splendeurs de ce pays : il rêvait des torrents mugissants et des lacs d'argent, de noirs sapins et de neiges étincelantes*[1]. »

L'itinéraire du voyage de Liszt est bien connu puisque, comme Schumann et Mendelssohn, il tenait un journal de bord. De son côté, Marie consigna ses pensées de voyage qui constituèrent ses futurs *Mémoires*. Il s'agit en réalité d'un périple dont l'inconfort ne conviendrait pas aux touristes d'aujourd'hui : voyage agité en calèche ou à dos d'âne, séjours dans de modestes auberges ou chez des particuliers, harcèlement de mendiants, exposition aux intempéries, danger des avalanches, cuisine rudimentaire, etc.

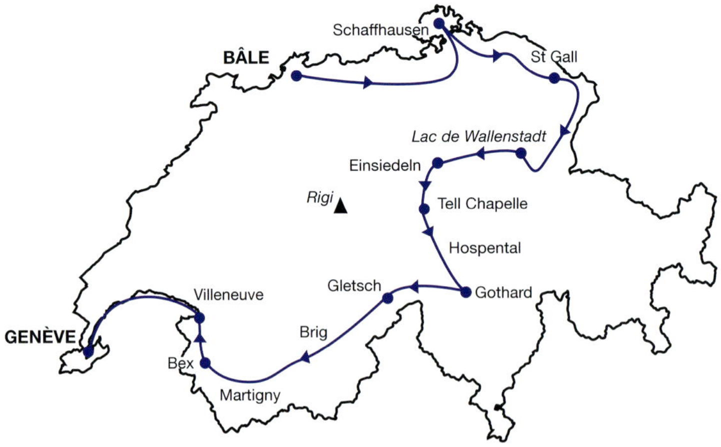

Itinéraire du Grand Tour de Franz Liszt en 1835.

[1] BORY (Robert), *Une retraite romantique en Suisse : Liszt et la comtesse d'Agoult*, Éditions Victor Attinger, 1930, p. 48.

La Vallée de Chamonix, d'Adrien Simoneton, années 1930 .

1. Le voyage en Suisse

Du 15 au 20 juin 1835

Après avoir visité Schaffhausen et les chutes du Rhin (le 15), Franz et sa bien-aimée rejoignirent le lac de Constance (le 16) et visitèrent l'abbaye de Saint-Gall, puis s'en allèrent flâner au bord du lac de Wallenstadt (du 15 au 20). C'est ici que le compositeur écrivit l'une des plus belles pièces des *Années de pèlerinage* qu'il dédia à Marie. On sait que les lacs exercèrent un attrait tout particulier sur le compositeur, puisqu'il déclara un jour : « *J'ai toujours eu une grande prédilection pour les lacs et me fais aisément une intimité avec leurs flots et leur physionomie. Ils sont mieux en harmonie avec le ton de rêverie qui m'est habituel que les grands fleuves ou l'océan, et leur stabilité un peu monotone m'attache davantage*[2]. »

Ils assistèrent à la messe du dimanche à l'abbaye d'Einsiedeln puis repartirent en direction du lac des Quatre-Cantons. Ils passèrent la nuit dans un refuge de l'Alptal, non loin des deux Mythes, deux montagnes jumelles que l'on aperçoit depuis la route du Gothard. Le couple se contenta de grimper sur le mont Rigi sans loger à Lucerne.

[2] *Ibid.*

Du 24 juin au 1er juillet
Franz et Marie poursuivirent leur périple en longeant l'extrémité du lac des Quatre-Cantons par l'Axenstrasse et visitèrent au passage la fameuse chapelle de Guillaume Tell. Ils passèrent une nuit à Hospental, près d'Andermatt, après avoir enjambé le célèbre pont du Diable et les gorges des Schöllenen. Le lendemain fut consacré à la montée du Saint-Gothard, suivie du passage au col de la Furka et d'une nuit réparatrice à Gletsch, face au glacier du Rhône. Leur circuit était presque le même que celui de Schumann et de Mendelssohn, mais en sens contraire. Du 28 au 30 juin, ils entamèrent la descente par la vallée des Goms (vallée des Conches) jusqu'à Brig, où ils firent étape. Le lendemain, ils reprirent la route de la vallée du Rhône jusqu'à Martigny. De là, ils firent encore un saut jusqu'à l'hospice du Grand-Saint-Bernard et rebroussèrent chemin vers Martigny pour y passer la nuit.

Peu avant de se fixer à Genève vers la mi-juillet 1835, les amants s'accordèrent un peu de répit dans la vallée du Rhône, du côté de Bex, après avoir cheminé un peu partout dans les hautes Alpes. Dès le 3 juillet, ils entreprirent l'ascension de l'aiguille des Diablerets et, un peu plus tard, celle de la dent du Midi, c'est du moins ce que l'on raconte. Il est vrai que la Haute Cime (3 257 m) est accessible aux randonneurs peu aguerris. Les lectures d'*Obermann* et de *Jocelyn* furent également au programme. Soudain le rêve s'acheva : les premières neiges recouvrirent les sommets environnants ce qui les décida à rejoindre une ville proche.

Le 19 juillet 1835, Franz et Marie débarquèrent à Genève du bateau en provenance de Villeneuve. Ils achevèrent ainsi leur périple de cinq semaines à travers les montagnes suisses, voyage qui constitua pour la romancière l'une des périodes les plus heureuses de sa vie : « [...] *aucune lettre ne nous parvenait... Personne ne savait notre nom dans les hameaux où nous nous arrêtions* ». Le couple se rendit à l'*Hôtel des Balances*, en attendant qu'un élève de Liszt parvienne à leur trouver un logement convenable. Dix jours plus tard ils s'installèrent dans le haut de la ville, au dernier étage d'une belle demeure située au croisement de la rue Tabazan et de la rue des Belles-Filles, aujourd'hui le numéro 22 de la rue Étienne-Dumont, et dont Marie d'Agoult vanta les qualités : de ses fenêtres s'offrait un panorama splendide, avec les masses sombres du Jura, la vaste plaine semée de villas et de jardins, les flots bleus du Rhône. Dans l'appartement trônait un piano d'Érard, quelques livres, une corbeille remplie de plantes alpestres rapportées du mont Salève ou des Voirons tout proches.

Entre-temps, Liszt accepta d'offrir ses services au Conservatoire de Genève, qui venait d'ouvrir ses portes, cours qu'il dispensa à une dizaine d'élèves peu doués. Le 18 décembre 1835, Marie mit au monde une petite Blandine à qui Franz dédia Les Cloches de Genève, pièce qui fait partie du premier volume des *Années de pèlerinage*. Il faut dire que Liszt venait de se remettre à composer avec application après avoir découvert le folklore suisse. Ainsi, *Fleurs mélodiques des Alpes*, deuxième partie de l'*Album d'un voyageur*, contient pas moins de neuf airs populaires suisses glanés pendant le grand tour des amants.

2. L'excursion à Chamonix
Au début du mois d'août 1836, la romancière George Sand, qui reconnaissait chez Marie d'Agoult un talent incontestable d'écrivaine et qui brûlait d'impatience de rencontrer cette comtesse qui filait un amour scandaleux avec le grand pianiste, annonça son arrivée à Genève. Mais Franz et Marie étaient déjà en route pour Chamonix. Finalement, après avoir cherché en vain le virtuose, George débarqua le 8 septembre à la nuit tombée dans la vallée du Mont-Blanc, accompagnée de ses deux enfants et de sa femme de chambre. Les retrouvailles furent chaleureuses et donnèrent lieu à des scènes pittoresques peu courantes à l'*Hôtel de l'Union-Prieuré* !

Après quelques déboires avec des locataires anglo-saxons de l'hôtel, c'est sous la conduite d'un ami, le major Pictet, débarqué à l'*Union* en costume d'officier d'artillerie de l'Armée suisse, que la ribambelle entreprit de visiter la vallée de Chamonix à dos de mule, avec le projet de retourner à Genève vers le 20 septembre. Mais avant de repartir, ils décidèrent d'excursionner à la Mer de Glace. La caravane se mit en route de bon matin et s'éleva sur les flancs abrupts et boisés du Montenvers. Le brouillard matinal commençait seulement à se dissiper, mais ils purent entrevoir le ruban d'argent de l'Arve qui courait au fond de la vallée. Petit à petit apparurent les formes du massif avec, à droite, le glacier des Bossons et, à gauche, celui de l'Arveyron[3]. Les voyageurs assis sur la pente herbeuse qui surplombe la Mer de Glace laissèrent errer leur regard sur l'immense chaos déployé au fond de l'abîme : « *Cela est*

[3] La traversée de la Mer de Glace n'était pas difficile, pourvu qu'on soit accompagné d'un guide. Une fois de l'autre côté, ceux qui voulaient retourner à Chamonix empruntaient le sentier dit du « mauvais pas », équipé d'une main courante mais très vertigineux et déconseillé aux personnes craintives.

Le col de Balme était le passage habituel pour passer de la vallée de Chamonix en Suisse.

beau, s'écria Franz, après quelques moments d'admiration silencieuse. Cela est beau, parce que cela est complet : rien ne manque à ce tableau de mort et de silence [...] *Pourquoi appeler ceci la mer de glace ? rétorqua George et ajoutant : Le lac de glace, le fleuve de glace, je comprendrais, et j'admirerais peut-être ; mais pourquoi évoquer par un nom l'image bien autrement sublime du vieil Océan du nord, avec ses montagnes flottantes et ses monstres marins, avec ses ténèbres et les magiques splendeurs de ses aurores boréales, avec ses tempêtes et ses mille voix mugissantes ?*[4] »

De retour dans la vallée, ils furent aussitôt accueillis pour le repas du soir. La salle de l'*Hôtel de l'Union* scintillait de mille bougies. Une longue table garnie avec soin et profusion réunissait les touristes qui après s'être dépensés toute la journée avaient bien besoin d'un bon repas. À l'extrémité de la table, un peu séparés du reste des convives, Liszt et ses amis formaient un groupe insolite qui attirait l'attention des convives !

Comme prévu, les voyageurs décidèrent de rejoindre la Suisse en passant par le col de Balme et le défilé de la Tête-Noire, ce dernier étant considéré comme particulièrement sinistre et vertigineux. En effet, la route était creusée à flanc d'une gigantesque paroi de rochers, comme suspendue au-dessus de l'abîme au fond duquel mugissaient les eaux du Nant-Noir. De tous côtés, sur les pentes abruptes, gisaient des rochers entassés et des débris de troncs de sapins déracinés[5]. Au bout de quarante kilomètres, Martigny apparut enfin. Le voyage se poursuivit par Vevey, Bulle et finalement Fribourg, où Liszt improvisa sur les grandes orgues de la cathédrale.

[4] PICTET (Adolphe), *Une course à Chamounix, conte fantastique*, 3e édition ; Genève, A. Cherbulliez et Cie ; Paris, Librairie Sandoz et Fischbacher, 1872.

[5] Le tour classique au XIXe siècle suivait l'itinéraire de Chamonix à Martigny en passant par le col de Balme et Châtelard plutôt que par le col de la Forclaz. On passait généralement par le défilé de la Tête-Noire, à pied ou à dos de mule, sur une route vertigineuse creusée à flanc de rocher. Goethe, Liszt et Dickens gagnèrent Martigny de cette façon.

3. Les lacs du nord de l'Italie : lac Majeur, lac de Côme, lac de Lugano

Lorsque Franz et Marie quittèrent Genève, ils repassèrent d'abord par Paris, où le virtuose donna quelques concerts retentissants, avant de se rendre en Italie. Le journal de Marie relate leurs pérégrinations en 1837 et 1838 dans la région des lacs alpins de l'Italie du Nord. De cette relation de voyage nous parviennent de fortes senteurs de végétation méridionale qui contrastent étonnamment avec la nature généralement austère des Alpes toutes proches.

Le 17 août 1837

Ils arrivèrent à Baveno, sur les bords du lac Majeur, et s'installèrent dans une petite auberge charmante, toute garnie de fleurs. Un bateau les emmena à Isola Madre, l'une des îles Borromées. Il y poussait une luxuriante végétation que Marie, botaniste à ses heures, prit soin de détailler : « *Les citronniers et les orangers recouvrent les murs d'une tenture parfumée ; le jasmin de Virginie aux corolles de feu, et le câprier aux longues étamines, d'un lilas tendre, s'y suspendent avec mollesse. L'aloès avec ses feuilles épaisses, si immobile qu'il semble une plante de bronze qui perce le roc ; les sassafras, les camphriers, les magnolias fleurissent étonnés à côté du sapin d'Écosse et se mirent avec lui dans les eaux bleues du lac que bordent à l'horizon des Alpes Rhétiennes*[6]. »

Poursuivant par le lac de Côme, le couple séjourna à l'hôtel *Genazzini* (aujourd'hui *Metropole*), un établissement en bordure du lac situé à deux pas de la célèbre villa Melzi. Cette magnifique demeure rehaussée d'un beau jardin était accessible depuis leur hôtel par une rue bordée de platanes qui menait à la statue de Dante Aligheri, l'un des poètes favoris du couple. Le compositeur et sa muse y coulèrent d'agréables jours dans l'anonymat le plus total, jusqu'à ce que l'éditeur italien Ricordi, propriétaire d'une villa dans les environs et toujours avide de publicité comme d'annonces fracassantes, découvrît leur présence et se fit un malin plaisir à répandre l'information.

Comme pour le lac Majeur, le souvenir du lac de Côme inspira à Marie d'Agoult des propos dignes de figurer dans un guide touristique : « *Le lac est d'une merveilleuse beauté. Nous avons passé deux jours à visiter la partie qui s'étend de Côme à Colico. Elle est encadrée de montagnes qui, en se rapprochant et en s'éloignant, forment comme une série de petits lacs dont les aspects varient à l'infini. Une multitude de villas bordent ses rives. La villa d'Este, jadis habitée par la Princesse de Galles, n'a de remarquable qu'une salle de spectacle, très élégante dans son ensemble et dans ses détails ; la Pasta habite presque en face ; dans une des anses les plus sombres du lac est la Pliniana, où coule avec impétuosité la fameuse source intermittente décrite par Pline. Elle forme, dans l'intérieur même de la maison, des cascades d'un effet bizarre. L'aspect total de cette villa, adossée à la montagne, avec ses salles découvertes et les cours d'eau qui la traversent en tous sens, est unique en son genre. On pourrait, à très peu de frais, en faire une délicieuse et romantique demeure. La villa Melzi a un beau jardin à l'anglaise*[7]. »

Liszt tomba à son tour sous le charme envoûtant des lieux : « *Lorsque vous écrirez l'histoire de deux amants heureux, placez-les sur les bords du lac de Côme. Je ne connais pas de contrée plus manifestement bénie du ciel. Je n'en ai pas vue où les enchantements d'une vie d'amour paraîtraient plus naturels. Ici, sous un ciel bleu, dans une molle atmosphère, le cœur se dilate et les sens s'ouvrent à toutes les joies de l'être. Les montagnes partout accessibles nous appellent sur leurs cimes verdoyantes*[8]. »

L'année suivante, le couple décida de se rendre au lac de Lugano, dont la végétation méridionale et la douceur du climat inspirèrent ces quelques lignes : « *Ici, où nous dînons en plein air, au milieu des champs, ce m'est un plaisir incomparable de faire ma libation de café noir au soleil couchant et de chasser d'énormes bouffées de ma pipe en guise d'encens. Je ne saurais dire combien, à ces intervalles de doux loisir, mon âme se dilate et s'épand mystérieusement à travers les rayons et les ombres de mes souvenirs, de mes espoirs brisés. Alors aussi les arbres et les gazons, les montagnes et le lac se colorent d'un éclat plus énergique : toutes les formes revêtent une beauté sympathique et inconditionnelle. Je me laisse aller à une incroyable paresse ; je n'ose me lever de ma chaise de peur de ne plus retrouver le point précis d'où je vois mon tableau mi-fantastique, mi-réel*[9]. »

[6] D'AGOULT (Marie), *Journal, Mémoires 1833-1854*, volume 2, troisième partie, « La Passion ».

[7] *Ibid.*

[8] LISZT (Franz), Lettre à Louis d'Aurancheau.

[9] D'AGOULT (Marie), *op. cit.*, « Feuillets d'album écrits par Liszt ».

La villa Melzi de Bellagio trône en bordure du lac de Côme. Le couple Liszt-d'Agoult séjourna à l'hôtel voisin durant l'été 1837.

Liszt consacra plusieurs pièces pour piano à la Suisse, notamment *Fantaisie romantique sur deux mélodies suisses* (1836) mais surtout *La Suisse*, première année des *Années de pèlerinage* (1848-1852). À l'origine, il s'agissait de plusieurs cahiers distincts. Le premier cahier de l'*Album d'un voyageur* (composé en 1837-1838) est entièrement consacré à l'évocation de la nature alpine: Lyon, Lac de Wallenstadt, Au bord d'une source, Les cloches de Genève, Vallée d'Obermann, La chapelle de Guillaume Tell. Dans le deuxième cahier, Liszt évoque les fleurs mélodiques des Alpes tandis que le troisième cahier évoque le ranz des vaches, la montée aux Alpes, un soir dans les montagnes, le ranz de chèvres de F. Huber, entre autres.
C'est à la villa Melzi que Franz Liszt composa ses *12 Grandes études*, *Impressions et Poésies*, première partie de l'*Album d'un voyageur*. La lecture de Dante inspira au compositeur la *Dante Sonate*, écrite vers la fin de sa vie.

À lire également

- BORY (Robert), *Une retraite romantique en Suisse: Liszt et la comtesse d'Agoult*, Éditions Victor Attinger, 1930.
- PICTET (Adolphe), *Une course à Chamounix, conte fantastique*, 3e édition; Genève, A. Cherbulliez et Cie; Paris, Librairie Sandoz et Fischbacher, 1872.

Charles GOUNOD
Le voyage consolateur

Orphelin de père depuis l'âge de cinq ans, Charles Gounod (1818-1893) reçut de sa mère une éducation raffinée. Il sortit du Conservatoire de Paris muni du Grand Prix de Rome (après plusieurs tentatives) et compléta sa culture en lisant beaucoup et en fréquentant le peintre Ingres, qui l'encouragea à dessiner. D'abord marié à la fille du pianiste Zimmermann, il tomba sous le charme de la belle soprano anglaise Georgina Weldon. On peut lui reprocher une certaine platitude et la pauvreté de son langage harmonique, mais son style est pur et il a su apporter une touche de poésie face aux débordements de l'opéra bel canto, de la romance de salon ampoulée et de la lourdeur germanique propre à son époque. Ses trois célèbres opéras, *Faust, Mireille* et *Roméo et Juliette*, se maintiennent à l'affiche des grandes maisons d'opéra européennes.

En avril 1838, le jeune Gounod se présenta au jury du Prix de Rome pour la deuxième fois. Il avait déjà remporté un second Prix avec sa cantate *Marie Stuart et Rizzio*, mais cette fois, il voulait arracher le Premier Grand Prix qui lui permettrait de séjourner trois années à Rome, comme le voulait la tradition. La deuxième tentative se solda par un nouvel échec, et pour le consoler, sa mère lui proposa de l'accompagner dans les Alpes suisses. Ce voyage prit l'aspect d'un Grand Tour à dos de mulet car, ne l'oublions pas, le train était inexistant et les seuls moyens de transport étaient la marche à pied ou le cheval. Il y avait peut-être un but inavoué derrière cette sortie : recueillir des chants traditionnels, pourquoi pas un ranz des vaches, car il était conseillé d'introduire un élément populaire dans les cantates du Prix de Rome : « *Il fallait à ces voyageurs trouver d'antiques mélodies populaires, ultimes vestiges d'une musique primitive et disparue, pour poser les fondements du nouvel art qu'ils étaient occupés à mettre sur pied et que l'on commençait à nommer romantisme*[1]. » En réalité, madame Gounod et son fils n'entendirent ni le yodel ni le ranz des vaches et durent se contenter d'admirer les paysages.

Nous étions à la fin du mois d'août. Dans ses *Mémoires*, Gounod évoque brièvement son voyage : « *Pour me consoler de ma défaite, ma mère m'emmena faire un voyage d'un mois en Suisse*[2]. *Elle avait alors, malgré ses 58 ans, toute la verdeur d'une femme de trente ans. Pour moi qui, en dehors de Paris, n'avais encore vu que Versailles, Rouen et Le Havre, ce voyage ne fut qu'une suite d'enchantements, depuis Genève, par Chamonix, l'Oberland, le Righi, les lacs, et le retour par Bâle. Je ne désadmirais pas. Nous parcourions la Suisse à dos de mulet, partant de grand matin, nous couchant tard, ma mère toujours levée la première et toute prête avant de me réveiller.* »

Le 4 septembre, Gounod écrivit à son frère Urbain : « *Nous avons vu ce qu'il peut y avoir de plus beau dans le sauvage et l'horrible : c'est la crête des rochers nus et secs, ou couverts des neiges éternelles dont on est entouré au Grimsel, nous y avons couché avant-hier soir.* » *Gounod fit preuve d'un grand courage dans la traversée des contrées les plus escarpées, puisque sa maman ajouta à ce même courrier : « Charles est étonnant pour l'adresse à franchir tous les mauvais pas et pour le sang-froid à se tenir à cheval au bord des affreux précipices.* »

Le 14 septembre, Gounod fut de retour à Paris, après avoir traversé l'Oberland, séjourné à Lucerne, grimpé sur le mont Rigi (qu'il note Righi), et après avoir pu rejoindre la ville frontière de Bâle via le lac de Zürich. La troisième mise en loge pour le Prix de Rome fut la bonne : en mars de l'année

[1] SCHNEIDER (Mathieu), *L'Utopie suisse dans la musique romantique*, Éditions Hermann, 2016, p. 82.

[2] Le voyage dura du 19 août au 14 septembre 1838, soit un peu plus de trois semaines. Réf. : Gérard Condé, *Charles Gounod*, Éditions Fayard, et « Charles Gounod et le Prix de Rome », in *Romantisme*, 2011/3 (n° 153).

Charles Gounod séjourna quelques jours à Lucerne accompagné de sa mère, avant de grimper au sommet du Rigi.

suivante, Gounod remporta enfin le Premier Grand Prix avec sa cantate *Fernand* et put partir pour l'Italie. Il retourna en Suisse en juillet-août 1858, cette fois pour faire découvrir à sa femme et son fils les beautés d'un pays qu'il avait traversé vingt ans plus tôt en compagnie de sa mère. Ils visitèrent Interlaken, Lucerne et logèrent au bord du Léman, à l'*Hôtel des Trois Couronnes* de Vevey, un très beau palace de style Belle Époque où le compositeur mit la dernière main à son célèbre opéra, *Faust*[3].

[3] L'*Hôtel des Trois Couronnes* accueillit notamment Ignace Paderewski et Camille Saint-Saëns.

L'opéra *Faust* de Gounod fut son plus grand succès (1869) et sans doute l'œuvre la plus réussie de tout l'opéra français du XIXe siècle.

Giacomo MEYERBEER
Grandes eaux à Bad Gastein

Issu d'un milieu cultivé de la région de Berlin, Giacomo Meyerbeer (1791-1864) montra des dons précoces pour le piano et se rendit à Darmstadt pour étudier avec l'abbé Vogler, considéré à l'époque comme le plus grand pédagogue allemand de la musique. Il eut pour compagnon d'études Carl Maria von Weber, dont les idées en matière lyrique s'opposèrent rapidement aux siennes. Après un séjour en Italie, il tenta sa chance à Paris, où il triompha avec *Robert le Diable*, dont le livret inaugurait une collaboration avec Eugène Scribe. Avec *Les Huguenots*, Meyerbeer trouva enfin un style pour ses opéras, basé sur un choix méticuleux de chanteurs et sur un « *monumentalisme expressif* » obtenu grâce à des masses orchestrales et chorales imposantes.

Giacomo Meyerbeer s'installa à Bad Ischl durant l'été 1849 avec sa femme Minna et ses trois enfants. Il était alors au sommet de sa gloire. Couvert d'honneur et d'argent, il était cependant épuisé par les innombrables répétitions qui avaient précédé la première de son opéra Le Prophète et aussi par la perte de son frère Wilhelm auquel il était très attaché. Il lui fallait avant tout du repos et des soins, notamment pour calmer ses maux de tête et d'estomac.

Entre les deux cures qu'il effectua dans la station de Bad Gastein cet été-là, le compositeur retournait vivre à Ischl dans la dénommée Rosenvilla, une location de vacances décrite par le compositeur Emmerich Kalman (1882-1953), qui y vécut lui aussi : « *À Bad Ischl, au numéro 6 de l'Esplanade, il y a une vieille maison patricienne. Cachée dans le jardin il y a une petite villa, en réalité un bungalow de trois pièces. Des milliers de roses devant le cottage… Cette petite maison est "la maison des musiciens" de Ischl. Le premier compositeur qui vécut ici est Meyerbeer, et c'est là qu'il termina son opéra Le Prophète. Ensuite le cottage abrita Johannes Brahms et le violoniste Joseph Joachim. Plus tard Lehar y passa fréquemment l'été. Malheureusement le cottage n'avait pas de cave, sinon je ne l'aurais jamais quitté !* »

Dans son *Journal intime*, Meyerbeer confia ses impressions et ses observations sur le mode de vie des régions visitées, les moyens de transport de l'époque, le climat et le temps durant ses séjours, les monnaies employées, la qualité des hôtels, etc. Il fut à coup sûr un observateur aguerri de la vie et de la nature dans les Alpes autrichiennes, apportant ainsi un éclairage précis sur les us et coutumes de son époque.

Le dimanche 18 juin, le compositeur quitta Ischl, où il avait laissé sa famille, pour se rendre à Bad Gastein dans les Hohe Tauern. Après la première station qui suivit Sankt Gilgen, il commença à longer les rives charmantes du Wolfgangsee, puis arriva à Salzbourg. La chaleur y était accablante et Meyerbeer se contenta d'aller voir la statue du Mozart de Schwanthaler à la Mozartplatz.

Massif des Hohe Tauern.

Le centre de Bad Gastein avec ses nombreux établissements de soins et de cures.

Le lundi 19 juin, il se remit en route pour St. Johann, au milieu d'une région très accidentée : « *Les montagnes prennent une allure plus imposante à partir de là, un caractère plus massif. La région devient magnifique, particulièrement à la descente de Blockhaus. À partir de là, la neige recouvre la plupart des montagnes. Je suis arrivé à Bad Gastein à 6 heures trente.* »

La première cure de bains de Meyerbeer s'acheva le 18 juillet après vingt-six séances consécutives grâce auxquelles il avait atteint la « saturation naturelle » en eau minérale. Ayant quitté Gastein le 20, il retourna à Bad Ischl via Salzbourg, où il retrouva sa femme et ses trois enfants deux jours plus tard.

Un mois après, Meyerbeer était de retour au Wildbad de Gastein. Sans attendre, il entama sa deuxième période de cure. Il faut croire que ce genre de soins lui faisait du bien, à moins qu'il ne souhaitât recommencer faute de résultat la fois précédente. Le mauvais temps s'installa durablement dans la région, l'obligeant à rester cloîtré dans sa chambre. Ses maux de tête reprirent de plus belle et l'empêchèrent de travailler à sa composition du moment, une cavatine.

Le lundi 20 août, il se mit à neiger abondamment. Le temps empêcha toute excursion, alors, pour se distraire, le compositeur alla assister au concert du violoniste juif Mischa Hauser dont il put apprécier la magnifique sonorité et la maîtrise des difficultés techniques. Son inactivité lui donna mal à la tête au point de ne plus pouvoir se concentrer : « *Aujourd'hui, sur recommandation du médecin, j'ai quitté la cure. Ma tête est tellement engourdie que je n'ai pas été à nouveau capable de travailler.* » Il finit par refuser de prendre son troisième bain quotidien prescrit par le docteur. Le samedi 25 août, la pluie s'arrêta brusquement ! Le temps, bien que couvert, était enfin sec, de sorte que Meyerbeer put sortir prendre l'air frais pour la première fois depuis une semaine !

Cette deuxième période de cure s'acheva le 13 septembre. Il débarqua le lendemain soir à Salzbourg et, comme la veille, le temps pluvieux l'empêcha d'observer le magnifique paysage aux alentours de la ville de Mozart. Il en profita pour griffonner quelques portées musicales depuis sa chambre d'hôtel, avant de retrouver sa petite famille restée à Bad Ischl. Le séjour de Meyerbeer en Haute-Autriche prit fin à la mi-septembre. Il fut de retour à son domicile de Berlin le 22, après quelques arrêts pour affaires à Vienne, Prague et Dresde. De son séjour il conserva le souvenir de contrées merveilleuses malgré un temps décidément exécrable.

Meyerbeer termina en 1840 son opéra *Le Prophète* à Bad Ischl mais il le révisa quelques années plus tard afin de l'adapter aux voix disponibles de l'époque, notamment pour la grande cantatrice Pauline Viardot. Ce fut l'un des plus grands succès publics de son vivant.

À lire également

- LETELLIER (Robert Ignatius), *Journal intime*, traduction, édition et annotations, en quatre volumes couvrant la période 1791-1864, Fairleigh Dickinson University Press, de 1999 à 2004.

Richard WAGNER
Tutoyer les dieux

Richard Wagner (1813-1883) fut le maître absolu du théâtre lyrique au XIXe siècle, éclipsant tous les autres par sa vision unitaire de l'opéra, à la fois musicale, scénique, poétique, philosophique et même religieuse. Traqué en Allemagne pour ses idées et ses dettes, il trouva refuge en Suisse, avant de s'installer définitivement en Bavière sous la protection du roi Louis II qui accepta d'effacer son ardoise et de financer son ambitieux projet de théâtre à Bayreuth. Wagner révolutionna la mélodie, l'harmonie et l'orchestration, et créa un nouveau concept d'opéra basé non plus sur des airs isolés mais sur des thèmes récurrents qui parcourent l'œuvre de bout en bout et qui caractérisent chaque personnage (les leitmotivs). Avec *Le Vaisseau fantôme*, *Tannhäuser*, *Lohengrin* et *Tristan et Isolde*, il était déjà considéré comme l'un des auteurs les plus prodigieux de l'histoire de la musique. C'était compter sans la *Tétralogie*, vaste fresque en quatre parties appelée aussi *Ring* ou *Anneau du Nibelung* qui comprend *L'Or du Rhin* (*Das Rheingold*), *La Walkyrie*, *Siegfried* et *Le Crépuscule des dieux*.

Les ouvrages et les études consacrés à Richard Wagner sont innombrables et pourraient remplir une bibliothèque entière ! Les sujets abordés évoquent le compositeur, le poète, le critique, le penseur visionnaire, ou encore le dramaturge. Il est parfois question de ses relations amoureuses, de son pan-germanisme ou de son antisémitisme, mais rarement de son goût pour les longues excursions et de sa fascination pour les Alpes. Cette passion, il la découvrit en Suisse, un pays qui l'accueillit pendant une douzaine d'années et qu'il parcourut non pas pour entreprendre quelques promenades de santé, mais pour gravir des sommets et traverser des glaciers !

La Suisse fut d'abord pour Wagner une terre d'asile, car il dut fuir l'Allemagne pour avoir participé à une tentative d'insurrection qui tourna mal. Lors de son arrivée à Zurich au printemps de l'année 1849, il n'avait pas l'intention d'y rester. Il commença à partager son temps entre son activité de chef d'orchestre et des excursions qui prirent souvent un caractère aventureux et risqué. Il découvrit ainsi la beauté d'un pays qu'il finit par connaître parfaitement. Parvenu au meilleur de sa forme, il grimpa sur différents sommets (le Faulhorn, le Säntis, le Siedelhorn), traversa des glaciers vertigineux (glaciers de Gries, de Hüfi et de la Bernina), avec ou sans guide, mais toujours avec cette soif de découvrir, de vaincre et d'admirer. L'attrait des hautes montagnes, des glaciers et des sommets enneigés fut irrésistible chez ce musicien qui dira un jour : « *Là où le brin d'herbe qui pousse convient à Goethe et Schiller, c'est dans la pierre nue que je trouve le repos et que réside le monde des dieux.* »

Il éprouvait un bonheur fou en écoutant le tintement des cloches de vache, un bruit qu'il vénérait autant que la musique savante. De tous les compositeurs de l'ère romantique, Wagner fut certainement celui qui explora le plus profondément les vallées suisses (il suffit d'observer la carte ci-dessous pour s'en convaincre) et, mis à part le Valais, peu de cantons lui restèrent inconnus.

Séjour de Richard Wagner en Suisse et excursions.

Carte postale de l'hôtel *Byron* de Villeneuve, où vécut quelque temps Richard Wagner. On aperçoit les dents du Midi à l'arrière-plan.

Pour Wagner, l'air pur et les promenades étaient le meilleur moyen de développer ses états d'âme et son sentiment de bonheur propice à l'inspiration musicale. Ses longues excursions eurent une influence positive sur son esprit et sur ses problèmes de santé, notamment le surmenage et l'anxiété. Lorsqu'il se mettait en route, c'était souvent pour marcher plus de douze heures par jour. Il partait avant le lever du soleil, et sans avoir déjeuné. Après deux heures de marche, il faisait une première pause pour manger du pain, du miel et boire du café, ensuite, vers midi, il s'arrêtait à nouveau pour avaler un peu de viande et du fromage. Une table d'hôte était prévue le soir.

Pour la traversée des contrées montagneuses et des glaciers, il était souvent accompagné d'un guide, comme au Säntis ou sur le glacier Roseg où il fut assisté d'un instituteur de Samedan, ou lors de l'ascension du Siedelhorn et du glacier de Gries, qu'il explora en compagnie d'un employé de l'hospice du Grimselpass. Wagner était en général bien équipé, notamment de souliers cloutés pour traverser les glaciers.

Wagner évoque ses expériences à travers les hautes Alpes suisses dans certaines lettres et dans ses Mémoires, mais pas toujours de manière détaillée. Il voyageait souvent seul ou accompagné de ses amis musiciens Karl Ritter, Theodor Uhlig ou Franz Liszt, ou encore en compagnie du journaliste François Wille ou de l'écrivain Georg Herwegh. Il emmenait parfois sa première femme, Christine Planer, qu'il appelait Minna[1]. En réalité, Wagner ne se sentait en rien alpiniste, mais il était doué d'une bonne forme physique et ne craignait pas le vertige. Arrivé au sommet, il débouchait généralement une bonne bouteille de vin Burgunder pour fêter son exploit. Il dédaignait parcourir la montagne autrement qu'à pied et refusait de se laisser monter en chaise à porteurs ou en fiacre, comme le faisaient la plupart des touristes de l'époque.

1. Zermatt et le Cervin

Après avoir fui l'Allemagne en 1849, Wagner s'installa pour quelque temps à l'hôtel *Byron* de Villeneuve, un établissement nouvellement construit en bordure du lac Léman. C'était l'époque où les touristes affluaient en nombre au bord des grands lacs de montagne, attirés par la douceur du climat et par les jolies vues environnantes. Son séjour en solitaire lui permit d'entreprendre des excursions dans le Chablais, le Lavaux, à Montreux et dans la région de Zermatt.

Peut-être avait-il entendu parler de la pyramide du Cervin par l'Anglais John Ruskin, car Zermatt était à l'époque un petit village perdu dans la montagne. Muni de son guide Baedeker, il entreprit depuis Villeneuve le voyage en compagnie de son ami Karl Ritter qui séjournait comme lui au bord du Léman. Ils remontèrent la vallée du Rhône puis s'engagèrent dans celle de la Vispa où ils passèrent la nuit à l'auberge *Kreuz* de Sankt

[1] En 1836, Wagner avait épousé Christine Planer, dite Minna, artiste au théâtre de Dresde, femme au talent médiocre et au caractère compliqué.

Niklaus. Nous ne connaissons pas les détails de cette sortie, très peu commentée par le compositeur dans ses *Mémoires*, mais il ne fait aucun doute que le duo souhaitait aller observer le Cervin et l'imposant massif du Mont-Rose. Mis à part un engagement à Sion pour diriger une symphonie de Beethoven qui tourna au fiasco, ce fut le seul passage de Wagner dans le canton du Valais.

2. La montée au Rigi

Au lieu de monter à dos d'âne comme cela se faisait couramment à l'époque, Wagner préféra grimper le Rigi à pied. Il était accompagné de sa femme Minna, qui souffrait d'insuffisance cardiaque. Ce fut pour elle une excursion assez éprouvante. Malgré la forte affluence touristique en cette fin de mois d'août 1850 et le dédain qu'éprouvait Wagner pour les concentrations humaines, ils envisagèrent de loger en haut de la montagne pour se reposer. Arrivés à l'hôtel *Rigi Kulm*, ils apprirent que l'établissement de cent trente lits affichait complet ce jour-là et le couple fut obligé de rebrousser chemin. Wagner aimait le Rigi au point d'y retourner régulièrement. Il écrit en 1859 : « *À 4 heures du matin, le gamin me réveilla avec le cor des Alpes. Je me suis levé et, comme j'ai vu qu'il pleuvait, je me suis remis au lit pour dormir. Le son de l'instrument m'est resté en tête et c'est ainsi qu'est née une charmante mélodie, celle du berger qui annonce le bateau d'Isolde*[2]. »

3. L'ascension du Säntis

Durant l'été 1851, Wagner souhaitait prendre un peu de repos après avoir beaucoup travaillé à son opéra *Siegfried*. Il invita son ami Theodor Uhlig, violoniste de l'orchestre de Dresde, à le rejoindre en Suisse. Uhlig accepta avec enthousiasme, de même que Karl Ritter, qui vivait désormais à Saint-Gall. Le compositeur rêvait de gravir le Säntis, la plus haute montagne du canton d'Appenzell (2 504 m). Le projet fut aussitôt mis à exécution. Après avoir traversé le village d'Appenzell, les marcheurs déjeunèrent dans la petite ville d'eau de Weissbad, après quoi débuta l'ascension du Säntis avec l'aide d'un guide. Il leur fallut environ trois heures de marche pour rejoindre l'auberge de Meglisalp (1 517 m) où ils reçurent des rafraîchissements, du pain, du beurre et du fromage. Ils y passèrent la nuit, protégés du vent et du froid qui sévissaient dehors. Le lendemain, les marcheurs se levèrent de bonne heure et prirent le chemin vers le sud, dans un vallon nommé Rossmad, sur le versant de l'Alpstein. Au bout de quatre heures de marche difficile à travers les plaques de neige encore présentes durant l'été, ils arrivèrent au chalet des guides de montagne, le dénommé « Einige Hundert Fuss », situé en contrebas du sommet. Après avoir rejoint une autre cabane en bois appelée « Grand Hotel Thörig », le groupe entama la dernière ligne droite vers le sommet, mais Karl Ritter, qui n'avait ni la tête ni le pied sûrs, refusa de poursuivre.

Dans ses *Mémoires*, Wagner relate l'épisode mouvementé de l'approche du sommet : « *Je m'aperçus que j'avais eu tort de forcer Karl à nous accompagner dans cette montée périlleuse. De toute évidence, le vertige lui avait enlevé la conscience de ses actes. Il regardait devant lui avec des yeux d'aveugle et il nous fallut le faire marcher entre nos Alpenstocks. À chaque instant, nous craignions de le voir s'affaisser et tomber dans l'abîme*[3]. » Wagner et le guide parvinrent toutefois à convaincre Ritter de poursuivre l'ascension, aidé de leurs bâtons de grimpeur. Lorsque le sommet fut enfin atteint, Ritter avait perdu toute son énergie et tomba au sol en s'agrippant à Richard comme un petit enfant ! C'est alors que Wagner lui suggéra de redescendre avec le guide jusqu'à la Sennhütte, et d'attendre tranquillement leur retour, car Wagner et Uhlig voulaient encore effectuer un détour par l'autre versant. Contrairement à Wagner, qui disposait de bonnes chaussures de marche, Uhlig n'était équipé que de chaussures à semelles plates, qui prenaient l'eau et n'adhéraient pas à la neige. Il est étonnant qu'avec un matériel aussi peu adapté à l'escalade et en l'absence de toute préparation physique, le groupe parvint à revenir indemne de cette ascension.

4. Une semaine en Suisse centrale : Rütli, chapelle de Tell, abbaye d'Engelberg, etc.

Wagner et son ami Theodor Uhlig projetèrent ensuite une sortie en direction du lac des Quatre-Cantons, après quoi ils visiteraient la vallée d'Engelberg, la vallée de la Reuss en passant par le Surenenpass, pour atteindre finalement Amsteg et Altdorf sur la route du Gothard. Si tout se déroulait comme prévu, le retour se ferait par les Alpes de Glarus. Mais avant d'entamer leur voyage, ils souhaitaient faire un détour par le Rütli, où se déroula le célèbre drame de Guillaume Tell, puis par le Seelisberg et enfin par la chapelle de Tell. Il s'agissait en quelque sorte du traditionnel pèlerinage de la Suisse historique. Le plan fut mis à exécution en

[2] *Sämtliche Briefe*, tome XI, publié par Martin Dürrer, 1999.

[3] WAGNER (Richard), *Mein Leben*, ML II.26, Éditions Martin Gregor-Dellin, 1963.

Le site de Meglisalp n'a pas vraiment changé depuis l'ascension du Säntis par Wagner en 1851.

Du haut de Fronalpstock on aperçoit la prairie historique du Rütli et les différents bassins du lac des Quatre-Cantons.
Wagner adorait Brunnen (en contrebas à droite) où il aurait souhaité vivre et implanter un théâtre en plein air.

neuf jours, du 28 juillet au 6 août 1851, et on en connaît les détails. Comble de malchance pour les marcheurs, le soleil n'apparut qu'à la fin du voyage. Le reste se fit sous une pluie battante, ce qui, pour la Suisse centrale, n'avait rien d'exceptionnel ! Les deux amis gagnèrent Lucerne le 28 juillet avec la diligence postale depuis Zurich. Ils y passèrent la nuit et durent renoncer à gravir le Rigi en raison du mauvais temps. Ils décidèrent de prendre un bateau jusqu'à Brunnen, seul accès vers le sud des Alpes. Wagner et Uhlig se rendirent à l'auberge *Zum Goldenen Adler*, qui avait ouvert trois ans auparavant. Une relation d'amitié se noua entre Wagner et l'aubergiste, qui était mélomane et dont la fille jouait bien du piano. L'auberge était magnifiquement située, puisqu'on pouvait apercevoir le Rütli, la chapelle de Guillaume Tell et plusieurs sommets depuis les chambres. Elle offrait en outre toutes les commodités, et l'aubergiste pouvait à tout moment réserver une calèche ou un bateau pour Lucerne ou Vitznau. Wagner adorait les environs de Brunnen. Il souhaitait s'y installer pour de bon, dans un chalet qu'il aurait acheté pour y passer les étés et rêvait aussi d'y faire construire un théâtre d'opéra.

L'hôtel *Goldener Adler* de Brunnen, l'établissement préféré de Wagner.

La liaison en bateau de Brunnen vers la prairie de Rütli et la chapelle de Tell ayant été annulée pour cause de mauvais temps, ce n'est que l'après-midi du deuxième jour que les deux amis parvinrent à rejoindre en barque le lieu emblématique de la Confédération helvétique. Arrivés au lieu du Serment, ils formèrent un beau bouquet de fleurs sauvages destiné à la fille de l'aubergiste. En raison du mauvais temps, ils écourtèrent la promenade et rejoignirent immédiatement la chapelle de Guillaume Tell, située sur l'autre rive. Vers la fin de l'après-midi, il se mit à pleuvoir de plus belle, obligeant Richard et Theodor à ramer jusqu'à Flüelen pour se mettre à l'abri.

Ce n'est finalement qu'au quatrième jour du voyage qu'ils parvinrent à mettre leur projet à exécution, celui de se rendre à l'abbaye d'Engelberg. Mais les nouvelles n'étaient pas bonnes : la vallée d'Engelberg était complètement dévastée par des torrents d'eau et de boue. L'Aa avait toutefois repris son cours normal et, au bout de quelques heures de marche, ils arrivèrent à l'auberge *Gasthof zum Engel*, située à proximité de la célèbre abbaye bénédictine. De sa chambre d'hôtel, Wagner écrivit à Minna : « *Dès que nous avions plus ou moins décidé de rentrer, le temps s'est éclairci et nous avons poussé plus loin. La journée est occupée par une promenade d'une heure jusqu'à la chute de Stierbach suivie de l'observation de l'Alpenglühn au pied du Titlis (3239 m).* »

Le 4 août, les deux musiciens crièrent un hourra de joie à leur réveil lorsqu'ils découvrirent un ciel parfaitement dégagé ! Les déconvenues des cinq jours précédents furent rapidement oubliées. Commença alors une longue promenade de douze heures en compagnie d'un guide local. Ils emportèrent dans leur sac une provision de pain, de rôti froid et une bouteille de Burgunder, le vin préféré de Wagner. Le chemin partait de l'abbaye, passait par le Surenenpass (2305 m), un col que le Baedeker nomme « Sureneneck ». Ils rejoignirent Fürenalp, passèrent le col pour redescendre jusqu'à Erstfeld et Amsteg, après avoir effectué un détour par Attinghausen.

Wagner et Uhlig logèrent à Amsteg puis s'engagèrent de bon matin dans le Maderanertal. Leur but était d'atteindre le glacier de Hüfig, au pied du Tödi (3614 m). Que Wagner ait choisi en 1851 d'explorer cette vallée un peu oubliée du reste du monde est surprenant car elle était à l'époque en dehors des sentiers touristiques. Il leur fallut environ quatre heures pour atteindre la langue du glacier, qui à l'époque se prolongeait pourtant très loin dans la vallée. Wagner fut littéralement émerveillé par le caractère sauvage de cette vallée, et son

L'hôtel *Adler*, dit « de l'Aigle », à Grindelwald, offrait une vue imprenable sur le glacier inférieur et sur le versant nord-est de l'Eiger.

ami resta muet en observant la teinte bleutée des crevasses de glace. Mais les musiciens ne firent qu'une brève incursion sur le glacier, se reposant un moment pour vider une bonne bouteille de Burgunder, après quoi ils décidèrent de rebrousser chemin, car à cette époque il n'était pas possible de loger dans le Maderanertal.

5. La route du Sbrinz

Le travail de mise en texte du *Ring* avait coûté beaucoup d'effort à Wagner, et il eut soudain envie d'entreprendre un nouveau voyage à pied, cette fois en vue de rejoindre l'Italie. Le passage du col du Gothard, très emprunté par les touristes durant les mois d'été, ne l'intéressait pas. Il choisit donc l'itinéraire nord-sud le plus direct, avec le passage d'un col difficile, le Griespass. Au Moyen Âge, cette route, appelée Sbrinzweg, était déjà empruntée par les marchands, mais elle comportait certains risques. À l'époque de Wagner, ce chemin avait perdu son utilité au profit du passage du col du Gothard[4].

Ce fut l'une des expériences les plus fascinantes du séjour de Wagner en Suisse, entre le 10 juillet et le 5 août 1852. Le parcours complet est décrit dans ses *Mémoires* : « *Je commençai mon excursion par Alpnach sur le lac des Quatre-Cantons. Je voulais la faire entièrement à pied, suivant un plan à moi d'après lequel je laissais de côté les principaux points de l'Oberland et parcourais les montagnes par des sentiers peu fréquentés. Je procédai en conscience et grimpai entre autres sur le Faulhorn, dans l'Oberland*

[4] Le périple de juillet 1852 est à peu de chose près ce que l'on surnomme aujourd'hui la route du « Sbrinz », du nom du fromage suisse orangé que les marchands de Suisse centrale transportaient jusqu'en Italie via le col de Gries. En passant par l'Oberland bernois, le compositeur souhaitait marcher sur les traces de Goethe, Byron, Mendelssohn et Weber, qui s'étaient déjà rendus dans cette région.

L'auberge située au sommet du Faulhorn a gardé son caractère d'origine. L'établissement situé en face du massif de la Jungfrau était l'une des attractions majeures de la région au XIXe siècle, mais il était peu recommandé aux dames en raison de son inconfort. Wagner y passa la nuit du 14 juillet 1852.

bernois, ascension assez difficile à cette époque. Par la vallée du Hasli, j'arrivai ensuite à l'hospice du Grimsel... Sur la cime du Siedelhorn, j'ai joui de la vue admirable que présentent les colosses de l'Oberland, quand on peut les contempler du sommet de l'un deux. Vers le sud, je fus ébloui par l'aspect subit des Alpes italiennes avec le Mont-Blanc et le Mont-Rose[5]. »

Le 10 juillet, il embarqua à bord d'un bateau pour rejoindre Stansstad et accosta à Alpnachstad, face au Pilatus. Le beau temps et les longues journées d'ensoleillement lui permirent de parcourir de longues distances. Passé le Sarnersee, Sachseln et Giswil, il décida de loger à l'auberge *Krone*, connue pour son accueil et sa propreté. Le lendemain, Wagner quitta l'hôtel à 4 h 30 sans avoir eu le temps de prendre son petit déjeuner, mais avec la sensation d'avoir profité d'une bonne nuit de sommeil. Il rejoignit Lungern, à l'extrémité du lac du même nom, et se mit à traverser le col du Brünig (1 005 m). Arrivé à Brienz en fin de matinée, il monta à bord d'un bateau et débarqua à Interlaken une heure plus tard.

Wagner renonça à se rendre aux célèbres chutes de Lauterbrunnen pour pouvoir reposer ses pieds endoloris et changer de chaussures. Ses maux de pieds finirent par le retarder d'un jour. Pour poursuivre le voyage, il lui fallait disposer d'un guide, qu'il trouva en la personne d'un jeune homme de la région. De Lauterbrunnen, les deux marcheurs commencèrent à gravir le dénivelé de mille deux cents mètres qui les séparaient de Kleine Scheidegg et que l'on effectue de nos jours en train à crémaillère. Wagner nota qu'une fois arrivé sur la prairie de Wengernalp, le massif de la Jungfrau lui semblait à portée de main. Trois quarts d'heure suffirent pour rejoindre Kleine Scheidegg et son hôtel, le *Bellevue*.

Le lendemain fut consacré à la descente vers Grindelwald, où il passa la nuit du 13 juillet 1852. L'hôtel *Adler* était un grand chalet à deux étages offrant une vue sur le glacier et sur la face nord de l'Eiger. De là on pouvait voir également l'imposant Wetterhorn. À l'époque, le glacier coulait suffisamment loin dans la vallée pour menacer les maisons du village, et le contraste entre sa blancheur immaculée et les vertes prairies environnantes était saisissant. Pour cette raison, l'hôtel était

[5] WAGNER (Richard), *op. cit.*, p. 274.

l'endroit idéal pour les peintres paysagers. On ignore si Wagner prit le temps d'aller voir le glacier de Grindelwald de plus près, mais on suppose qu'il préféra s'abstenir en raison de l'affluence des touristes qui s'y rendaient en chaise à porteurs. Un glacier « *pour les indécis et pour les dames* », disait-il !

6. L'ascension du Faulhorn

Qu'est-ce qui a pu pousser Wagner à entreprendre, le 14 juillet 1852, la montée au Faulhorn, cette montagne dénudée qui porte le nom peu avantageux de « mont Pourri » ? La raison est simple : tout comme le Rigi et le Pilate dans la région de Lucerne ou le Säntis dans l'Appenzell, le Faulhorn offre une vue parfaitement dégagée sur une bonne partie des Alpes suisses, et Dieu sait si le compositeur était friand de beaux points de vue. Le guide Baedeker ne recommandait pas la réservation d'un guide pour gravir le Faulhorn, c'est donc en solitaire que Wagner fit l'ascension. Le soir venu, il logea dans l'auberge que Samuel Blattner avait fait construire en 1832. Son restaurant offrait une table d'hôtes de grande qualité pour l'époque. À 10 heures du soir le silence était imposé et une cloche sonnait le réveil pour aller observer le lever du soleil.

De retour du Faulhorn, Wagner écrivit à son ami Uhlig : « *Hier je suis redescendu du Faulhorn. J'y avais une magnifique vue sur les montagnes environnantes : glaces, neige, monde des glaciers de l'Oberland bernois, le tout comme si on les avait à portée de main.* » Wagner dut certainement être fortement impressionné par la vue rapprochée du Schreckhorn et celle de la face sombre de l'Eiger depuis le Faulhorn. Et, à l'arrière-plan, se dressaient les pointes effilées du Finsteraarhorn et du Lauteraarhorn, dont il vit les versants opposés deux jours plus tard depuis le col de Grimsel.

Après avoir exploré la région de Grindelwald et grimpé sur le Faulhorn, Wagner se remit en route pour Meiringen, en passant par Grosse Scheidegg. Le col disposait à l'époque de deux auberges propices au repos des marcheurs. Seul le Wetterhorn accompagnait encore le marcheur dans sa randonnée. Tout comme Goethe, Tolstoï et Nietzsche, Wagner put admirer le glacier de Rosenlaui, encastré entre le Wellhorn et l'Engelhorn. Wagner décida de prendre deux jours de repos à Meiringen afin de pouvoir dégourdir ses jambes et rédiger son courrier. Le 16 juillet, il reprit la vieille route marchande du Haslital en direction du col de Grimsel. Il lui fallut plus de huit heures pour parcourir le dénivelé de mille trois cents mètres. À partir de Guttannen, le chemin traversait un univers chaotique de blocs de granit, résultat de l'action des glaciers il y a plusieurs milliers d'années. Wagner arriva à l'hospice de Grimsel, qui faisait face à un petit lac de montagne, le Grimselsee. L'hospice comptait à l'époque une quarantaine de lits[6], gérés par Peter Zybach, surnommé « Papa Zybach. »

7. La montée au Siedelhorn

Le lendemain, Wagner décida d'entreprendre la montée au Siedelhorn[7]. Il était accompagné d'un domestique recommandé par Papa Zybach, qui lui servit de guide jusqu'en Suisse italienne. Le jeune homme, plus tard soupçonné d'être à l'origine de l'incendie de l'hospice, prit immédiatement des risques inconsidérés qui obligèrent Wagner à gravir verticalement les nombreuses plaques neigeuses, sans procéder au mouvement habituel en zigzag qu'imposait ce genre d'escalade. Après quelques frayeurs, Wagner finit par arriver au sommet, et pour savourer son exploit, il déboucha une bouteille, comme il en avait pris l'habitude. Il faut dire que la vue valait le détour : la majorité des sommets des Alpes se dévoilaient à lui : « *Sur la cime du Siedelhorn, je jouis de la vue admirable que présentent les colosses de l'Oberland [bernois] quand on peut les contempler du sommet de l'un deux. Vers le sud, l'aspect subit des Alpes italiennes avec le Mont-Blanc et le Mont-Rose m'éblouit*[8]*.* »

Complètement exténué après cette ascension, Wagner se reposa à Obergesteln pendant deux jours. Le guide Baedeker de l'époque décrit une promenade d'environ seize heures depuis ce village jusqu'à Domo d'Ossola[9] et mentionne entre autres les passages du glacier de Gries, du Formazzatal et des chutes de Tosa. C'était exactement le parcours qui attendait le compositeur.

Au matin du 18 juillet, Wagner et son guide commencèrent l'ascension du glacier de Gries (2 479 m) et du col du même nom, qui donnait accès au val italien de Formazza. Peu avant d'arriver sur le col, le compositeur fut troublé par la vision

[6] Il s'agit bien évidemment de l'ancien hospice du col du Grimsel, détruit par les flammes peu après le passage de Wagner, et reconstruit depuis.

[7] Le Siedelhorn (2 764 m) est situé à l'extrémité est de l'Aargrat, cette longue crête qui part du Finsteraarhorn (4 274 m) et qui borde d'un côté le glacier de l'Oberaar, et la vallée des Conches de l'autre. Il offre une vue magistrale sur le versant est du massif de la Jungfrau et sur le Dammastock, d'où coule le glacier du Rhône. Le Sidelhorn est l'un des buts d'excursion majeurs pour les touristes qui passent la nuit à l'hospice du col de Grimsel. C'est l'un des quelques panoramas suisses demeurés à l'abri des infrastructures techniques et des équipements hôteliers.

[8] WAGNER (Richard), *Ma Vie*, trad. N. Valentin & A. Schenk, Éditions Perrin, 2012, pp. 524-525.

[9] Nom tel qu'on l'écrivait à l'époque de Wagner. S'écrit aujourd'hui Domodossola.

Le sommet du Siedelhorn, aquarelle réalisée par Felix Mendelssohn au lever du jour, le 18 août 1847.

d'un troupeau de vaches squelettiques manifestement victimes d'une épidémie. Il sembla à ce point affecté par leur état qu'il décida de contourner le troupeau en effectuant un large détour par rapport au glacier, ce qui déplut fortement au guide. Du coup, la traversée du glacier tourna à la dispute et prit bien plus de temps que prévu. Pour la première fois, un brouillard épais fit son apparition et la neige commença à recouvrir le glacier, cachant certaines crevasses à la vue des marcheurs. Ils arrivèrent heureusement sains et saufs à Bettelmatt (2 112 m), prairie marécageuse dépourvue de toute végétation. L'Italie était en vue !

La manière dont Wagner décrit le passage du col de Gries dans Ma Vie montre à quel point il ne redoutait ni le danger ni le dépassement de soi : «[10] *Arrivé au pied de la raide paroi du glacier, je sentais mon humeur si déprimée et mes nerfs si tendus que je déclarai à mon guide ne plus vouloir continuer. L'homme sembla alors narguer ma faiblesse et se moqua grossièrement de moi. Mais la colère me rendit mes forces et j'escaladai si rapidement le glacier escarpé que ce fut au tour du guide de rester en arrière. Le passage du névé, qui dura deux heures, offrit des dangers dont même le valet de la Grimsel parut s'inquiéter, du moins pour sa propre personne. Une neige fraîchement tombée cachait les crevasses et empêchait de reconnaître les endroits dangereux. J'obligeai le guide à marcher en avant pour sonder le terrain.* »

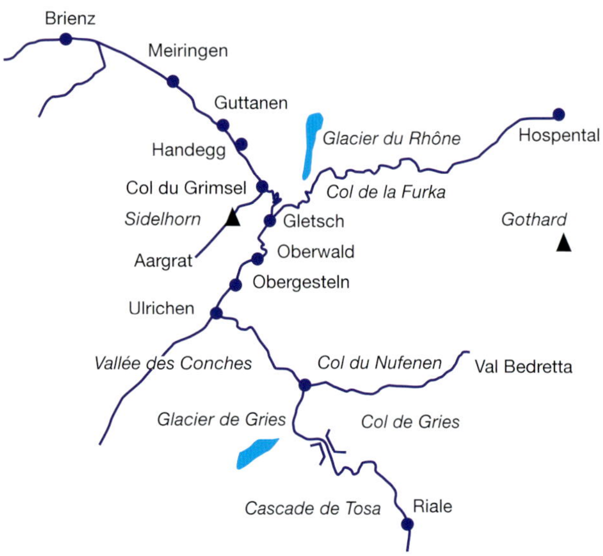

Vallées de Hasli et des Conches, cols de Grimsel, Furka, Nufenen, Gries.

[10] WAGNER (Richard), *op. cit.*, pp. 538-539.

La traversée de la Mer de Glace était l'excursion incontournable du séjour à Chamonix.
C'est probablement ici que Minna, l'épouse de Wagner, se blessa en traversant le glacier.

Dans une lettre à Otto Wesendonck, Wagner confia que cette traversée avait été extrêmement pénible mais que le passage du monde des glaces à la végétation luxuriante d'Italie tenait du miracle: « *L'influence de l'air italien est indescriptible* », *dit-il, et il ajoute dans ses Mémoires:* « *Les impressions laissées par ma promenade dans la vallée de Tosa sont inoubliables. Sortant d'un étroit défilé de rochers qui encaissait la rivière, je fus surtout surpris par l'apparition soudaine de la végétation méridionale.* »

8. Les lacs de l'Italie du Nord et du Tessin

Peu après Riale, Wagner se rendit à la chute de Tosa, haute de 143 mètres et large de plus de 60 en son point le plus élevé. À Ponte, on peut encore voir sur la façade de la maison Casa Forte une enseigne qui rappelle le passage de Wagner dans ce village. En suivant le cours de la rivière Tosa, Wagner débarqua à Chiesa (1 238 m). C'est ici qu'il passa la nuit à l'auberge *Caval Bianco*, juste à côté de l'église paroissiale, après avoir dégusté de la viande de marmotte. C'est aussi à Chiesa que son guide l'abandonna pour retourner à l'hospice de Grimsel. Le compositeur poursuivit seul son chemin en direction du lac Majeur via Domodossola. Durant sa période helvétique, Wagner se rendit à plusieurs reprises au bord du lac Majeur dont il appréciait la beauté et la douceur du climat. Poursuivant son grand tour vers l'Italie du Nord, il découvrit pour la première fois de sa vie le charme méridional des îles Borromées et visita l'Isola Bella, où le comte Borromeo avait fait construire un château baroque entouré d'un splendide jardin suspendu.

9. La vallée de Chamonix et le Mont-Blanc

Wagner planifia un retour par le Mont-Blanc, massif dont tout le monde parlait mais qu'il n'avait jamais vu. Rejoint par Minna à Domodossola, le couple traversa le col du Simplon pour rejoindre Martigny, où ils logèrent chez l'habitant. À l'époque, il était déjà possible d'entreprendre des excursions organisées depuis le Valais jusque dans la vallée de Chamonix, via le col de la Forclaz ou le col de Balme. C'était grosso modo le chemin qu'avait emprunté Mendelssohn vingt ans plus tôt et celui de Liszt mais en sens contraire. Ils visitèrent la Mer de Glace et le belvédère de la Flégère, mais le séjour tourna court, car Minna se blessa en marchant sur un glacier!

10. Le Glarnerland

Début novembre 1852, Wagner acheva le texte de *L'Or du Rhin*, et comme le temps était exceptionnellement beau en

Suisse, il entreprit de faire un tour dans les Alpes glaronaises, une région peu fréquentée par les touristes. L'année suivante, il décida d'y revenir, cette fois accompagné des époux Wesendonck, dont il avait fait la connaissance à Zurich. En l'absence de Minna, le compositeur sentit naître en lui une passion pour Mathilde Wesendonck. Le trio loua une calèche pour effectuer le trajet de Zurich au lac de Klöntal, ce qui représente un voyage long d'environ sept heures. Dès le lendemain, Wagner et les Wesendonck entreprirent une promenade dans le Sandalp, afin de pouvoir contempler le Tödi enneigé (3574 m). L'excursion s'effectua en calèche pour permettre à Mathilde Wesendonck de les accompagner sans trop se fatiguer. Mais au-delà du lac de Klöntal, l'équipage dut abandonner le véhicule pour monter à dos de mule, car l'accès au col de Pragel était trop étroit pour faire passer les calèches.

11. Saint-Moritz et le massif de la Bernina

Durant l'été 1853, le compositeur entreprit un voyage de trois semaines dans les Grisons en compagnie de son ami Herwegh – le premier pour suivre une cure, le second pour poursuivre ses recherches de naturaliste. Les deux amis rejoignirent Coire, où ils furent forcés de passer la nuit faute d'avoir pu grimper à temps dans la diligence de Saint-Moritz. Le passage du col du Julier laissa des traces dans la mémoire du musicien. Dans son journal, Cosima, sa deuxième épouse, raconte à quel point l'arrivée au col du Julier impressionna le compositeur et lui inspira même l'idée des dieux dans la *Tétralogie* : « *Je ne sais pas comment on en vint à parler du Julierberg, mais il me raconta qu'il se représenta alors Wotan et Fricka, là où tout est silence, où l'existence et le devenir ne sont rien.* »

Arrivé à destination, Wagner tomba immédiatement sous le charme de Saint-Moritz, qui n'était encore qu'un petit bourg de deux cents âmes et d'une cinquantaine de maisons… mais son eau de source était déjà réputée pour son goût ! Il logea à la *Pension Faller* située en face de l'église de Saint-Moritz-Dorf. Le confort de la chambre était très rudimentaire pour un homme habitué au luxe et aux étoffes en tout genre : un lit, une commode, deux chaises, une table de nuit et une petite table pour écrire, c'était tout ! L'horaire journalier du compositeur est connu : entre 6 heures et 10 heures du matin il se rendait à la maison thermale du village, où il se baignait et buvait l'eau de la source : « *Hier soir j'étais au lit à 9 heures et je me suis levé à 5 heures… l'eau est fameuse et je me sens maintenant mieux. Je me suis baigné pour la première fois aujourd'hui, ce qui eut un bel effet sur moi. Le plus désagréable, c'est le vent qui souffle en permanence : mes rhumatismes persistent.* » Pour se changer les idées, Wagner explora la région de Samedan, Bever, Zuoz, et surtout le massif de la Bernina.

Wagner et Herwegh entreprirent l'ascension du glacier de la Bernina en compagnie d'un guide qui professait à Samedan. De Pontresina, il fallait compter une heure et demie de marche pour rejoindre le glacier, car la ligne actuelle des Rhätische Bahn n'existait pas. Wagner écrivit à Liszt : « Le 24 juillet 1853, nous avons grimpé le glacier pendant une demi-journée. Herwegh m'assistait, il ne me lâchait pas d'une semelle. » Il s'agissait en réalité d'une promenade sur le Roseggletscher qui n'était pas sans danger, et à propos de laquelle il écrivit à Minna : « *grimpée fructueuse sur des crevasses de glace* ». Herwegh raconta qu'il dut sans arrêt faire demi-tour pour explorer d'autres passages. Se souvenant de la traversée du glacier majestueux, Wagner écrivit dans ses Mémoires : « *En s'avançant progressivement sur la pente de l'imposant Bernina, dont la beauté surpasse même celle du Mt Blanc, nous avions compté qu'une jouissance extraordinaire nous récompenserait de nos peines. Malheureusement elle fut gâtée pour mon compagnon, par les trop grandes fatigues qu'entraîna notre marche à travers cet admirable glacier. Moi, j'éprouvai cette fois encore, et à un degré supérieur, le sentiment d'auguste sainteté de la solitude et celui de la quiétude presque engourdissante que les choses inanimées répandent sur la vie bouillonnante de l'organisme humain.* »

La *Pension Faller* où logea Wagner durant sa cure à Saint-Moritz.

Convoi de la poste au col du Gothard.

12. Le passage du col du Gothard

En 1857, Wagner était dans de sales draps : il trompait sa femme avec Mathilde Wesendonck ! Minna tomba aussitôt en dépression. Surmené lui aussi, le compositeur ne se sentit plus capable de se concentrer sereinement sur son opéra du moment, *Tristan et Isolde*. Il crut bon partir quelques mois pour Venise, embarqua dans une diligence postale pour le Simplon, fit un détour par les îles Borromées et se persuada que la solitude était ce qu'il y avait de mieux pour lui.

Le retour de Venise se fit par le col du Saint-Gothard, un moment généralement redouté par les voyageurs en raison des intempéries, des orages violents, des chutes de neige, de grêle, des avalanches, etc. Le passage se faisait généralement en traîneau de deux personnes disposées l'une en face de l'autre, le fameux *Postschlitte* tiré par un cheval. Le départ de la quinzaine d'attelages fut donné à 7 heures du matin depuis le village d'Airolo. Si les conditions le permettaient, la caravane passait le col et l'hospice sans s'arrêter, pour redescendre ensuite vers Andermatt afin d'arriver aux alentours de midi. Après le ravitaillement des animaux et des hommes, le voyage se poursuivait dans les gorges de Schöllenen (pont du Diable) jusqu'à Göschenen. Ensuite les passagers rejoignaient Flüelen, et de là prenaient un bateau pour Lucerne.

Dans une lettre à Minna, Wagner décrit à nouveau le contraste saisissant entre la douceur du climat italien et le froid de la montagne du Gothard ainsi que les conditions inconfortables de la traversée du col : « [...] *après avoir vu avec grand bonheur la floraison des arbres fruitiers en Italie, le père Gotthard se couvre d'un manteau ouateux de flocons de neige et me "couillonne" avec cet infâme traîneau à fromage, dans lequel je monte accompagné d'un tailleur italien, un énorme type. Belle histoire que ce passage sur un traineau ouvert à tout vent et qui me prend jusqu'aux chevilles. Je suis pris aujourd'hui d'un rhume charmant*[11] ».

[11] *Sämtliche Briefe*, tome X, Andreas Mielke, Wiesbaden, p. 387 ; 30 mars 1859, cité par RIEGER (Eva) et SCHROEDER (Hiltrud), *Ein Platz für Götter, Richard Wagners Wanderungen in der Schweiz*, Böhlau Verlag, 2009.

13. Le refuge en Haute-Bavière

Les années passèrent et Wagner rêvait de s'installer définitivement en Suisse. Il pensait pouvoir faire construire une maison grâce aux bénéfices de sa tournée en Russie, mais cette somme s'avéra insuffisante. Entre-temps, le roi Louis II de Bavière, qui s'était épris du maître autant que de sa musique, l'invita à la cour de Munich. Les rumeurs au sujet de cette relation particulière se propagèrent très vite et s'amplifièrent dangereusement. C'est que la générosité du monarque à l'égard de son idole ne semblait connaître aucune limite et commençait à mettre à mal les finances de l'État bavarois.

Le 9 août 1865, Wagner monta au refuge de l'Altlacher Hochkopf[12] à l'invitation de Louis II. Cette cabane de chasse, restaurée par le père du jeune monarque quelques années auparavant, surplombait majestueusement la rive sud du Walchensee. Louis II souhaitait offrir à son compositeur bien-aimé les meilleures conditions pour pouvoir réaliser son travail du moment, *Siegfried*, l'un des quatre opéras de la *Tétralogie*. Le musicien amena avec lui Franz, son unique serviteur, son petit chien Tips et ses partitions. Mais le roi n'était pas présent ! Dans le journal qu'il adressa à l'intention de Cosima, Wagner décrit la montée pénible au refuge et l'arrivée nocturne, le manque d'eau potable dans un endroit fort isolé. De plus, il y contracta un refroidissement qui l'obligea à écourter son séjour. S'excusant auprès du monarque, il se justifia par l'impossibilité de guérir là-haut et par sa volonté de contacter son médecin de Munich pour recevoir les soins appropriés. Wagner précise toutefois qu'il y passa trois belles journées et qu'il y reviendrait volontiers une autre fois, ce qu'il ne fit jamais.

Comme les rumeurs continuaient à s'amplifier, Wagner fut rapidement interdit de séjour en Bavière, mais il n'en était pas à sa première fuite. Cette décision était aussi liée à sa relation amoureuse avec Cosima Liszt, la fille du compositeur mariée au chef d'orchestre de la cour de Bavière, Hans von Bülow. Wagner choisit une fois de plus l'exil en Suisse. Et pour finir, le compositeur parvint à dénicher une somptueuse villa dans un faubourg de Lucerne, sur la presqu'île de Tribschen.

[12] La promenade de l'Altlacher Hochkopf représente un dénivelé d'environ cinq cents mètres par rapport au lac Walchen et couvre une distance totale de 10,4 kilomètres. Celle-ci débute au parking de la brasserie *Brauhof*, lieu jadis fréquenté par Louis II. Une plaque commémorative en bronze évoque le passage de Wagner durant le mois d'août 1865.

14. Tribschen (Lucerne)

La villa Tribschen est une bâtisse carrée à deux étages entourée de peupliers, plantée sur la pente douce d'une colline proche de Lucerne, avec une belle vue sur le lac d'un côté et sur le mont Pilate de l'autre. Lorsque Wagner signa le bail de location en avril 1866, il n'avait pas l'intention d'y rester plus d'un an. Il y demeura finalement jusqu'en 1872 ! Pendant cette période, l'une des plus agréables de la vie de Wagner, les visites d'amis et d'admirateurs se succédèrent : outre celle du roi Louis II de Bavière, qui lui envoyait de l'argent et des lettres enflammées, il y eut Friedrich Nietzsche, qui lui rendit visite plus de vingt-trois fois (il avait sa chambre à penser au 2e étage), Franz Liszt, le pianiste Joseph Rubinstein, le chef d'orchestre Hans Richter, Catulle Mendès et de nombreux wagnériens…

15. L'excursion au mont Pilate (Pilatus)

Plus d'une fois annulée pour diverses raisons, l'ascension du Pilatus envisagée par Wagner depuis qu'il habitait à Tribschen débuta le dimanche 10 juillet 1870. La caravane était alors composée du précepteur des enfants, du chef d'orchestre Hans Richter, des deux enfants aînés nés de la relation entre Cosima et Hans von Bülow (Daniela et Blandine) et de quelques porteurs. Pour Cosima, ce fut la première véritable expérience en montagne.

Le départ fut donné à 4 heures du matin, en direction d'Hergeschwyl[13], par un temps radieux. De là commença l'escalade de la caravane : « *Joyeuse cavalcade ; au fur et à mesure que nous montons, nous nous libérons peu à peu des fardeaux, il ne reste plus que l'amour qui se proclame dans l'éther haut et pur. Impression sublime de calme et de solitude ; ce sont de telles impressions qui ont présidé à la description de la vie des dieux dans l'Anneau des Nibelungen. Clair de lune magnifique sur le Pilate. Joie des enfants.* »

Vers 21 heures, le groupe atteignit l'hôtel *Klimsenhorn*, à mi-chemin vers le sommet. La progression à cheval avait été très éprouvante et le grand nombre de résidents empêcha Cosima de trouver le sommeil.

Le lendemain, la montée jusqu'à l'Esel (l'Âne) fut contrariée par un violent orage : « *Le temps est incertain et je ne me sens pas très bien ; nous décidons pourtant l'escalade de l'Âne, après avoir lu des passages de Schopenhauer (ce*

[13] De nos jours, s'écrit Hergiswil.

L'hôtel *Pilatus-Kulm* (*Bellevue* à l'époque) est situé en contrebas de l'Âne.

que chacun se représente). J'écris ces notes dans la salle commune de l'auberge. – Nous arrivons avec l'orage et la pluie, je me mets au lit très souffrante[14]. » Vraisemblablement choquée et souffrant probablement du vertige, Cosima resta alitée toute la journée du mercredi à l'hôtel *Bellevue*, situé en contrebas de l'Âne. Ce n'est que le jeudi soir qu'elle accepta de remonter au sommet de l'Âne.

En avril 1872, la famille Wagner quitta définitivement Tribschen et la Suisse. Tristesse de devoir abandonner un lieu magique qui était si favorable au travail du maître. Le 29 avril, Cosima embarqua avec ses cinq enfants, deux servantes, le chien et quantité de bagages à destination de Bayreuth, où se trouvait déjà le compositeur. Une nouvelle vie commençait alors pour Wagner, lui qui, à cinquante-cinq ans, accomplissait enfin son rêve de théâtre d'art total.

[14] On a attribué le malaise de Cosima à l'arrivée d'un orage violent, mais il n'est pas exclu que le vertige ait été à l'origine de son indisposition. De nos jours, bien que le chemin emprunté par la caravane des Wagner existe toujours (Alpnach - Amsigen - Pilatus) et s'effectue approximativement en quatre heures et demie, on monte généralement par le funiculaire électrique de la Pilatusbahn. L'hôtel *Klimsenhorn* fut détruit en 1860 et le Bellevue d'origine a brûlé en 1960 et fut remplacé par la rotonde actuelle où l'on peut passer la nuit. Sur l'Âne, que l'on peut atteindre par un escalier de soixante-dix marches depuis le terminus du funiculaire, la vue au loin est splendide et permet, le soir venu, d'observer les lumières de la ville de Lucerne.

♪ C'est à Tribschen que le compositeur acheva *Les Maîtres Chanteurs*, *Siegfried* et *Le Crépuscule des dieux*. Et c'est dans l'escalier de Tribschen que fut jouée une version pour quatuor à cordes de *Siegfried Idyll*.

À lire également

- RIEGER (Eva) et SCHROEDER (Hiltrud), *Ein Platz für Götter, Richard Wagners Wanderungen in der Schweiz*, Böhlau Verlag, 2009.
- WAGNER (Richard), *Ma Vie*, trad. N. Valentin & A. Schenk, Éditions Perrin, 2012.

Johannes BRAHMS

L'été au bord de l'eau

Johannes Brahms (1833-1897) est l'un des plus grands compositeurs allemands. Romantique de nature mais classique par l'architecture de sa musique, il est resté toute sa vie réfractaire à la musique à programme et à l'opéra. Il défendait une musique pure qui n'avait de sens que pour elle-même, ce qui lui valut l'opposition des protagonistes de la « musique de l'avenir » (Liszt et Wagner). Ses quatre symphonies sont des modèles d'équilibre qui s'inspirent de la tradition beethovénienne. Malgré la splendeur de ses œuvres orchestrales en général, ses domaines de prédilection et d'intimité furent le lied, le piano et la musique de chambre. Grand ami de la famille Schumann, il est resté très attaché à Clara, qu'il admirait et qu'il aimait d'un amour platonique. Une fois installé définitivement à Vienne, le rythme de son existence devint immuable: les concerts durant la saison d'hiver étaient interrompus par une retraite paisible en pleine nature, de préférence à la montagne.

Contrairement à la majorité des compositeurs de son temps, Brahms doutait que la nature puisse influencer son inspiration de manière déterminante. Il n'imaginait pas que la musique puisse transposer un paysage précis, car pour lui, elle n'exprimait rien d'autre que ce qu'elle était pour elle-même. C'est ce qui explique sans doute que, contrairement à Mendelssohn, il n'ait laissé aucune trace de ses escapades en montagne. À ce propos, on retiendra le témoignage de son ami suisse Josef Widmann, qui raconte une randonnée effectuée avec Brahms durant l'été 1887 à Gimmelwald, un hameau entre Mürren et Stechelberg: « *Nous descendions alors vers Gimmelwald, et même moi, j'étais tellement bouleversé par la majesté des géants de la haute montagne, couverts d'une épaisse couche de neige, qui nous faisaient face, que j'osais formuler tout haut à quel point il me semblait impossible de graver la beauté de ce paysage dans l'esprit d'un homme et de la rendre entièrement, par exemple, par la poésie ou par l'art. À ce moment, il [Brahms] s'arrêta de marcher, me dévisagea avec un regard moqueur et s'exclama: "Je dois bien l'avouer, vous êtes bien le personnage le plus grossier que j'aie jamais rencontré. Tout autre, qui aurait entrepris une pareille randonnée dans les Alpes avec moi, aurait à un moment ou à un autre dit quelque chose de sensé, du genre: 'C'est tout comme dans votre troisième symphonie', ou quelque chose de ce type. Mais de vous, je n'entends jamais pareilles choses." Sur quoi, il me prit par l'épaule, me secoua gentiment et se mit à rire avec un jovial contentement*[1]. »

[1] WIDMANN (Josef), Johannes Brahms, Amerbach, 1947, p. 54.

1. La Suisse

En 1856 Brahms fit un premier séjour au bord du lac des Quatre-Cantons en compagnie de Clara Schumann. Il se rendit une deuxième fois en Suisse à la fin de l'été de l'année 1868, accompagné cette-fois de son père. Ce voyage, dont on possède peu d'informations, le mena au lac des Quatre-Cantons, au Brünig, à Meiringen, à la Grosse Scheidegg et à Grindelwald. Et c'est en souvenir des vacances passées à Gersau une douzaine d'années plus tôt que Brahms envoya à Clara une carte postale restée célèbre, au dos de laquelle il inscrivit le motif du cor des Alpes qui allait servir au final

La paroi nord du Wetterhorn domine la région de Grosse Scheidegg, entre Grindelwald et Meiringen. C'est ici que Brahms aurait entendu le cor des Alpes le 12 septembre 1868.

de sa première symphonie, avec la mention suivante : « *Voici comment sonna le cor des Alpes aujourd'hui.* » Brahms aurait entendu l'Alphorn le 12 septembre 1868 entre Rosenlaui et Grindelwald, aux environs de la Grosse Scheidegg, face au versant nord du célèbre Wetterhorn.

2. La Haute-Bavière et le Starnbergersee (1873)

L'année 1872 ayant été particulièrement chargée, Johannes Brahms souhaitait trouver un endroit calme pour passer le printemps et l'été 1873. Il s'installa d'abord dans un petit village perdu en Styrie autrichienne, mais il dut fuir au bout de quarante-huit heures, harcelé par les touristes qui le poursuivaient partout. Ayant fait le tour du lac de Starnberg situé en Haute-Bavière, il découvrit alors un village de rêve, Tutzing, où il décida de loger pour une période de trois mois à l'hôtel *Seerose*. Il y trouva un calme très relatif, car les stations situées le long de la rive ouest du lac étaient envahies durant l'été par des Munichois très bruyants. L'hôtel était le lieu de rencontre entre jeunes artistes, peintres, écrivains ou musiciens, qui s'y retrouvaient le temps des vacances. Brahms fut évidemment invité à se joindre à leurs soirées arrosées. L'hôtel disposait d'un vieux piano délabré que les propriétaires mirent à la disposition du compositeur, dans un coin calme et isolé. Il retrouva son rythme habituel de vie estivale : lever avec le soleil, café, promenade, travail, déjeuner, promenade, travail, dîner, coucher tôt. Il semble avoir été très heureux dans cette solitude, puisqu'il écrit : « *Tutzing est beaucoup plus agréable que nous ne l'avions d'abord pensé. Juste en ce moment, nous avons un magnifique orage ; le lac est tout noir, avec une éclatante bande verte sur les rivages. D'habitude il est bleu, mais d'un bleu plus joli et plus profond que le ciel. On ne se lasse pas de le contempler ainsi que les montagnes couvertes de neige*[2]. »

Le château de Leonstain à Pörtschach où Johannes Brahms passa les étés de 1877 à 1879.

C'est sur l'instrument de la salle de danse de l'hôtel de Tutzing que Brahms composa les *Variations sur un thème de Haydn* et les deux *Quatuors à cordes* opus 51.

3. Pörtschach sur le Wörthersee (1877-1879)

Qu'est-ce qui a bien pu attirer ce compositeur originaire du nord de l'Allemagne à venir s'installer durant trois étés consécutifs à Pörtschach, petit village sur la rive nord du lac Wörth en Carinthie autrichienne, au point d'y composer quelques-unes des œuvres les plus emblématiques de sa production ? Brahms connaissait déjà le Wörthersee pour y avoir donné deux concerts au casino de Klagenfurt les 13 novembre 1867 et 7 juin 1877. « *Pörtschach est merveilleusement situé, dit-il, et j'ai trouvé au château un lieu de résidence adorable et apparemment très agréable ! Dites cela en toute simplicité : cela impressionnera les gens. Mais je dois ajouter entre parenthèses que j'ai seulement deux petites pièces dans le pavillon du concierge. Mon piano n'a pas pu passer dans l'escalier, il aurait fait éclater les murs.* » Le compositeur s'installa dans ce deux-pièces qui dépendait du château de Leonstain, propriété de la baronne von Pausinger. Il s'agissait d'un châtelet vieux de six siècles, jadis occupé par des moines qui y brassaient de la bière. Dans ce magnifique cadre montagneux, Brahms retrouva ses habitudes et s'en alla excursionner au Val d'Ampezzo, dans les Dolomites. C'est au cours de cet été solitaire qu'il laissa pousser sa barbe devenue légendaire.

Brahms se levait en général fort tôt, souvent entre 4 et 5 heures du matin, se jetait dans l'eau du lac pour se rafraîchir, déjeunait seul, effectuait une promenade d'environ une heure, puis s'installait à sa table de travail vers 7 heures ! À midi, il faisait une pause pour aller manger copieusement à l'auberge *Zum weissen Rössl*. Le soir, il s'installait dans le jardin et chantait quelques chansons populaires de Carinthie avec des amis, fumait son traditionnel cigare en écoutant les derniers potins devant un bon verre.

[2] ROSTAND (Claude), *Johannes Brahms*, Éditions Fayard, 1978, p. 493. Brahms resta trois longs mois à Tutzing, de mai à la mi-août.

De ces trois étés consécutifs passés à Pörtschach naquirent quelques-unes des œuvres les plus importantes du compositeur : le *Concerto pour violon* opus 77, la *Symphonie n° 2 en ré majeur*, dénommée la « Pastorale », les *Klavierstücke* opus 76, la *Sonate pour violon et piano* opus 78, les *Deux Rhapsodies pour piano* opus 79, les *Ballade et Romance n° 1 et 3* opus 75. À propos de la *Symphonie n° 2*, son ami le chirurgien Theodor Billroth prétendait qu'elle respirait le bon air du Wörthersee !

4. Mürzzuschlag dans le Semmering (1884-1885)

Durant l'été de l'année 1884 et jusqu'au début du mois d'octobre, après son voyage habituel en Italie, Brahms choisit de s'installer dans le petit village styrien de Mürzzuschlag[3]. Cette station, déjà très fréquentée à l'époque de Brahms, se situe en face du massif montagneux du Semmering. Il y retourna l'année suivante pour achever la composition de sa *Symphonie n° 4 en mi mineur*. Il retrouva quelques amis qui résidaient dans les environs, mais c'est la solitude qui domina ce séjour estival partagé entre le travail de composition et les promenades incognito dans la montagne.

Le lac Wörth photographié depuis les hauteurs de Maria Wörth dont on aperçoit la flèche de sa petite église.

[3] De nos jours, on visite le musée Brahms à Mürzzuschlag am Semmering (Wiener Strasse, 4). Cet établissement s'est vu récompenser d'un Prix européen du musée de l'année. L'exposition permanente « Johannes Brahms auf Sommerfrische » souligne l'importance du Semmering comme lieu de prédilection des Viennois en quête de fraîcheur durant l'été. C'est ainsi qu'on apprend que de nombreux amis de Brahms vinrent lui rendre visite, comme le médecin Theodor Billroth, le critique Eduard Hanslick ou encore le compositeur autrichien Robert Fuchs. Dans le salon de musique trône un clavier restauré sur lequel Brahms a enregistré l'unique témoignage sonore qu'on ait de lui : une danse hongroise gravée sur des cylindres de cire.

En 1884, Brahms travailla à sa *Symphonie n° 4 en mi mineur* opus 98 et à ses quatre Lieder opus 95.

5. Thun dans l'Oberland bernois (1886-1888)

Lors de trois étés consécutifs, Brahms loua le premier étage d'une maison située au bord de l'Aar dans la localité suisse de Thun-Hofstetten, à l'endroit où le fleuve quitte le lac. C'est en réalité suite aux recommandations de son ami l'écrivain bernois Josef Widmann (1842-1911) qu'il décida de séjourner une première fois à Thun, alors qu'il venait d'annuler son traditionnel voyage en Italie. Thoune, près de Berne, avec son lac charmant et son décor grandiose formé par les neiges et les glaciers de la Jungfrau, furent pour Brahms une compensation aux délices italiennes. « *Il y eut d'emblée entre ce paysage et l'âme de Brahms une affinité totale, comparable seulement à celle qui avait régné entre le compositeur et Pörtschach*[4]. »

La maison d'Hofstetten n'existe plus, mais on sait qu'elle était particulièrement accueillante et dotée d'un agréable jardin. Elle appartenait à un certain Johann Spring, qui détenait également une petite mercerie au rez-de-chaussée. L'appartement qu'occupait le compositeur était pourvu d'une grande véranda vitrée où il pouvait s'adonner à ses lectures favorites et à ses travaux de composition. Dans un courrier à des amis, le compositeur vanta la beauté du lieu et le plaisir qu'il éprouvait à vivre dans cet appartement spacieux : « *j'ai trouvé un logement absolument enchanteur* », ou encore, « *ici c'est merveilleux* ». Le rythme de vie du compositeur à Thun était semblable à celui de Pörtschach : il se levait dès les premières lueurs de l'aube, effectuait sa promenade matinale à l'heure où tout le monde était encore dans son lit, de sorte qu'il se retrouvait à sa table de travail de bon matin après avoir accumulé ses idées musicales en cours de route. À midi, il rejoignait le jardin d'une brasserie pour y déjeuner, loin des restaurants chics où l'on devait porter le col et la cravate en présence de nombreux touristes anglais. Il lui arrivait aussi d'aller se détendre dans les jardins du casino de Thun, où il écoutait l'orchestre local derrière un pot de bière. À la pause, les musiciens venaient lui rendre hommage, car le compo-

[4] GOLDRON (Romain), « Johannes Brahms à Thoune », Feuilles musicales de septembre 1959, *Revue musicale de Suisse romande*.

Aquarelle de Felix Mendelssohn réalisée à Thun le 9 juillet 1847. C'est précisément à cet endroit, face à l'Aar, que Brahms vécut durant trois étés consécutifs. Des plaques signalétiques accompagnent le promeneur depuis le centre de Thun.

siteur était connu de tous. Le soir venu, il prenait son repas dans le jardin d'une petite auberge, seul ou avec quelques amis, après quoi il allait se coucher tôt pour se lever à l'aube.

En tant que célébrité internationale, Brahms recevait de nombreuses sollicitations, comme des demandes d'autographe, de cours privés ou de portraits, etc. Mais il ne se soumettait pas facilement à ce genre de contrariété et parvenait souvent à les éviter. C'est ainsi qu'il fut un jour invité par les Widmann dans leur chalet de Kandersteg, à quarante kilomètres de Thun, en compagnie d'un jeune portraitiste qui rêvait d'immortaliser Brahms sur la toile. Lors d'une matinée pluvieuse durant laquelle tout le monde s'était rassemblé dans la pièce principale du chalet, on plaça la fille cadette de Widmann assise dans l'alignement du compositeur, de telle manière que le peintre puisse avoir un œil sur les deux personnages à la fois tout en faisant mine de peindre la jeune fille. Mais le plan échoua : après quelques minutes, Brahms se leva pour aller fumer son cigare sur la terrasse extérieure, galerie de bois qui offrait une jolie vue sur la Gemmi. C'est finalement un portrait de jeune fille qui en sortit, et le tableau de Brahms ne vit jamais le jour[5] !

Lorsqu'il n'était pas à table pour composer, ou qu'il ne prenait pas l'air du lac à l'ombre d'un arbre du jardin, Brahms profitait de la région pour réaliser de nombreuses promenades, que ce soit pour satisfaire son goût inlassable

[5] Anecdote tirée de l'émission *Des musiciens en voyage : Brahms, ruses d'Oberland*, Les matinales d'Espace 2, 1er août 2013.

de la marche ou pour répondre aux recommandations de son médecin qui lui avait suggéré de combattre son embonpoint. Il se rendit ainsi sur le plateau de Mürren pour aller observer le massif de la Jungfrau, à Kandersteg pour profiter du chalet de son ami Widmann et de là grimper jusqu'au lac d'Öschinen, ou encore pour gravir les pentes du Niesen…

Durant les trois étés qu'il passa à Thun, Brahms composa un double concerto pour violon, violoncelle et orchestre, trois sonates (deux pour violon et une pour violoncelle), un trio, des chœurs, des lieds et les Zigeunerliedern.

Une stèle a été érigée à Hofstetten en l'honneur de Brahms, le long de l'Aar. Pour y parvenir, venant de la gare de Thun, il faut traverser le pont fleuri en bois qui surplombe l'Aar et suivre l'indication « Hünibach, Bächimatt, Brahms-Denkmal ». Après un kilomètre, on arrive à Haltstätten où une plaque commémorative signale l'endroit exact où se trouvait la maison de Brahms, détruite en 1935.

6. L'ascension du Niesen

C'est lors de son premier séjour à Thun en 1886 que le compositeur se laissa convaincre par Klaus Groth, juge à Altona, d'entreprendre la montée du Niesen[6]. Après avoir passé la nuit à l'auberge *Zum Kreuz d'Oberdorf*, les deux hommes se levèrent de bon matin pour aller observer le lever du soleil. À l'époque, l'établissement louait des mules ou des chaises à porteurs pour faciliter la montée au sommet. Mais Brahms, qui ignorait toute la difficulté de l'excursion, choisit de grimper à pied ! Le magnifique spectacle qui s'offrit au compositeur sembla suffire à l'empêcher de faire demi-tour, mais le compositeur commençait déjà à ressentir les effets de l'ascension : « *La longueur du trajet, le chemin pierreux, la crainte de s'être trompé de route étouffèrent assez vite son enthousiasme et il fallut mille stratagèmes pour remonter son moral et l'obliger à prendre du repos*[7]. »

Arrivé au sommet, le compositeur fut à ce point émerveillé par la vue panoramique qu'il manifesta le souhait d'y passer la nuit. Mais son ami l'en dissuada aussitôt, et après le goûter, ils se remirent en route. « *Le malheureux n'avait depuis longtemps plus rien de sec pour essuyer la sueur qui lui sortait de tous les pores. Plus rien, sauf son parapluie, qu'il se passait sur le visage quand il était trop ruisselant. Il chantonna durant toute la descente un air d'opérette effroyablement trivial.* […] *Quand nous nous retrouvâmes, bien enveloppés de couvertures, dans notre petite voiture, sur la route de Thoune, le cher Brahms se mit à discourir avec une vive joie de notre ascension, et il en parlait comme d'une victoire, comme d'une conquête*[8]. »

7. Bad Ischl dans le Salzkammergut (1880, de 1889 à 1896)

Brahms débarqua à Bad Ischl pour la première fois durant l'été 1880. Il y vint plus d'une dizaine de fois, c'est dire que le tourbillon de la vie mondaine de cette ville ne semblait pas le perturber, lui qui préférait pourtant les étés en solitaire. Pour

[6] Cette montagne (2 362 m) en forme de pyramide offre un excellent point de vue sur l'ensemble des Alpes bernoises, le Jura et la plaine, car elle est dégagée de tous les côtés. On l'a déjà beaucoup gravie au milieu du XIXe siècle, le plus souvent en prenant un sentier muletier partant de Wimmis, ce qui prenait en général une demi-journée. Une auberge de montagne fut construite plus tard à proximité immédiate du sommet. De nos jours, on monte au sommet du Niesen au moyen d'un funiculaire qui met seulement vingt-huit minutes depuis la gare de Mülenen, sur la ligne du Lötschberg.

[7] GOLDRON (Romain), *op. cit.*, p. 176.

[8] *Ibid.*

Vue panoramique du lac de Thun avec l'ombre projetée du Niesen au centre.

son premier séjour à Ischl, il loua une maison calme et retirée au numéro 51 de la Salzburgerstrasse. De là, il partait pour sa promenade matinale sur les pentes du Katergebirge ou sur le Siriuskogel. À son ami Billroth, il écrivit : « *Je dois grandement chanter les louanges d'Ischl, et, bien que je ne sois menacé que d'une chose – le fait que la moitié de Vienne est ici – je suis assez tranquille, et en fin de compte je ne déteste pas du tout ce coin.* » Parfaitement à l'aise dans l'ambiance de cette capitale de province où la famille impériale tenait ses quartiers d'été, on le retrouvait souvent en avant-soirée au café en compagnie de quelques amis. Mais pour son premier été à Ischl, Brahms dut subir les assauts d'une météo peu clémente : le temps était pire que jamais en Haute-Autriche cette année-là ; il y tomba une pluie glaciale incessante et Brahms, qui traînait une otite mal soignée, prit immédiatement froid.

Après avoir abandonné Bad Ischl pour quelques localités plus reposantes et surtout moins pluvieuses (Mürzzuschlag en Styrie et trois étés au bord du lac de Thun en Suisse), Brahms se réconcilia définitivement avec Ischl durant l'été 1889. Il s'installa dans un petit appartement situé à l'écart de la ville, dans la petite vallée de la Traun. À Ischl, il profitait des retrouvailles entre amis et recevait souvent de la visite : celle de Johann Strauss et du critique musical Eduard Hanslick (qui résidaient à Ischl), de Karl Goldmark (qui résidait à Gmunden) ou encore de Gustav Mahler et d'Ignaz Brüll (qui vivaient au bord de l'Attersee). Et pour agrémenter ces nombreuses rencontres, on lui apportait de bons petits plats préparés à l'hôtel *Kaiserin Elisabeth*, où le chef des cuisines l'avait pris en affection.

Durant l'été 1894, Brahms logea à Ischl au premier étage de la petite maison de Frau Grüber. En général, il composait quelques heures, puis, vers 11 h 30 du matin, un ami venait le chercher pour aller manger à l'hôtel *Kaiserin Elisabeth*. Au milieu de l'après-midi, il apparaissait sur la promenade le long de la rivière et s'arrêtait au *Café Walter*, où il prenait place à la terrasse ombragée et où on lui apportait son moka, ses gâteaux et les journaux du jour. Il y restait une bonne heure, parfois davantage, surtout quand les amis arrivaient. Le *Café Walter* était devenu le rendez-vous de ses amis personnels, mais aussi de tous les amateurs de musique qui pouvaient l'y apercevoir sans le connaître personnellement. Et comme Brahms était myope, il lui arrivait de saluer des gens qu'il ne connaissait pas du tout. En quittant le *Café Walter*, il se rendait généralement chez Johann Strauss. Lorsqu'il partait en promenade, Brahms remplissait souvent ses poches de bonbons à distribuer aux enfants du voisinage[9].

[9] Cité dans ROSTAND (Claude), *op. cit.*, pp. 706-707.

Joseph Joachim RAFF
Dans les Alpes de Glarus

Joseph Joachim Raff (1822-1882) naquit à Lachen, un petit village au bord du lac de Zurich. D'abord instituteur, il étudia la musique en autodidacte avant de devenir le secrétaire particulier de Franz Liszt, chez qui il logea à partir de 1850. Liszt lui confia l'orchestration de certaines de ses pièces, mais après six ans de collaboration, Raff préféra quitter son maître pour Wiesbaden, où il écrivit la grande majorité de ses œuvres. Il obtint la notoriété une fois nommé directeur du Conservatoire de Francfort. Ses onze symphonies montrent l'influence des poèmes symphoniques de Liszt, mais aussi de Mendelssohn et Schumann. Toutes portent des sous-titres assez évocateurs: *Im Walde*, *In den Alpen*, *Im Sommer*, *Zur Herbstzeit*, *Der Winter*, etc.

Dans une lettre écrite en mai 1867, Raff s'exprime à la suite d'un voyage qu'il réalisa dans le Glarnerland, une région longtemps isolée mais qui, suite à la découverte d'une source d'eau sulfureuse, fut prise d'assaut par l'aristocratie européenne dès le milieu du XIXe siècle. À cette époque, on pouvait déjà profiter d'une toute nouvelle liaison ferroviaire, alors qu'au début du XIXe siècle il fallait plus de trente heures pour rejoindre cette vallée à pied depuis Zurich, et sept heures au moins pour parcourir la même distance en calèche. Raff évoque son passage des Churfirsten, l'orage effroyable qui suivit peu avant de s'engager dans le Glarnerland, et des lieux touristiques comme la chute de Fätschbach et le Tierfehd. Dans *Reisebilder* op. 160 pour piano à quatre mains (1870), le compositeur raconte précisément son voyage dans le Glarnerland durant l'été 1867. Les titres des mouvements sont assez explicites pour donner une idée du séjour: Voyage en train, L'ascension, Le mauvais temps, La promenade le long du ruisseau, Voyage postal, etc.

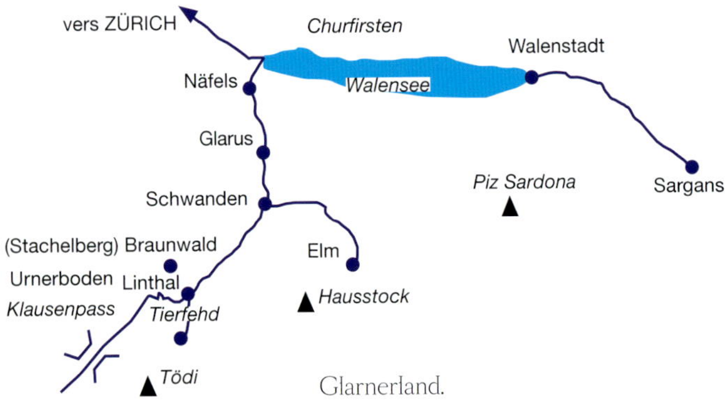

Glarnerland.

Raff et sa famille effectuèrent un nouveau voyage durant l'année 1871, cette fois dans l'Oberland bernois. Après un séjour dominé par le mauvais temps, ils décidèrent de rejoindre Giessbach, où l'architecte Davinet avait fait construire l'un des plus beaux palaces de toute la Suisse. Derrière l'hôtel de haut standing actuel se trouve encore l'ancien bâtiment d'origine construit dans les années 1850 et qui sert aujourd'hui aux membres du personnel. À l'époque de Raff, il était réputé pour offrir les meilleures chambres de tout l'Oberland.

Les touristes qui débarquaient à Giessbach du bateau vapeur étaient transportés par un funiculaire jusqu'à la porte d'entrée de l'hôtel. La forêt environnante était éclairée de lumières féeriques, tandis que des cloches, des coups de fusil ou encore des fusées éclairantes annonçaient le début de l'illumination des cascades. Durant la journée, l'élégant établissement, aménagé pour contenir plus de deux cents personnes, était le théâtre d'une vie hors du temps, où l'on pouvait prendre son petit déjeuner, une collation, ou encore suivre sa cure de petit-lait, entouré par les cimes majestueuses de l'Oberland. Au retour de son voyage, Raff composa une pièce descriptive en forme d'album-souvenir pour piano appelée *Giessbachfall* (*Chute de Giessbach,* opus 88).

La symphonie n° 7 *In den Alpen* de Raff date de 1875. Il s'agit d'un hommage du compositeur à son pays natal.

Le bateau vapeur quitte l'embarcadère de l'*Hôtel Giessbach*, l'un des plus célèbres de l'Oberland.

Vue de l'*Hôtel Giessbach* depuis la célèbre cascade.

Karol GOLDMARK Erich Wolfgang KORNGOLD

Deux *Sommerfrischler* dans le Salzkammergut

Karol Goldmark (1830-1915) était le fils d'un chantre d'une communauté juive de Hongrie. Sa jeunesse fut difficile puisqu'il apprit à lire seul, commença le violon à l'âge de onze ans et survécut au début comme violoniste de rang dans différents orchestres, notamment à Vienne, où il se fixa. Il doit sa célébrité à son premier opéra, *La Reine de Sabbat* (1875), mais sa musique aux accents très hongrois ne s'est pas maintenue longtemps au répertoire. On joue plus volontiers son *Concerto pour violon*, pourtant d'une grande difficulté technique.

Erich Wolfgang Korngold (1897-1957) fut un génie précoce de la musique dont on a comparé les mérites au jeune Mozart (de là viendrait son deuxième prénom, Wolfgang). Le triomphe de ses opéras, *Die tote Stadt* et *Das Wunder der Heliane*, marqua le sommet de sa carrière européenne. Obligé de fuir l'Autriche à la montée du nazisme, il se réfugia à Hollywood où il commença une carrière de compositeur de musique de film. Le succès fut au rendez-vous, mais son retour en Europe l'empêcha de renouer avec le succès récolté durant l'entre-deux-guerres. Il a composé un *Concerto pour violon* très populaire et beaucoup de musique de chambre d'une grande richesse harmonique.

Pendant plus de quarante ans, Karol Goldmark passa ses étés à Gmunden, une ville qui rassemblait alors les *Sommerfrischler*, nom que l'on donnait à cette époque au gratin de l'aristocratie viennoise qui venait se rafraîchir lorsque la chaleur de la capitale devenait insupportable. Ayant acheté une ferme à l'extrémité de la ville[1], Goldmark parcourait presque chaque jour la longue promenade qui suit la digue du Traunsee jusqu'au centre-ville. Il aimait cet endroit, de même que les montagnes des Alpes en général. Malgré l'interdiction de son médecin, il ne put s'empêcher de grimper certains sommets jusqu'à la veille de son soixante-dixième anniversaire et de nager dans les eaux vertes et glacées des lacs alpins[2].

Erich Wolfgang Korngold adorait lui aussi la ville de Gmunden, à la fois pour ses multiples perspectives de promenade et pour pouvoir se retrouver entre amis musiciens. Erich et son épouse Luzi firent un jour l'acquisition d'une vaste demeure au nord-est de Gmunden, le château Höselberg à Gschwandt (Gut Höselberg), grâce aux bénéfices de *La Ville morte*, un opéra composé d'après *Bruges-la-Morte* de l'écrivain belge Georges Rodenbach. Il ne s'agissait pas à proprement parler d'un château, mais d'une vaste demeure datant de 1769, pourvue d'une tourelle installée à l'époque par le prince Sulkowski et comprenant pas moins de dix-huit pièces ! La vue depuis la villa était magnifique et le grand jardin était bordé de vieux sapins. Un vrai décor d'opéra !

♪ C'est à Gmunden que Goldmark élabora notamment sa deuxième symphonie, dite *Gmunder Symphonie*, et surtout *La Reine de Sabbat*, son premier opéra qui lui valut une renommée internationale.

[1] Au numéro 15 de la Herakhstrasse. Une plaque rappelle que Goldmark y vécut.

[2] Souvenirs de Max Graf, critique viennois.

Les époux Korngold photographiés lors d'une promenade à Alt Aussee.

Lorsque les époux Korngold achetèrent la maison en février 1933, ils ignoraient que le destin allait bientôt s'acharner sur eux avec l'arrivée au pouvoir des nazis, et qu'ils ne pourraient guère profiter de leur nouvelle acquisition. Le compositeur était souvent appelé aux États-Unis durant cette période afin d'honorer des musiques de film[3], mais il revenait dès qu'il le pouvait dans sa *Sommerfrischhaus* du Salzkammergut. C'est là qu'il mit la main à son dernier opéra *Die Kathrin,* un ouvrage prévu pour la saison 1938 de l'Opéra de Vienne, mais qui fut annulé en raison des événements politiques. Le couple fut expatrié aux États-Unis pour raisons raciales, et leur propriété fut aussitôt réquisitionnée par la Gestapo, puis occupée par le service de travail du Reich pendant toute la durée de la guerre. De retour en Europe à partir de 1949, les Korngold découvrirent leur propriété ravagée et occupée par une quarantaine de sans-abri. Ils finirent par la revendre six ans plus tard à la ville de Gschwandt[4].

[3] Notamment pour *Captain Blood* et *Anthony Adverse*, qui lui valurent l'Oscar de la meilleure musique de film.

[4] Lire à ce sujet : ARNBOM (Marie Theres), *Die Villen vom Traunsee*, Amalthea Signum Verlag, 2019.

Piotr Ilitch TCHAÏKOVSKY
Fuite conjugale à Clarens

Piotr Ilitch Tchaïkovsky (1840-1893) suivit des études de droit et des cours au Conservatoire de Saint-Pétersbourg, puis fut nommé professeur d'harmonie au Conservatoire de Moscou, tout en composant beaucoup et en exerçant le métier de critique musical. À partir de 1877, il entretint une relation platonique avec la richissime Nadejda von Meck, qui lui versa une rente lui permettant de se consacrer exclusivement à la composition. Bien qu'ayant pratiqué tous les genres musicaux, c'est dans la musique symphonique qu'il offrit le meilleur de lui-même, notamment avec ses six symphonies. On lui doit aussi quelques ballets célèbres, comme *Le Lac des cygnes*, *La Belle au bois dormant*, ou encore *Casse-Noisette*, dont l'attrait réside essentiellement dans la pureté et la sincérité des mélodies.

Les raisons qui poussèrent Piotr Ilitch Tchaïkovsky à rejoindre le petit village suisse de Clarens[1] étaient liées à sa vie conjugale : désespéré et malade au bout de trois mois de vie commune avec Antonina Miliukova, le compositeur russe décida de rejoindre le lac Léman sur les conseils d'un médecin et de prendre ainsi du recul par rapport à cette union qu'il regrettait déjà. Il séjourna à trois reprises à la *Villa-Pension Richelieu* de Clarens, entre octobre 1877 et février 1879, près de Montreux. Son premier séjour débuta le 22 octobre 1877, lorsqu'il s'installa à Clarens avec son frère Anatole : « *L'établissement est fort agréable, écrit-il, j'ai une vue superbe de mes fenêtres. Mais qu'en ai-je à faire, alors que je suis toujours en proie à l'angoisse*[2]. » Tchaïkovsky ne supportait plus son épouse, à laquelle il reprochait son côté superficiel : « *Je ne lui en veux pas, confia-t-il à son autre frère Modeste, mais cela ne m'empêche pas de la haïr de tout mon cœur et je serais prêt à endurer n'importe quel supplice plutôt que de la revoir. Je la hais, je la hais jusqu'à la folie*[3] *!* »

De cette époque date également l'abondante correspondance avec Nadejda von Meck, richissime veuve d'un ingénieur des chemins de fer et admiratrice inconditionnelle de sa musique. Attendrie par les déboires affectifs et les difficultés matérielles du compositeur, elle décida de lui accorder une rente annuelle de 6000 roubles ! Il n'en fallut pas davantage pour que Tchaïkovsky remonte la pente et reprenne la composition de sa quatrième symphonie qui allait bientôt lui assurer une renommée internationale. Ce premier séjour s'acheva le 13 novembre 1877 par un voyage en Italie[4].

Le climat du Léman sembla lui faire beaucoup de bien puisque, après avoir visité Pise et Florence, il retourna à Clarens quelques semaines plus tard, vers la fin février 1878, cette fois en compagnie de son frère Modeste. « *Hors de Russie, écrit-il à madame von Meck, je ne connais aucun endroit où l'âme puisse trouver la tranquillité comme à Clarens. Après la vie agitée de Florence, ce coin tranquille au bord du lac majestueux en face des gigantesques montagnes couvertes de neige éternelle*[5] *laisse sourdre en moi des sentiments quelque peu mélancoliques. Toutefois je ne regrette pas un instant que nous soyons venus ici. Dans ma chambre se trouve un très bon piano.* »

Les tourments de la vie conjugale de Tchaïkovsky semblèrent oubliés et il put enfin se remettre à travailler aux opéras

[1] Clarens, petite localité proche de Montreux, doit sa célébrité au roman *Julie ou la Nouvelle Héloïse* de Jean-Jacques Rousseau. Mais sa notoriété musicale, elle la doit surtout aux séjours successifs de Tchaïkovsky, Ravel, Chausson, ou encore Stravinsky. L'endroit est malheureusement envahi par de nombreuses villas et propriétés privées qui limitent les promenades.

[2] MEYLAN (Pierre), « Tchaïkovsky à Clarens », *Revue musicale de Suisse romande*, 1954-2. Lettre à Modeste, 9 octobre 1877. *La Pension Richelieu*, située entre Montreux et Clarens, accueillit des hôtes de marque comme le roi de Hollande et Victor Hugo. Située sur l'emplacement de l'actuel hôtel *Continental*, elle fut détruite en 1895.

[3] *Ibid.*

[4] Tchaïkovsky poursuivit la composition de sa quatrième symphonie à Clarens mais ne l'acheva qu'à Rome.

[5] Il fait ici allusion aux dents du Midi, visibles depuis les fenêtres de son appartement.

La *Pension Richelieu* de Clarens, où vécut Tchaïkovsky entre 1877 et 1879.

Eugène Onéguine et à *La Pucelle d'Orléans*. Il put surtout mener à bien son dernier projet en date, un concerto pour violon, qu'il composa entièrement à Clarens en compagnie de son ami le violoniste Josef Kotek venu le rejoindre pour examiner les difficultés de la partition. « *Pendant qu'on compose on ne sent absolument pas passer le temps et si personne ne vous dérangeait, on travaillerait sans interruption toute la journée. Mais je suis strictement l'ordre du jour prévu. Ces deux derniers jours, nous avons fait comme d'habitude nos grandes promenades l'après-midi et nous avons laissé agir sur notre âme ce panorama magnifique*[6]. »

Après avoir quitté Clarens le 11 avril 1878 pour la Russie, Tchaïkovsky réapparut une dernière fois à la *Villa-Pension Richelieu* en fin d'année (le 28 décembre), l'hôtel étant complètement déserté par les touristes, ce qui l'arrangeait plutôt bien. La vue depuis sa chambre et la tranquillité de la pension décuplèrent son sentiment de bonheur et son activité :

[6] MEYLAN (Pierre), *op. cit.*, p. 34.

À Clarens, Tchaïkovsky composa principalement son *Concerto pour violon* et sa *Symphonie n° 4*, deux œuvres qui lui assurèrent par la suite une reconnaissance internationale.

« *Quels jours merveilleux nous passons ici ! C'est quelque chose de tout à fait extraordinaire. Lorsqu'aujourd'hui je suis rentré de ma promenade habituelle, je me suis assis sur le balcon. Devant mes yeux s'étendait le splendide panorama tout illuminé par les rayons du soleil printanier et soudain un sentiment indescriptible de bonheur m'a soulevé comme seul peut le faire le spectacle de la nature, si bien que je suis resté là pendant deux heures, abîmé dans l'extase*[7] *!* »

Son troisième et dernier séjour à Clarens s'acheva début février 1879. À l'exception d'un bref passage à Genève en 1889 dans le cadre d'une tournée de concerts, Tchaïkovsky ne remit plus jamais les pieds en Suisse. On ne peut donc nier que ses trois séjours consécutifs en pays lémanique eurent un effet salutaire sur son état psychologique et sur l'intensité de son travail, puisqu'il parvint à terminer en quelques mois, outre sa *Symphonie n° 4*, le célébrissime *Concerto pour violon*, l'orchestration de l'acte I d'*Eugène Oneguine* et son opéra *La Pucelle d'Orléans*[8] !

[7] *Ibid.*, p. 35. Lettre à son frère Modeste.

[8] Commencé le 31 décembre 1878, l'opéra *La Pucelle d'Orléans* fut terminé le 21 février de l'année suivante.

Theodor LESCHETIZKY Johann STRAUSS Franz LEHAR
Têtes couronnées et rois de la valse

Theodor Leschetizky (1830-1915) fut l'un des plus grands virtuoses et pédagogues du piano au XIXe siècle. Formé par son père puis par Carl Czerny, il se rendit en Russie où il vécut une dizaine d'années et donna des cours de piano au Conservatoire de Saint-Pétersbourg. De retour à Vienne, sa notoriété de pédagogue ne cessa de grandir. Son élève le plus doué fut Ignaz Paderewski, mais sa classe était majoritairement fréquentée par des filles... Il épousa successivement quatre d'entre elles ! Il a bien écrit un opéra, *Die erste Falte*, mais sa musique pour piano est de loin la plus intéressante.

Johann Strauss fils (1825-1899), à qui on attribue certaines œuvres de Johann Strauss père, comme la *Marche de Radetzky*, a élevé la valse et l'opérette aux rangs de genres nationaux qui influencèrent durablement la musique classique : de Mahler à Berg, en passant par Ravel et Webern, tous ont été influencés par les rois de la valse viennoise. Ses opérettes et ses cent soixante-dix valses, parmi lesquelles *Le Beau Danube bleu* et *Sang viennois*, l'ont rendu mondialement célèbre.

Franz Lehar (1870-1948) dirigea des orchestres militaires avant de se consacrer exclusivement à l'opérette, un genre dont il fut le principal représentant au XXe siècle. Avec la célébrissime *Veuve joyeuse*, il fut consacré comme l'héritier de Johann Strauss.

Bad Ischl est la plus célèbre ville d'eaux du Salzkammergut autrichien, bien qu'elle ne soit pas située au bord d'un lac, contrairement à Gmunden ou Hallstatt qui lui font concurrence. Sa situation est néanmoins fortement appréciée, dans un cadre de montagnes boisées à la convergence des rivières Traun et Ischl. C'est en 1820 que le docteur Wirer découvrit l'action salutaire des eaux salines d'Ischl. Devenue entre-temps Bad Ischl, la ville attira très vite les Autrichiens qui voulaient soigner leurs rhumatismes et les troubles digestifs liés à leurs excès de table. Mais lorsque la famille impériale d'Autriche décida d'y installer ses quartiers d'été, sa notoriété augmenta encore plus rapidement. En s'établissant à la belle saison dans leur toute nouvelle Kaiservilla reçue à l'occasion de leur mariage, l'empereur François-Joseph et l'impératrice d'Autriche, la célèbre Sissi, transformèrent cette localité en un lieu de vacances réputé et fréquenté par une foule de têtes couronnées, d'acteurs, d'écrivains, de peintres et de musiciens. Le livre d'or de la ville regorge d'ailleurs de noms de compositeurs : Johannes Brahms, Giacomo Meyerbeer, Anton Bruckner, Theodor Leschetizky, Johann Strauss, Emmerich Kalman, Franz Lehar, Robert Stolz, etc.

L'ambiance de Bad Ischl évoque un décor d'opérette où convergent chaque année des milliers de touristes venus parcourir les appartements de l'impératrice Sissi avant d'aller déguster une pâtisserie au Café Zauner ! « *L'été, nous dit Claude Rostand, Ischl est une véritable succursale de Vienne. La cour*

> ♪ Leschetizky composa de nombreuses pièces pour piano mais aussi de la musique de chambre et un opéra, *Die erste Falte*.

La villa impériale à Bad Ischl, où résidait l'impératrice d'Autriche Sissi durant l'été, et la plaque commémorative du séjour de Johann Strauss à Ischl.

y est. L'opéra y est. Le théâtre y est. La bourse y est. Tout le monde y est… Malgré le mauvais temps qui y règne presque en permanence, on se promène beaucoup. On discute dans la rue. On admire les toilettes des élégantes. On salue l'Empereur qui se promène lui aussi comme un bon bourgeois et, loin du protocole pointilleux de la cour de Vienne, s'entretient familièrement avec les artistes célèbres[1]. » De nos jours, il subsiste à Ischl une ambiance nostalgique qui rappelle ces années glorieuses de l'Empire austro-hongrois, notamment grâce aux prestigieuses villas et aux infrastructures thermales qui subsistent un peu partout.

La ville d'Ischl vit un jour débarquer le jeune pianiste virtuose Theodor Leschetizky. Quand il eut quinze ans, son père, artiste peintre, l'emmena découvrir cette petite cité où il donna un premier concert. Trois années plus tard, il fut remarqué par Giacomo Meyerbeer qui, de passage à Ischl lui aussi, l'engagea comme assistant pour monter son opéra *Le Prophète*. Leschetizky fréquenta Ischl pendant une trentaine d'années (de 1878 à sa mort), d'abord en partageant le logement de ses parents, ensuite en occupant la villa des maîtres-tourneurs Klakl, au 40 de la Brennerstrasse. C'est finalement à la Feldgasse 5 qu'il s'établit définitivement dans une vaste demeure où il invita régulièrement ses étudiantes et ses nombreux amis, notamment Johannes Brahms, avec lequel il partageait de belles promenades sur les hauteurs de Ischl, mais aussi le violoniste Pablo de Sarasate ou encore le pianiste compositeur Anton Rubinstein.

Durant l'été, Bad Ischl attirait les Viennois qui souhaitaient profiter de l'air pur et de la fraîcheur des montagnes. Les activités de détente y étaient nombreuses et les concerts de musique classique aussi, y compris en plein air. Le cadre de vie très agréable encouragea la plupart des compositeurs d'opérettes et de valses à s'y établir en permanence, comme les Strauss père et fils, Franz Lehar, Imre Kalman et Robert Stolz. De nos jours, les endroits pittoresques de la ville font encore résonner les valses, polkas et autres galops, et c'est en parcourant les rues et les parcs d'Ischl que l'on découvre l'importance du phénomène, tant les plaques commémoratives et les rues aux noms d'illustres musiciens fleurissent un peu partout.

[1] ROSTAND (Claude), *Johannes Brahms*, Éditions Fayard, 1978, p. 595.

♪ La valse *Le Beau Danube bleu* aurait été composée par Johann Strauss fils à Bad Ischl.

♪ L'opérette à succès *La Veuve joyeuse* de Franz Lehar fut composée à Bad Ischl en 1905.

Cette célèbre photo de Johann Strauss et de Johannes Brahms fut prise le 2 septembre 1894 sur la terrasse de la maison Strauss à Bad Ischl.

Johann Strauss découvrit la petite cité impériale de Bad Ischl durant l'été 1883. En 1897, il fit même l'acquisition d'une jolie villa à la Kaltenbachstrasse n° 36, aujourd'hui disparue, où il mit la main à ses plus belles valses, la plupart du temps en les écrivant la nuit. C'est lors d'une de ses nombreuses visites que Brahms découvrit les premières mesures du *Beau Danube bleu*, un thème qu'il aurait bien souhaité composer lui-même.

Franz Lehar, alors âgé de quarante ans mais déjà au sommet de sa gloire, acquit une villa à Bad Ischl en 1912, sur les bords de la rivière Traun, une propriété qu'il occupa chaque été jusqu'en 1948, année de sa mort. C'est là qu'il composa l'essentiel de ses opérettes à succès, comme la célèbre Veuve joyeuse, aujourd'hui l'opérette la plus jouée dans le monde, mais aussi *Paganini*, *Le Pays du sourire*, *Le Tsarevich* ou encore *Le Comte de Luxembourg*. Non loin de sa villa se trouvent l'esplanade de concert de la Hofkapelle (où résonnait sa musique) et le célèbre hôtel *Kaiserin Elisabeth*, où tant d'invités de l'empereur séjournèrent durant l'été.

Leschetizky Höhe, promenade à Bad Ischl et la Maison de Franz Lehar.

Cette balade est située dans le district d'Ahorn où vivait le célèbre pianiste. C'est durant l'une de ses nombreuses promenades en compagnie de Johannes Brahms que ce dernier aurait composé le lied *Guten Abend, gut' Nacht*. La villa Lehar est située sur les bords de la Traun, face au quai qui porte son nom.

Anton BRUCKNER
Escapade sur le Zwieselalm

Anton Bruckner (1824-1896) est l'un des grands représentants du post-romantisme germanique. Il fut enseignant avant de se tourner vers la composition et vers l'orgue en particulier, instrument qu'il maîtrisa à la perfection. Ce ne fut qu'à l'âge de trente ans qu'il s'inscrivit au Conservatoire de Vienne, où il croisa l'élève Gustav Mahler. Son admiration pour Wagner marqua le style de ses neuf symphonies aux proportions monumentales. Sa naïveté, sa bigoterie et ses maladresses de campagnard célibataire malgré lui provoquèrent l'hilarité des milieux musicaux viennois, et même l'hostilité des anti-wagnériens qui le prirent pour cible. Mais il est aujourd'hui célébré par tous les grands orchestres, et son succès avoisine celui de Mahler et de Strauss.

De tous les compositeurs postromantiques, Anton Bruckner est sans doute celui qui parvint le mieux à transposer la grandeur des paysages alpins dans sa musique, perception subjective, certes, mais que l'on ressent très bien à l'écoute de ses symphonies : on y trouve en effet la traduction musicale la plus parfaite de l'émerveillement d'un compositeur face à la beauté des cimes, proche de l'extase mystique. Cela se traduit notamment par une irradiante plénitude des thèmes, par un emploi massif des cuivres et par de somptueux groupes instrumentaux indépendants qui offrent une vision unique de monumentalité et d'espace[1]. Le rôle des silences dans sa musique nous rappelle aussi que la montagne est avant tout un univers de solitude, de recueillement et de contemplation.

Bruckner a laissé de lui l'image d'un paysan rustique et bigot, enchaînant les maladresses lorsqu'il résidait à Vienne et cherchant désespérément l'âme sœur jusqu'à ses soixante-dix ans ! Mahler qui, contrairement aux rumeurs, n'a jamais travaillé avec Bruckner, le traitait de moitié Dieu moitié dadais ! Peu de grands voyages émaillent l'existence de ce compositeur organiste très studieux. Mis à part quelques séjours à Bayreuth où il fut l'hôte du festival, ou encore deux tournées de concerts, l'une à Paris, l'autre à Londres, Bruckner effectua peu de voyages touristiques. Celui de l'été 1880 ressemble à un Grand Tour ponctué de visites d'orgues et de quelques excursions à travers la Bavière, la Suisse et les Alpes de Haute-Savoie.

Bruckner se rendait régulièrement dans le Salzkammergut, qui n'était pas loin de Saint-Florian, où il était titulaire des grandes orgues. À partir de l'été 1863, le compositeur, fraîchement nommé organiste à la cour impériale d'Autriche, fut invité à Ischl pour donner un concert d'orgue en l'honneur de l'empereur. Il passa aussi un peu de temps à Gmunden, mignonne cité touristique située au nord de l'Attersee, plus spécialement à l'auberge *Zur Sonne*. Il se rendit aussi quelquefois à Bad Goisern, où il lui arrivait de flâner au bord de l'Hallstättersee.

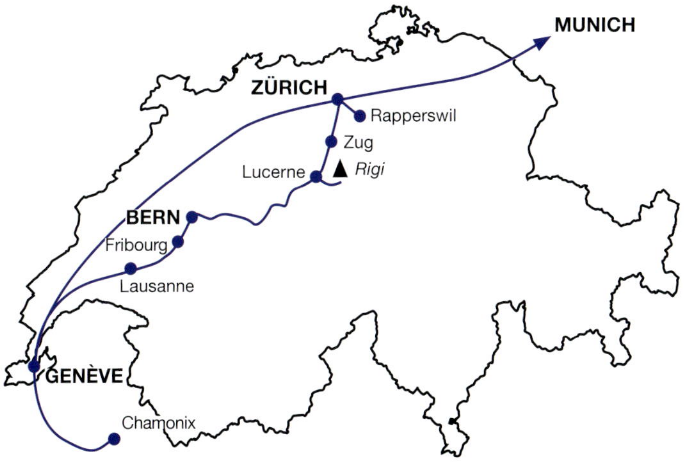

Grand tour d'Anton Bruckner en 1880.

[1] Bruckner va jusqu'à utiliser huit cors dans sa 8e symphonie et multiplie les bois par trois. Ce sont les œuvres orchestrales qui, avec celles de Berlioz, utilisent les plus gros effectifs jamais enregistrés dans l'histoire de la musique.

Le sommet du Zwieselalm offre une vue dégagée sur le massif du Dachstein. Il est facilement accessible de nos jours grâce à un téléphérique au pied du Gosausee, ou alors par l'autre versant au départ d'Annaberg.

Le 20 août 1880, il quitta le monastère de Saint-Florian pour rejoindre Oberammergau en Bavière, où se donnaient tous les quatre ans les Jeux de la Passion du Christ. Quelques jours plus tard, il se rendit à Munich et de là rejoignit Zurich. Le 26 août, il excursionna en bateau vapeur en direction du bourg de Rapperswyl et revint le soir sous la tempête. De Zurich, il prit un train pour Genève, puis entreprit une excursion de quelques jours dans la vallée de Chamonix. Une première sortie à pied sur le belvédère de la Flégère n'offrit pas la vue sur le massif du Mont-Blanc qu'il espérait, certainement en raison du mauvais temps. Le 1er septembre, il visita la grotte du glacier des Bossons, dite « du Mont Blanc », qui n'est qu'une attraction artificielle creusée dans la glace et retaillée au pic à glace avant chaque nouvelle saison touristique. Le lendemain, le compositeur effectua une nouvelle promenade en haut de la Flégère. Cette fois, le beau temps était de la partie et il en profita pour passer la nuit à l'auberge *Croix de la Flégère*, après avoir admiré la majesté du massif au soleil couchant.

À la fin de l'été 1888, Bruckner, qui avait entendu parler du magnifique panorama qui s'offrait sur les montagnes du Dachstein, décida d'entreprendre l'ascension du Zwieselalm en compagnie de son jeune élève Josef Vockner. Venant d'Ischl, et après avoir traversé Bad Goisern, ils accédèrent à Gosauschmied (la forge de Gosau), qui abritait à l'époque une petite auberge dénommée *Schwarze Gesellen*. En arrivant sur place, le compositeur murmura à son élève, dans son patois typique : « *Cela semble louche ici* » ! Il était déjà tard et les deux marcheurs décidèrent de passer la nuit à même le foin. Bruckner, manifestement peu à l'aise, ajouta à son ami : « *Toi, as-tu pris une arme ?* » Bruckner faisait preuve d'une bonne condition physique pour ses soixante-quatre ans, car le dénivelé depuis Gosauschmied jusqu'au Zwieselalm atteint les huit cent cinquante mètres !

♪ L'année du Grand Tour de Bruckner vit l'éclosion du final de la Symphonie n° 4, dite « Romantique », et d'une bonne partie de la 6e.

Ernest CHAUSSON
Si la Suisse m'était contée...

Après un doctorat en droit, Ernest Chausson (1855-1899) entama des études musicales au Conservatoire de Paris. Il fut l'élève de Jules Massenet puis de César Franck, dont l'influence fut décisive pour lui, autant que celle de Wagner. Son œuvre est restée confidentielle, alors qu'elle contient de magnifiques pages symphoniques, quelques belles mélodies et surtout un opéra, *Le Roi Arthus*, l'œuvre de sa vie. Sa musique de chambre (le *Concert* et son *Quatuor*) reste la plus jouée. Il est décédé d'une stupide chute à bicyclette.

« *N'as-tu pas été sur quelque montagne bien isolée, sans glacier, sans chalet, sans Anglais et sans laiterie bernoise, une toute simple pauvre grosse montagne, pas belle, pas laide, qu'on ne regarde pas mais d'où l'on voit des tas de choses bleues, où il y a du gazon brûlé, où l'air est léger et d'où l'on entend très loin, très loin le grelot d'une vache ? Ce grelot me tient à cœur, il me donne une très violente impression de repos, de calme, d'éloignement et d'immensité. Je me sens fondre dans toute la nature : ma croûte d'orgueil et de froideur voulue éclate ; c'est un moment d'envolée qui fait du bien et rend meilleur*[1]. »

C'est en ces termes qu'Ernest Chausson s'exprima un jour à un ami pour lui confier son amour des Alpes. La Suisse n'eut aucun secret pour le compositeur franckiste, qui séjourna notamment à Ouchy, au bord du Léman, du 4 au 20 septembre 1880. De cette époque date une sonate pour piano en fa mineur restée inédite.

C'était pour fuir l'atmosphère trépidante de Paris que Chausson se réfugiait dans les montagnes. L'agacement de la capitale justifiait en grande partie ses nombreux voyages, mais pas seulement. Ils apportaient aussi l'apaisement physique et psychique dont avait besoin le compositeur. L'auteur du *Poème* et d'*Arthus* écrivait presque toujours hors de la capitale, où il se contentait d'orchestrer et de parachever les œuvres nées durant l'été. Avant son mariage il privilégiait les voyages dans l'Allemagne romantique (Munich, Dresde, Bayreuth), mais une fois marié, il opta pour la Suisse, les provinces françaises et l'Italie (Rome, Naples, Florence). Il faut dire que Chausson disposait de ressources financières suffisantes pour ne pas devoir se préoccuper de donner des concerts ni d'occuper un poste dans l'enseignement. Les voyages se justifiaient aussi par la santé fragile de son épouse et de sa fille Annie, atteinte de tuberculose. Pour cette raison, il recherchait en général l'iode de la mer (Arcachon), les stations de cures (Plombières) ou l'air pur des Alpes (Glion, Veyrier, Lucerne).

Vers la fin de l'été 1892, après le succès à Bruxelles de son *Concert* suivi d'un séjour dans les Cévennes en compagnie de son ami le compositeur Vincent d'Indy, Chausson se rendit à Montreux pour se consacrer totalement à son drame lyrique *Arthus*. Mais, à peine installé dans l'hôtel, Chausson enragea contre ces minables pianos qui équipaient en général les chambres de l'hôtel, contre les Anglaises qui étalaient leurs aquarelles sur tous les bancs, contre le tapage mondain environnant, ce qui lui fit même écrire, évoquant la fameuse Fête des vignerons : « *Toute une réunion de paysans, 500 vaches et des milliers de moutons ne m'empêchent pas de ressentir un paysage, alors qu'avec deux gens du monde tout est perdu*[2] *!* »

[1] Extrait d'une lettre de Chausson à Henry Lerolle, datée « Bellevue, samedi 11 septembre 1886 », citée dans le livre de Jean Gallois, *Ernest Chausson*, Éditions Fayard, 1994, p. 361.

[2] GALLOIS (Jean), *op. cit.*, p. 299. Le compositeur évoque ici la célèbre Fête des vignerons de Vevey, qui donne lieu à des festivités hautes en couleur tous les vingt ans.

Paysage mystérieux sur les hauteurs du Bürgenstock, où Chausson passa l'été 1894.

Le 4 octobre les Chausson s'installèrent à Clarens, dans la villa Ormond. Ils y trouvèrent un temps désastreux : « *Depuis huit jours, il pleut sans arrêter, écrit-il à son beau-frère. Donc, peu de promenades. D'ailleurs, il n'y en a guère. Le bord du lac est envahi par les maisons et le bas des montagnes par des vignes. Il faut monter assez haut pour trouver la vraie montagne. Mais alors c'est très joli. Tout de même, ce n'est pas encore ici que j'achèterai notre maison de campagne... Mon voyage chez d'Indy me donne le goût des crêtes ; mais depuis Talloires, je sens que je ne pourrais pas me passer d'eau. De plus, j'aimerais beaucoup de terrain pour être sûr que l'on ne bâtira pas de "villas italiennes" ou des "châteaux renaissance"*[3]. » Chausson abandonna ses recherches de résidence secondaire pour se consacrer exclusivement à son *Arthus*, jusqu'à son départ le 4 décembre 1892.

Lorsque son père mourut deux ans plus tard, Chausson éprouva à nouveau le besoin de changer d'air. Il s'installa au Bürgenstock, face à Lucerne, à la mi-juillet 1894. Le mauvais temps – la pluie tomba vingt jours sans s'arrêter ! – cloua Chausson à son hôtel, mais il put enfin se consacrer à ses lectures favorites, dont *Anna Karenine*, et orchestrer l'acte premier d'*Arthus*. Le deuxième acte suivit, puis le troisième, si bien qu'au soir du samedi 29 septembre, il annonça triomphalement qu'il venait de terminer son opéra. Savourant sa victoire un peu tôt, il dut déchanter le lendemain, avouant qu'il était en réalité très loin d'avoir achevé la conclusion ! Le compositeur prit la décision de quitter au plus vite le Bürgenstock : « *Nous venons de décider avec Jeanne de partir demain. Nous sommes dans les nuages, mais nuages de neige cette fois. Il fait 2° et demi !* » Quelques heures plus tard, le départ fut encore avancé d'un jour pour cause de nuages persistants.

L'été 1895 vit Chausson passer ses vacances à Morgins, à la frontière franco-suisse, petit village situé à l'entrée du val d'Abondance. Il lui fallait finir *Arthus* et mettre la partition au net. Travail fastidieux qui lui laissa peu de temps pour se promener dans les alpages. Ce fut l'ultime passage de Chausson en Suisse.

♪ *Le Roi Arthus*, œuvre maîtresse du compositeur, fut élaboré en partie au Bürgenstock et créé à titre posthume au théâtre royal de la Monnaie de Bruxelles en 1903.

[3] Lettre de Chausson à Henry Lerolle, Clarens, vendredi soir, 15 octobre 1892.

Claude DEBUSSY
Bussik fait la nounou à Interlaken

Élevé dans une modeste famille de marchands de porcelaine, Achille Claude Debussy (1862-1918) ne reçut aucune éducation générale sérieuse. Il passa douze années d'études indisciplinées au Conservatoire de Paris, où il suivit une formation musicale complète récompensée par le Prix de Rome. La création du *Prélude à l'après-midi d'un faune* inaugura une période de reconnaissance publique qui culmina à la création de son opéra *Pelléas et Mélisande*. Désormais il était célèbre, mais il demeura toute sa vie un compositeur frondeur, polémique et visionnaire. La guerre de 14-18 éveilla en lui des sentiments patriotiques et chauvins: il signa ses œuvres avec la mention « *Claude Debussy, musicien français* »! De cette époque, et jusqu'à la maladie qui l'emporta, il signa ses derniers chefs-d'œuvre: les trois *Sonates* et les *Études* pour piano. Debussy est considéré comme le compositeur impressionniste par excellence, dont le style fut à la fois influencé par les Russes, par l'Extrême-Orient et par Wagner (dont il ne partageait pas les idées).

Peu avant le début de l'été 1880, Debussy terminait sa septième année au conservatoire. Exclu de la classe d'harmonie, c'est sans doute pour le consoler de cet échec que son professeur de piano, un certain Marmontel, lui trouva une nouvelle occupation: une dame russe cherchait justement un étudiant du conservatoire pour s'occuper de l'éducation musicale de ses enfants. Cette dame, c'était Nadejda von Meck, richissime veuve qui s'était déjà fait connaître en tant que mécène de Piotr Ilitch Tchaïkovsky. Celle-ci voyageait souvent et emmenait ses onze enfants avec précepteur et serviteurs. Mais cette fois elle était accompagnée d'un petit Parisien bien sympathique qui accepta de la suivre dans un grand tour débutant par Interlaken, suivi d'Arcachon, Nice, Gênes, Naples et finalement Florence. Debussy passa ainsi trois étés consécutifs au service de cette généreuse mécène.

À Tchaïkovsky, avec qui madame von Meck partageait un abondant courrier, elle déclara du jeune Debussy qui l'accompagnait: « *Il a vingt ans, mais on lui en donnerait seize; c'est un pur produit du boulevard, un vrai gamin de Paris* [...] *Hier, à ma grande joie, est arrivé mon cher Achille Debussy. Maintenant je vais avoir beaucoup de musique; et il met de la vie dans toute la maison... Il est si facile à vivre! Content de tout, il nous*

Le *Grand-Hôtel Victoria-Jungfrau*, le plus célèbre des palaces d'Interlaken, fait face à la Höhematte et à la Jungfrau. C'est ici que se rassemblait la haute société européenne en quête d'air pur et de mondanité!

À l'époque de Claude Debussy, et encore aujourd'hui, les promenades en calèche le long de la Höhematte étaient au menu des touristes d'Interlaken.

amuse tous énormément ; un être charmant. » Par contraste avec l'esprit austère et rude de la famille russe, Debussy incarnait en effet parfaitement l'esprit français et l'humour parisien.

Le 8 juillet 1880, Debussy débarqua à Interlaken, où les von Meck passaient le début de leurs vacances. Depuis le milieu du XIXe siècle, les membres de la classe supérieure – surtout britannique – avaient envahi la petite cité d'Interlaken au point qu'on l'appelait parfois le « Paris des Alpes ». Et comme le déclare le guide Murray de l'époque à propos de cette station : « *Les interminables promenades à pied et à cheval, les parties de canotage sur les deux lacs, les pique-niques et les bals offraient des divertissements pour une saison entière.* »

Entre les promenades le long de la rue principale d'Interlaken, les friandises du *Café Schuh* en bordure de la Höhematte et les excursions au bord du lac de Brienz, le petit Français, surnommé « Bussik » par les von Meck, dut se familiariser avec le style de Tchaïkovsky en déchiffrant des transcriptions à quatre mains. Il fut rapidement sollicité pour donner des cours de musique aux enfants et réalisa même une transcription du *Lac des cygnes.* Mais vers la fin du mois de juillet, il fut décidé de rejoindre Arcachon, et c'est à contrecœur que Bussik dut renoncer à l'air pur des montagnes de l'Oberland bernois.

En 1880, Claude Debussy composa un trio en sol majeur pour piano, violon et violoncelle, une œuvre d'apprentissage.

Léo DELIBES
Cure de bains à Saint-Gervais

Léo Delibes (1836-1891) commença par écrire des opérettes pour le théâtre des Bouffes-Parisiens avant de se tourner vers le grand opéra. Son engagement à l'Opéra de Paris comme chef de chœur lui offrit de nouvelles perspectives d'écriture. En 1870 parut *Coppélia*, suivi de *Sylvia*, deux opéras qui continuent à tenir l'affiche aujourd'hui, mais c'est incontestablement *Lakmé* qui lui assura la célébrité, grâce à son charme sentimental et exotique, à son invention mélodique et à sa souplesse d'écriture.

Les Bains de Saint-Gervais, de Samuel Birmann.

Les archives départementales de Haute-Savoie mentionnent le séjour du compositeur d'opéra Léo Delibes aux thermes de Saint-Gervais, face au massif du Mont-Blanc. Situé au fond d'une gorge dans laquelle le soleil avait bien du mal à pénétrer, le site des thermes lui parut lugubre et sombre, ce qu'il révèle dans une lettre à une connaissance : « *Je ne sais si on vous a dépeint les bains de Saint-Gervais sous des couleurs bien riantes. La vérité est que c'est la tristesse même – surtout les jours de pluie ! Le soleil pénètre à peine au fond de la gorge où l'établissement est situé et les chambres sont précédées d'une galerie ouverte qui enlève encore du jour. On n'y voit pas clair en plein midi.* »

Le rythme journalier de Delibes était toujours le même : cure le matin, bains, repos l'après-midi, ensuite, après le repas du soir, commençait une interminable soirée durant laquelle les pensionnaires s'entassaient pour jouer et discuter autour de quelques lampes. Il semble toutefois que le compositeur parvint à trouver un certain plaisir à cette vie de curiste : « *Mais je serais bien ingrat de me plaindre. D'abord je me trouve assez bien des eaux quoiqu'elles me fatiguent un peu et puis tout le monde m'a fait ici le plus charmant accueil et on m'a installé avec un piano, le mieux possible. J'avais formé un groupe sympathique composé de deux charmantes demoiselles de Bojano, d'un jeune abbé mélomane, d'un diplomate de mes amis et de moi.* »

Le séjour de Delibes à Saint-Gervais s'acheva avec le départ des deux jeunes filles et de leur mère : « *Nous étions inséparables ! Mais tout a une fin. Ces demoiselles sont parties ce matin avec leur mère et j'en suis réduit à mon ami et à l'abbé.* »

Le célèbre *Duo des fleurs* de l'opéra *Lakmé* date de 1883.

Egon WELLESZ Wilhelm KIENZL
Le gratin artistique du Steiermark

Egon Wellesz (1885-1974) n'est jamais parvenu à se faire un nom dans le mouvement de la modernité, alors que sa musique atteint un niveau de qualité comparable à celui de Webern et Berg. On le disait proche du cercle des amis de Brahms, qui l'aurait pris tout bébé sur ses genoux! C'est l'audition du *Freischütz* de Weber sous la direction de Gustav Mahler qui l'encouragea à devenir compositeur. Mahler accepta de donner quelques cours à Wellesz alors que celui-ci était toujours inscrit à la faculté de droit de l'université. Devenu entre-temps le spécialiste mondial de la musique byzantine, il occupa successivement un poste de conférencier puis de professeur, d'abord à l'université de Vienne, ensuite en Grande-Bretagne, où il émigra pour raison raciale à partir de 1938. Son style est marqué par les influences de Schönberg, de Mahler et de la musique byzantine.

Peu après le décès de Mahler en 1911, le compositeur autrichien Wilhelm Kienzl (1857-1941) réalisa un opéra en trois actes, *Der Kuhreigen*, basé sur une légende helvétique qui affirmait que tout soldat ou mercenaire suisse éloigné de sa terre et qui fredonnerait le chant du ranz des vaches était passible de prison ou de mort. Kienzl est surtout connu pour l'opéra *Der Evangelimann* (*L'Évangéliste*), qu'il composa à Bad Aussee et qui obtint un énorme succès à partir de 1895, puisqu'il fut représenté dans plus de trois cents théâtres! Il a écrit une quinzaine d'opéras et de la musique de chambre dans un style très mendelssohnien.

Quand elles ne sont pas contrariées par des pluies diluviennes, les petites cités jumelles de Bad Aussee et d'Alt Aussee, situées dans le Steiermark autrichien, offrent un environnement de montagne idyllique, avec, au nord, les Todesgebirge, et au sud le massif du Dachstein. On y trouve également un ensemble de lacs d'origine glaciaire – l'Altaussee, le Grundlsee, le Toplitzsee, le Lahngangsee, le Kammersee et l'Odensee – ainsi que d'innombrables possibilités de promenades autour des montagnes du Sattal, du Pfeifer Alm et du Loser.

Avec ses jolies villas en bois rassemblées autour d'un petit lac pittoresque, le village d'Alt Aussee attirait à la fin du XIXe siècle le gratin des artistes et écrivains romantiques autrichiens. Brahms et son ami le compositeur Ignaz Brüll y étaient déjà venus donner un concert en 1882[1]. Quelques années plus tard, Gustav Mahler débarqua à son tour pour y chercher le bon air, en grimpant notamment au sommet du Loser, qui surplombe le village. De passage dans la région durant le mois d'août 1918, Strauss décida de gravir à son tour cette petite montagne, d'où il se fit photographier au bord du précipice, sous un soleil rayonnant, comme pour prouver au monde que l'auteur d'une symphonie dédiée à la journée d'un alpiniste pouvait revêtir la peau de son héros!

Le centre du petit village d'Alt Aussee, avec son église et ses charmantes villas en bois.

[1] Un petit sentier touristique autour du lac rappelle la visite des deux musiciens.

La célèbre photo de Richard Strauss sur le sommet du Loser.

Au début du XXe siècle, le petit village d'Alt Aussee rassemblait de nombreux écrivains et artistes qui se réunissaient dans la villa des Schwarzwald, une famille qui vivait à Vienne durant l'année mais qui tenait un salon d'intellectuels à Alt Aussee durant l'été : il y avait là Arnold Schönberg et ses élèves, le peintre Oskar Kokoschka, l'architecte Adolf Loos, l'écrivain Peter Altenberg et bien d'autres.

C'est également chez les Schwarzwald que le jeune compositeur Egon Wellesz fit la connaissance de deux écrivains qui acceptèrent de collaborer aux livrets de ses opéras : Jakob Wassermann, qui résidait à Aussee durant l'été et qui écrivit le livret de *Princesse Girnara*, et surtout Hugo von Hofmannsthal, le célèbre librettiste de Richard Strauss, qui possédait son château dans la région de Zell am See, au sud-ouest de Salzbourg, et qui accepta d'écrire les livrets de deux opéras de Wellesz : *Alkestis* et *Le Sacrifice du prisonnier*. Les occupations professionnelles d'Egon Wellesz exigeaient un endroit calme pour se reposer durant la belle saison et pour pouvoir composer plus librement. Il décida d'acheter une maison à Aussee, au numéro 32 de la Salzbergstrasse, où il accueillait des amis durant l'été, notamment les compositeurs Paul Hindemith et son ancien professeur Arnold Schönberg. La famille Wellesz y passa chaque été entre 1918 et 1937, jusqu'à l'annexion de l'Autriche par l'Allemagne nazie, une situation qui, en raison des origines juives du compositeur, l'obligea à se réfugier en Grande-Bretagne.

♪ L'opéra *Der Kuhreigen* de Kienzl a été créé à Vienne en 1911.

Sur les hauteurs d'Aussee, face à la montagne du Loser, vivait aussi le compositeur postromantique Wilhelm Kienzl. Il se rendait volontiers sur le Lerchenreith-Plateau, où il occupait un petit chalet appelé « Stöckl ». Il logeait aussi dans la maison Amon Fiedler, à côté du Teichwirts, d'où il rejoignait quotidiennement sa petite cabane du Sommersbersee. On l'y voyait parfois lire son journal ou prendre un bain d'eau glacée, après quoi il se rendait à l'auberge *Zu den vier Jahreszeiten* à Eselsbach, où il participait régulièrement au jeu de quilles traditionnel. Nul doute que la beauté des lieux influença la genèse de son opéra *Der Kuhreigen*, son plus grand succès lyrique.

Egon Wellesz à Aussee en compagnie d'Arnold Schönberg.

Wilhelm Kienzl et sa deuxième femme Henny au bord du Sommersbersee.

Richard STRAUSS
La *Symphonie alpestre*

Ce sont les parents de Richard Strauss (1864-1949) qui l'initièrent à la musique, notamment son père, qui était premier cor solo à l'Opéra de la cour de Bavière. Après des études classiques à l'université de Munich, il partit à Berlin pour se perfectionner dans la direction d'orchestre auprès de Hans von Bülow. Tout en composant, Strauss mena une grande carrière de chef d'orchestre, une vie intense de concerts et de tournées à laquelle il finit par renoncer pour se consacrer exclusivement à la composition. Sa première période créatrice fut marquée par une série de poèmes symphoniques (*Aus Italien*, *Macbeth*, *Don Juan*, *Mort et Transfiguration*, *Till Eulenspiegel*, *Ainsi parlait Zarathoustra*, *Don Quichotte*, *Une vie de héros*), à laquelle suivit une deuxième période consacrée principalement aux opéras (*Salomé*, *Elektra*, *Le Chevalier à la rose*, etc.). Il accepta la présidence de la Reichsmusikkammer nazie, plus par opportunisme que par conviction, mais il fut contraint de démissionner après avoir pris la défense du librettiste juif Stefan Zweig. Il se retira alors de toute fonction officielle. À la fin de la guerre, il dut vivre hors d'Allemagne pour sa participation active aux institutions du Reich et se réfugia en Suisse, son deuxième pays de cœur, pour ne réintégrer sa villa de Garmisch qu'en 1949, après avoir été dénazifié. De cette époque date sa dernière période consacrée à quelques chefs-d'œuvre, dont les *Métamorphoses* et les *Quatre Derniers Lieder*. Son style somptueux reste éloigné des grands bouleversements de la musique du début du XXᵉ siècle, et ce malgré certaines audaces harmoniques.

La passion de Richard Strauss pour les Alpes remonte à sa jeunesse, puisque ce fut au retour d'un premier voyage en Italie (1886) qu'il découvrit la beauté du lac des Quatre-Cantons et qu'il explora sept ans plus tard, en juillet 1893, la vallée de Zermatt. Nul doute que les émotions renouvelées en Haute-Bavière, dans les Alpes bernoises et surtout en Engadine, eurent un impact sur l'élaboration de sa fameuse *Symphonie alpestre* dédiée à la gloire de l'alpinisme, sans doute la peinture musicale la plus réaliste d'un compositeur amoureux des montagnes.

Expédition dans les Alpes bavaroises

Alors qu'il n'était qu'un jeune étudiant de quinze ans, Strauss confia ses impressions dans une lettre à son ami d'enfance le compositeur Ludwig Thuille[1] à propos d'une expédition qu'il réalisa sur le Heimgarten, dans les Alpes bavaroises. Vers 2 heures du matin, Strauss et quelques amis grimpèrent dans une charrette à bras jusqu'au village situé au pied de la montagne. Ils commencèrent à l'escalader dans le noir absolu à la lueur d'une torche et arrivèrent au sommet après cinq heures de marche. Il y avait là-haut une vue dégagée sur le Staffelsee (Murnau), le Riegsee, l'Ammersee, le Würmsee, le Kochelsee, le Walchensee, ensuite la vallée de l'Isar avec ses montagnes, les glaciers de l'Ötzthal et du Stubai, les montagnes autour d'Innsbruck, la Zugspitze, etc. Ils descendirent ensuite sur le versant opposé dans l'espoir de rejoindre le Walchensee, mais se perdirent en chemin et durent escalader le versant nu de la montagne pendant plus de trois heures dans la chaleur de la mi-journée. Strauss contempla le Walchensee, d'une clarté cristalline et d'un vert brillant, mais le lac lui laissa une impression lugubre par son environnement de forêts et de hautes montagnes. Ils dépassèrent ensuite le lac en direction d'Uhrfelden, qui est au pied de l'Herzogstand, le sommet voisin du Heimgarten.

[1] Lettre du 26 août 1879 à Ludwig Thuille. In *Richard Strauss und Ludwig Thuille : Briefe der Freundschaft* 1877-1907, Éditions Alfons Ott, 1969, pp. 185-186.

Le Walchensee est l'un des plus beaux et des plus grands lacs de Bavière.

De là il fallut compter une heure à travers le Kösselberg, et une heure de plus jusqu'au Kochelsee. Ils étaient à peine repartis qu'ils furent rattrapés par une violente tempête qui déracina des arbres. Ils atteignirent péniblement un abri tandis que la tempête faisait toujours rage. Les vagues sur le Kochelsee – un beau lac très romantique – étaient telles qu'il fut impossible de rejoindre en bateau le village de Schlehdorf, où les attendait la charrette. Ils furent donc obligés, lorsque la tempête se calma, de marcher deux heures le long du lac. La pluie recommença à tomber de plus belle, si bien qu'après avoir marché à vive allure, ils arrivèrent épuisés et trempés à Schlehdorf, où ils passèrent la nuit. Quelques jours plus tard Strauss composa au piano un résumé de son expédition, avec de larges palettes aux couleurs très wagnériennes.

Zermatt et l'Engadine

Suite à une grave pneumonie, Strauss entreprit un long voyage de convalescence. Il découvrit le village de Zermatt en juillet 1893, depuis lequel il écrivit à ses parents l'inoubliable sensation provoquée par la promenade au Gornergrat. Le jeune homme, toujours d'une grande précision horaire, raconte qu'il partit à 6 heures du matin, atteignit Riffelalp en une heure trois quarts, où il déjeuna, puis rejoignit Riffelhaus trois quarts d'heure plus tard. Comme la vue des montagnes était toujours masquée par la brume, il se remit à marcher jusqu'au Gornergrat, où le ciel se découvrit enfin.

Du haut de ce promontoire généralement couvert de neige, il put admirer l'extraordinaire panorama de la chaîne des 4000 mètres du mont Rose, avec, d'un côté, le Liskamm, Castor et Pollux, le Breithorn, le Cervin, la dent Blanche, l'Ober Gabelhorn, le Rothorn de Zinal, le Weisshorn, et de l'autre côté, le Dom des Mischabel, le Rimpfischhorn, le Strahlhorn. Plus de cinquante sommets entre 3000 et 4638 mètres et autant de glaciers! Pour le compositeur, ce fut la première grande expérience des sommets, une sensation qu'il transposa plus tard dans la *Symphonie alpestre*.

Lorsque Strauss débarqua en Engadine en 1904, il était simplement muni d'un sac à dos et d'un alpenstock. Il grimpa à Fuorcla Surlej pour passer la nuit dans un gîte de montagne. Le lendemain, il se mit en route vers Saint-Moritz via le Hahnensee et envoya son sac à dos au *Grand Hotel* de Saint-Moritz, où le chef de réception l'accueillit très froidement : « Nous n'avons rien à faire avec les sacs à dos des touristes, vous pouvez ressortir » ! C'est donc un peu dépité qu'il rejoignit Pontresina à bord d'une calèche, pour ensuite tenter sa chance à l'*Hôtel Saratz*, qu'il espérait plus accueillant.

Richard Strauss assis sur une luge, sport qu'il préférait au ski.

Garmisch-Partenkirchen

La création de son opéra *Salomé* à l'Opéra de Dresde le 9 décembre 1905 fut un immense succès public. Dans les mois qui suivirent, l'œuvre fut jouée un peu partout en Europe, aux États-Unis et même en Amérique du Sud, ce qui propulsa Strauss au-devant de la scène internationale. Grâce aux bénéfices de ce triomphe, il put faire construire une jolie villa à Garmisch-Partenkirchen, station de Haute Bavière au pied de la Zugspitze.

Pauline et Strauss dans la neige de Pontresina.

Chez ce contemporain de Gustav Mahler, la fascination pour les Alpes était immense, s'exprimant à la fois dans son œuvre (*Symphonie alpestre*) et dans son goût immodéré pour les séjours à la montagne, en particulier en Suisse et dans le Haut-Tyrol. Plutôt que de résider à la capitale durant l'année et de passer les vacances à la montagne comme tous ses autres collègues, Strauss décida d'y vivre de manière permanente. En juin 1906, il fit l'acquisition d'un terrain situé à la Zoeppritzstrasse de Garmisch-Partenkirchen, à l'époque complètement isolé de toute autre habitation. Deux ans plus tard, au retour d'une tournée de concerts à travers l'Espagne, le Portugal, la France et la Suisse, il s'installa avec sa femme Pauline et leur fils Franz dans leur nouvelle résidence, fraîchement bâtie au pied du Kramerplateau, du côté ensoleillé de la vallée. La vaste demeure en style Art nouveau, encore visible aujourd'hui mais à l'abri des regards, est extérieurement de couleur crème avec des volets vert et blanc et un toit de tuiles roses. De nos jours, elle appartient encore aux descendants de la famille Strauss mais ne se visite pas. À l'entrée, une grille en fer forgé rappelle les initiales du maître des lieux.

De son bureau, Strauss pouvait observer la Zugspitze et les Wettersteingebirge. La maison de Garmisch a toujours constitué pour Strauss un refuge entre ses obligations internationales et ses tournées de concerts. Au plus fort de sa carrière de chef permanent à Berlin, Dresde ou Vienne, il passait le printemps et l'été dans sa villa, où il retrouvait sa famille et le calme pour composer. Dans les nombreuses lettres qu'il écrivit à sa femme pendant ses tournées, Strauss évoque l'importance de son habitation de Garmisch comme élément de cohésion familiale. De Bruxelles, il écrit par exemple : « *Tout est plus beau en Bavière et en Autriche, l'air n'est jamais aussi pur qu'à Garmisch et rien n'est si beau que d'être dans sa maison auprès de sa Pauxerl [Pauline] bien aimée*[2]. »

Lorsque les Strauss emménagèrent dans leur villa de Garmisch, en juin 1908, Pauline se consacra plus que jamais au bien-être de son mari. Son but était de lui permettre de se concentrer sur son travail : elle tenait leur maison impeccablement, veillait à ce qu'il prît ses repas à heures régulières et – n'ayant pas oublié la pneumonie de Richard – exigeait de lui une promenade quotidienne[3]. Il y avait chez l'épouse de Strauss un côté maniaque encouragé par son mari : les visiteurs de prestige (Klemperer, Schönberg, Mengelberg, Zweig, Szell, Krauss (Clemens), Diaghilev, etc.) se voyaient obligés d'enfiler des pantoufles au-dessus de leurs chaussures afin de protéger le parquet de la villa !

Dès 1907, lorsque le temps le permettait et que Strauss se retrouvait en famille, il embarquait dans sa toute nouvelle voiture Mercedes décapotable et se faisait conduire par son chauffeur personnel, Théodore Martin. Ils se rendaient parfois en voiture jusqu'au Staffelsee (à une vingtaine de kilomètres de Garmisch), où Strauss rendait visite à l'architecte qui avait conçu sa villa, et plus souvent encore à l'Eibsee, qui n'était qu'à huit kilomètres de sa maison[4]. En utilisant ce moyen de locomotion plutôt que le chemin de fer, Strauss entreprit de nombreuses excursions à travers les Grisons et les Dolomites du Tyrol du Sud. Il rejoignit même l'Italie centrale en 1913. Durant ses loisirs, à côté de la pratique du jeu de Skat qui, selon lui, constituait le meilleur moyen d'oublier pour un temps ses préoccupations musicales de la journée, Strauss appréciait les promenades en montagne et, accessoirement, lorsque la neige faisait son apparition, effectuait quelques descentes en luge, le plus souvent accompagné de ses petits-enfants. Il ne pratiquait pas le ski, car il prétendait que c'était un outil de transport réservé aux postiers norvégiens ! Ses promenades préférées étaient les cabanes du Kramer (1 985 m) et du Wank (1 780 m), l'ascension du Kreuzeck (1 650 m), le sommet du Schachen et l'ensemble de la région du Werdenfels (Garmisch).

Les initiales du compositeur sur la grille d'entrée de la villa.

Les propriétaires et membres du personnel réunis devant la villa de Garmisch en janvier 1908.

[2] WOLF (Christian) et MAY (Jürgen), Bei Richard Strauss in Garmisch-Partenkirchen, Éditions Prestel, 2008, p. 9.

[3] WOLF (Christian) et MAY (Jürgen), *op. cit.*, p. 23.

[4] KENNEDY (Michael), *Richard Strauss*, Éditions Fayard, 2001, p. 135.

Dans les esquisses de son opéra *Ariane à Naxos*, on a trouvé quelques détails de ses randonnées, comme celle du Kreuzeck, qu'il effectua le 7 juillet 1911, et celle du Wank le 12 juillet 1911. Comme toujours, Strauss était d'une précision métronomique dans ses indications : cinquante minutes pour grimper à pied le Wank jusqu'à la chapelle de Dax, trois heures et cinq minutes pour atteindre le sommet. De sa villa jusqu'au Kreuzeck, il lui fallait trois heures, et une heure de plus pour atteindre le Hupfleitenjoch, une heure supplémentaire pour les Knappenhaüsern, une demi-heure pour la cabane Höllental et une heure et demie pour Hammersbach.

Les séjours en palace

En dehors de son métier de chef d'orchestre qui lui imposait de nombreuses tournées dans des villes comme Zurich, Bâle ou encore Genève, Strauss appréciait le confort des hôtels de luxe suisses, un goût stimulé par les extravagances de son épouse, la chanteuse Pauline de Ahna. Ils fréquentèrent ainsi plusieurs palaces étoilés, comme le *Verenahof* de Baden, le *Badrutt's Palace Hotel* de Saint-Moritz, le *Grand Palace Hotel* de Mürren (été 1909), le *Seehotel Vitznauerhof* situé au bord du lac des Quatre-Cantons, ou encore le *Grand Hotel Waldhaus* de Sils-Maria, entre Maloja et Saint-Moritz. L'*Hôtel Saratz* de Pontresina était leur établissement préféré car ils y sentaient une chaleur familiale comme nulle part ailleurs.

Débarqués pour la première fois au *Saratz* en 1904, ils y retournèrent successivement en 1932, en 1947 et en 1948. De la chambre de cet hôtel, Strauss écrivit : « *Nous sommes arrivés entourés de nuages et battus par des bourrasques de pluies zarathoustriennes et nous nous sommes sentis au* Saratz *comme au sein de notre propre famille. Il n'existe qu'une Engadine au monde. Nous sommes restés étonnés et savourons l'air des chamois comme le champagne français !* »

Vers la fin de la guerre, Strauss fut soupçonné par les Alliés d'avoir collaboré activement à la vie culturelle sous l'ère nazie. Il décida alors de se réfugier en Suisse, le temps d'être lavé de tout soupçon. Lui qui avait dû quitter précipitamment sa magnifique villa de Garmisch-Partenkirchen réquisitionnée par les Américains, se retrouva en Suisse en tant qu'exilé, et surtout, dans une situation financière assez délicate, puisque tous ses droits d'auteur lui furent confisqués. Il choisit pourtant de s'installer dès le mois de septembre 1947 au *Montreux Palace*, réputé pour la qualité de ses services et le confort de ses chambres.

Ce fut son ultime foyer suisse, même si les Strauss rayonnèrent encore çà et là dans le pays, comme au *Verenahof* de Baden, à l'hôtel *Beau-Rivage* d'Ouchy-Lausanne, au *Park Hotel* de Vitznau, au *Sanatorium San Rocco* de Lugano et à l'*Hôtel Saratz* de Pontresina.

Le *Montreux Palace* où Richard Strauss vécut plus de deux ans.

♪ La *Symphonie alpestre* a été créée en octobre 1915 par Richard Strauss, lui-même à la tête de l'orchestre de Dresde, à qui l'œuvre était dédiée. Le titre est on ne peut plus explicite : il s'agit pour Strauss d'évoquer la journée d'un randonneur dans les Alpes, de l'aube au crépuscule. L'orchestre, au total cent trente-sept exécutants, déploie un arsenal impressionnant de huit cors, quatre trombones et six tubas, bois démultipliés, un heckelphone, un éoliphone (machine à vent), une machine à tonnerre, six timbales et grande batterie, un ensemble de cuivres dans les coulisses formé de douze cors, deux trompettes et deux trombones. Comme chez Mahler dans ses 6e et 7e symphonies, Strauss utilise des cloches à troupeau. L'orgue, enfin, ajoute un aspect religieux à l'ensemble, mais il existe une version pour les salles qui n'en disposent pas.

Le couple Strauss et une amie au retour d'une balade sur le Kramerplateau en mars 1925.

Strauss posant devant sa villa de Garmisch durant l'hiver 1935.

Jules MASSENET Camille SAINT-SAËNS
Fête musicale à Vevey

Après avoir suivi les cours de composition d'Ambroise Thomas au Conservatoire de Paris, Jules Massenet (1842-1912) obtint le Grand Prix de Rome avec sa cantate David Rizzio et s'en alla aussitôt rejoindre la Villa Médicis, où il vécut sans enthousiasme mais où il rencontra sa future épouse, une élève de Franz Liszt. Après des années de galère, durant lesquelles il occupa une place de timbalier dans un petit orchestre parisien, il devint professeur de composition au Conservatoire, où il forma Gustave Charpentier, Charles Koechlin, Florent Schmitt, Ernest Chausson, Guy Ropartz ou encore Reynaldo Hahn. De plus en plus accaparé par ses succès de compositeur d'opéra, il refusa la direction du Conservatoire. Il finit par cumuler la gloire et l'argent grâce à ses vingt-trois opéras, essentiellement fondés sur la romance de salon (on pense surtout à la *Méditation de Thaïs)* et sur des harmonies influencées par Wagner. Aujourd'hui, seuls *Manon*, *Werther* et *Cendrillon* restent encore à l'affiche des grandes maisons d'opéra.

Camille Saint-Saëns (1835-1921) fut l'un des compositeurs français les plus productifs de sa génération, avec plus de deux cents numéros d'opus dans un style très éloigné des bouleversements musicaux de son époque. On l'a souvent appelé « le Mendelssohn français » pour l'abondance de ses dons: peinture, sciences, philosophie, écriture et bien sûr musique. Après l'échec de son mariage, il commença à voyager partout dans le monde, où il donna des concerts. Les années 1880 virent l'apogée de son talent, notamment avec le *Carnaval des animaux* et sa *Symphonie avec orgue*. D'un caractère difficile, il versa dans un racisme musical primaire et dans la haine de tout nouveau talent émergeant puisque, après avoir tant admiré Wagner qui l'avait invité à Tribschen, il réclama son interdiction sur toutes les scènes de France! Il fut désagréable avec Debussy et retira d'un programme une œuvre de Ravel, sous prétexte que son style était trop « boche »!

En quittant le « train des vignes » à la gare de Chexbres et en pénétrant dans les vignobles du Lavaux en direction de Vevey, on découvre de magnifiques perspectives sur le lac Léman. Le compositeur Jules Massenet, qui avait entendu vanter les multiples atouts de la région, décida de passer deux étés consécutifs au *Grand Hôtel de Vevey*[1]. Il était surtout curieux d'aller découvrir cette petite ville au pied du Jorat que la Fête des vignerons avait rendue célèbre. Un magnifique parc entourait l'hôtel et offrait à ses résidents l'ombre de ses grands arbres, tout en les menant vers un petit port où il était possible d'embarquer pour une excursion sur le lac.

Dans ses *Mémoires*, l'auteur de *Manon* dévoile la vraie nature de son voyage : il était venu séjourner à Vevey pour faire travailler la jeune cantatrice américaine Sibyl Sanderson à son nouvel ouvrage dramatique *Esclarmonde*, conçu spécialement pour elle. Massenet avait rencontré la jeune et belle soprano américaine de manière étonnante. Elle lui fut présentée en 1887 au cours d'un dîner; le compositeur, qui s'était installé au piano, lui demanda de lui chanter quelque chose, et il fut immédiatement émerveillé par la voix cristalline qui résonnait de façon magique dans la salle et qui couvrait plus de trois octaves. Nul doute que les charmes de cette femme ravissante

[1] Massenet y séjourna en 1887 et 1888. Vevey est situé au-delà des vignobles du Lavaux, dans un site remarquable entouré par le mont Pèlerin et Les Pléiades d'où l'on peut admirer les dents du Midi. C'est à Vevey qu'a lieu tous les vingt-cinq ans la célèbre Fête des vignerons, une tradition de spectacles en plein air qui remonte à des temps anciens.

Grand Hôtel de Vevey
où logea Massenet en 1887 et 1888.

Le compositeur Camille Saint-Saëns (au centre) s'apprête à quitter Vevey pour Genève,
après le succès des journées qui lui furent consacrées en 1913.

conjugués à sa voix remarquable finirent par séduire Massenet au point d'en faire sa nouvelle favorite. Mais en l'absence de preuves, il est impossible de conclure quoi que ce soit au sujet de leur liaison. Chaque soir, entre 5 et 7 heures, Massenet faisait répéter les scènes qu'il venait de composer pour elle dans la journée ! Dans son *Dictionnaire amoureux de l'Opéra*, Alain Duault raconte une anecdote qui fit le tour des rives du Léman : « *Au cours d'une promenade en barque, Massenet tenant les rames, le couple fut surpris par la tempête, et ne dut son salut qu'au passage d'un bateau. Le compositeur offrit un dédommagement au capitaine afin qu'on ne souffle mot de l'histoire, ce qui enflamma les esprits dès l'aventure connue*[2]. »

Lorsque la partition d'*Esclarmonde* fut achevée, Massenet imposa à Sibyl Sanderson d'apposer sa signature au bas de la partition, en reconnaissance du travail accompli à Vevey. La cantatrice était une diva, elle en avait le tempérament et Massenet avait reconnu son caractère impossible ! Plus tard, en mars 1894, le compositeur lui confia le rôle-titre de *Thaïs*, et ce fut lors de la générale de l'œuvre que la belle cantatrice perdit son corsage, dévoilant sa poitrine au public rassemblé dans la salle ! Discréditée par Massenet quelques années plus tard, Sibyl Sanderson sombra dans la dépression et mourut dans la fleur de l'âge.

Camille Saint-Saëns séjourna en Suisse plus d'une quinzaine de fois, la plupart du temps pour se produire en concert ou pour auditionner ses œuvres. Ce fut le cas à Vevey du 18 au 21 mai 1913, à l'occasion des journées qui lui furent consacrées à l'initiative du compositeur suisse Gustave Doret et du grand pianiste Ignace Paderewski. Ce dernier, qui vivait à Riond-Bosson près de Lausanne, se produisit avec le compositeur dans la salle du *Casino du Rivage*, où ils exécutèrent la fameuse *Polonaise pour deux pianos* opus 77. Le succès fut au rendez-vous, puisqu'on dut ouvrir la salle au public durant les répétitions. À l'issue de cette grande fête, et après avoir reçu une magnifique couronne de fleurs aux couleurs de la ville, le compositeur, très satisfait, reprit le bateau pour Genève.

[2] DOUAULT (Alain), *Dictionnaire amoureux de l'Opéra*, Plon, 2012.

♪ Massenet a composé une partie de son opéra *Esclarmonde* à Vevey.

♪ *La Polonaise pour deux pianos* opus 77 de Saint-Saëns fut jouée à Vevey.

Guy ROPARTZ
Promenade à La Berra

Le Breton Guy Ropartz (1864-1955) entama des études de droit à Rennes, puis entra au Conservatoire de Paris où il reçut les conseils de Jules Massenet. Ce compositeur franckiste composa abondamment tout en dirigeant le Conservatoire de Nancy puis celui de Strasbourg, avant de se retirer dans sa Bretagne natale. Préférant la douceur de la mer à la rudesse de la montagne, il poursuivit un travail créatif de plus de deux cents pièces, dont cinq symphonies et six quatuors à cordes très peu joués.

De sa première expérience en montagne, Joseph-Guy Ropartz garda le « *souvenir durable et l'espoir de retrouver la solitude apaisante des cimes*[1] ». Ce fils d'avocat breton, plutôt inspiré naturellement par la mer et par une certaine ferveur religieuse, découvrit pour la première fois les Alpes en juillet 1889 lors d'un voyage à Bayreuth. En chemin, il s'arrêta en pays fribourgeois, où il effectua l'ascension de La Berra, un petit sommet des Préalpes bernoises qui lui inspira bien plus tard une pièce pour piano, *Dans l'ombre de la montagne* (1913).

« *Quelle impression ferait sur moi l'aspect de la montagne* », se demanda Ropartz, habitué aux landes bretonnes et aux embruns de la « grande verte », tandis que par une nuit de fête du 14 juillet 1889, le train l'emportait entre Paris et Lausanne. Débarqué en gare de Genève, voici ce qu'il écrivit à propos du Léman : « *Oh, quel inoubliable spectacle ! Je n'ose dire si l'amoureux passionné de la mer ne lui a pas fait ce matin-là une première infidélité. J'ai salué avec enthousiasme ce paysage de montagnes, plus beau que je ne l'avais pu rêver* [...] *Des villages dorment tout le long du bord, semblables à des coquillages monstrueux. Ici c'est Vevey, là Montreux, plus loin Ouchy, Lutry. On traverse le lac en bateau, dans sa longueur, et c'est une promenade charmante. Tout au fond, là-bas, est Genève.* »

Le soir, Ropartz gagna la campagne fribourgeoise. Un ami vint le chercher à la gare pour le conduire dans un chalet, le *Breitfeld*, situé sur un plateau à quelques kilomètres de là. Installés sous la véranda du chalet et sous un ciel plein d'étoiles, ils conversèrent aussitôt à propos du compositeur dont tout le monde parlait : Richard Wagner ! Ils causèrent ensuite de musique et de nature. Mais avec quel dédain le propriétaire des lieux parlait de la montagne civilisée, celle où l'on rencontre de confortables hôtels peuplés de touristes qui aiment la nature pour autant qu'ils ne soient privés de leur confort durant les excursions ! Des touristes qui, le soir venu, revêtent l'habit, flirtent avec la brune et la blonde, retrouvent là-haut leur univers, un monde factice. Des touristes qui viennent chercher sur les cimes l'ambiance des villes d'eaux. « *Mais pour ceux que l'isolement attire, qui s'échappent des cités, las du quotidien contact des indifférents, il est une autre montagne, où l'on va le bâton ferré à la main, sans guide patenté, où l'on gîte là où l'on peut, où l'on est seul avec les rochers, les forêts, les larges pâturages, les troupeaux et leurs bergers, qui vous regardent passer avec le même étonnement que leurs bêtes*[2]. »

Le lendemain, une petite caravane formée du compositeur, de son ami fribourgeois promu guide, de deux de ses enfants

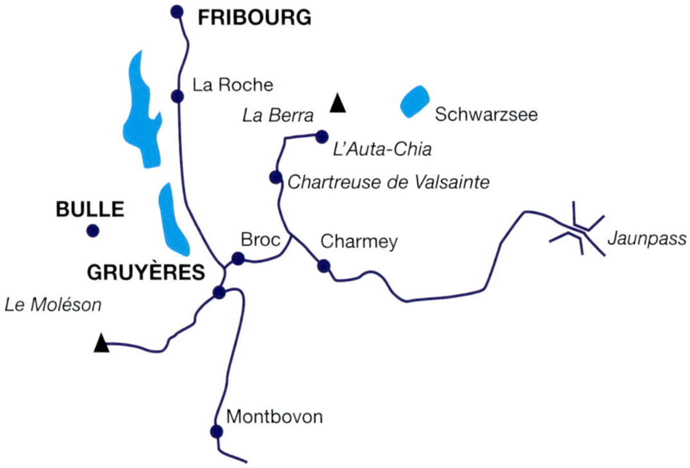

Pays de Gruyères.

[1] ROPARTZ (Guy), *Notations artistiques. Stockholm en hiver. À Bayreuth. Vers l'Adriatique...*, Éditions Alphonse Lemerre, 1891, p. 77.

[2] *Ibid.*, pp. 69-70.

En route vers La Berra. Paysage typique de la région de Gruyère.

Dans le massif de La Berra.

et d'un jeune Australien, se mit en chemin pour gravir la hauteur de La Berra, située entre le lac de la Gruyère et le Schwarzsee à plus de 1 719 mètres. Les grimpeurs partirent en début d'après-midi et ne parvinrent au terme de la première marche que vers 8 heures. Ils ne purent profiter longtemps de la vue sur la plaine car, presque aussitôt, le brouillard enveloppa la montagne. Arrivés péniblement au bivouac, ils allumèrent un feu pour sécher leurs vêtements humides. Ensuite, ils ouvrirent les sacs qui contenaient les provisions : « *Nous dressons la table et nous dînons gaîment, assis en cercle autour du foyer, sur des quartiers de roche.* » Vers minuit, ils furent réveillés par le cri strident dont les Armaillis[3] se servent pour s'appeler à grande distance. L'un des leurs avait vu un mince filet de lumière passer à travers les fentes de la porte de la cabane. La tempête soufflait au-dehors, la pluie redoublait. L'homme refusa l'abri offert car il allait plus loin dans la nuit ; il voulait juste s'assurer que tout allait bien au chalet de La Berra. « *Comme ils sont rudes à la souffrance physique, ces hommes primitifs*[4] *!* »

Dès que le jour commença à poindre on sonna le réveil, car il restait encore deux cents mètres à parcourir pour atteindre la crête, après quoi le groupe regagnerait Fribourg par l'autre versant. Ils s'arrêtèrent à un chalet situé au-dessus du lac Noir (le Schwarzsee) pour y prendre de la nourriture. Comme ils arrivaient, le maître du chalet sortit et les pria de considérer sa maison comme la leur tout en s'excusant de ne pouvoir les recevoir lui-même. Il avait en effet fort à faire dans la plaine pour quelque marché important. Le versant opposé qu'ils avaient à descendre était très pentu, de sorte qu'il leur fallut utiliser plus d'une fois leurs bâtons ferrés, car un faux pas eût été fatal. Fort heureusement, rien de fâcheux ne leur arriva et ils parvinrent sur un plateau situé à mi-chemin entre le sommet de La Berra et la plaine. De grands troupeaux paissaient l'herbe grasse : le berger, étendu au soleil, dormait paisiblement ! Après avoir offert un cigare à ce dernier, il fallut presser le pas pour rentrer au chalet *Breitfeld* avant midi.

Le panorama s'ouvrait à leurs yeux, varié à l'infini. Au loin apparaissaient les glaciers étincelants comme des diamants énormes. Plus près, des rochers aux teintes variées s'entassaient en chaos. Parfois, un torrent mugissait au fond d'un ravin où roulaient de grosses pierres dans leur chute. De magnifiques prairies se déroulaient devant eux, donnant une impression de paix profonde. « *Nous entrâmes en forêt et nous suivîmes jusqu'à la plaine une allée assez large, percée très droite ; des pins élancés la bordaient de leurs files régulières et les branches les plus hautes se rejoignaient simulant des arceaux : on eut dit la nef d'une cathédrale gothique et les murmures de la forêt, où se mêlaient des chants d'oiseaux et des bruissements de feuillages sous la brise, formaient une symphonie admirable, étrangement instrumentée*[5]*...* »

[3] Les Armaillis sont des bergers du Pays de Gruyère et du Pays d'Enhaut, très reconnaissables à leur longue barbe épaisse qui les distingue des autres bergers de Suisse. Ils forment une sorte de corporation insolite qui défile à chaque Fête des vignerons de Vevey.
[4] ROPARTZ (Guy), *op. cit.*, pp. 72-73.

[5] *Ibid.*, pp. 76-77.

De l'année du voyage de Ropartz en Suisse datent les *Cinq Pièces brèves* pour orchestre et *Carnaval* (1889).

Ignaz BRÜLL
La villa au bord de l'Attersee

Après l'énorme succès de son opéra *Das goldene Kreuz* dans les années 1875, Ignaz Brüll (1846-1907) se vit offrir un poste d'enseignant au Conservatoire Stern de Berlin, puis au Conservatoire de Vienne, mais il refusa ces deux propositions pour pouvoir s'occuper de sa famille. Il faut dire que son mariage avec la fille d'un riche banquier viennois le préserva des soucis matériels durant une bonne partie de sa vie. Grand ami de Johannes Brahms qui attachait beaucoup de prix à ses conseils, il a composé une dizaine d'opéras, deux concertos pour piano, un pour violon ainsi que des lieder.

Dès la fin du XIXe siècle, le village d'Unterach sur l'Attersee a commencé à accueillir les premiers *Sommerfrischler*[1] de Vienne et de Prague venus bâtir ou louer une résidence pour l'été. C'est ici que s'installa dans les années 1890 le compositeur autrichien d'origine morave Ignaz Brüll, une personnalité très appréciée dans le milieu musical pour sa grande gentillesse, sa sincérité et sa simplicité. Avant de s'installer à Unterach, Brüll séjournait l'été à Bad Ischl, où il louait la même maison que Johannes Brahms, au 51 de la Salzburgerstrasse. Durant les vacances, les deux hommes se promenaient et jouaient de la musique ensemble.

Vue aérienne de l'Attersee et des Höllengebirge.

La villa de Brüll, dénommée « Berghof », surplombait magistralement le lac de l'Attersee. Le lieu devint rapidement un endroit prisé par de nombreux artistes et intellectuels viennois, comme les compositeurs Johannes Brahms, Gustav Mahler et Karl Goldmark, les chefs d'orchestre Felix Weingartner et Bruno Walter, le critique Eduard Hanslick ou encore l'écrivain Arthur Schnitzler. C'est également au Berghof que le librettiste Hugo von Hofmannsthal vint présenter pour la première fois le texte de son *Rosenkavalier* (*Le Chevalier à la rose*) qui servit plus tard de livret d'opéra à Richard Strauss. Gustav Mahler, qui résidait durant l'été sur la rive opposée, fit le déplacement depuis Steinach pour venir jouer la version pour piano de sa deuxième symphonie, face à un parterre d'invités manifestement très impressionnés.

Brüll composa plusieurs opéras à Unterach, dont *Gringoire* (1892), *Schach dem Könige* (1893), *Der Husar* (1898), et son unique ballet *Ein Märchen aus der Champagne* (1896).

[1] *Sommerfrischler* se dit des vacanciers viennois à la recherche de fraîcheur durant l'été. Le peintre Gustav Klimt fut l'un des leurs.

Leone SINIGAGLIA Max PUCHAT Ettore ZAPPAROLI

Tragédies musicales dans les Alpes

Après des études au Conservatoire de Turin, Leone Sinigaglia (1868-1944) prit quelques leçons avec Antonin Dvorák, dont il subit l'influence autant que celle de Brahms. Il se tourna ensuite vers l'étude de la tradition musicale piémontaise. Sa deuxième passion fut l'alpinisme, ce qui lui donna l'occasion de gravir le Cervin avec le fameux guide Carrel et de se distinguer en effectuant les premières ascensions de la Croda da Lago et du Monte Cristallo dans les Dolomites dont il raconta l'exploit dans *Mémoires d'ascension dans les Dolomites*. Il a composé des œuvres basées sur des thèmes populaires du Piémont, un concerto pour violon, deux quatuors et une sonate pour violon et piano. Sinigaglia, qui était juif, mourut à Turin le 16 mai 1944, lors d'une rafle de l'occupant nazi.

Le compositeur silésien Max Puchat (1859-1919) étudia la philologie avant de se consacrer à la musique et à sa passion pour l'alpinisme. Après l'obtention du Prix Mendelssohn – la plus haute distinction de l'État prussien pour un compositeur –, il prit des leçons avec Franz Liszt pendant un an. Par la suite, il se consacra à l'enseignement du piano et à la direction d'orchestre, principalement à Berlin et à Breslau, sa ville natale. La musique de Puchat est inclassable sur le plan stylistique et sa diffusion est restée confidentielle et peu éditée. Son amour pour les Alpes apparaît dans les *Tableaux symphoniques In den Alpen* et dans deux duos vocaux *Aus den Bergen* pour voix de soprano et d'alto. Il est mort dans un tragique accident d'alpinisme dans le massif autrichien du Karwendel.

Le destin du compositeur italien Ettore Zapparoli (1899-1951), qui disparut le 18 août 1951 sur la paroi est du mont Rose, est directement lié à sa double vocation de compositeur et d'alpiniste de haut niveau. Au commerce, auquel il était destiné, Zapparoli préféra la musique et décrocha un diplôme de composition au Conservatoire de Parme. Mais le manque de succès de ses œuvres le détourna définitivement de la musique, et il préféra s'attaquer à la face est du mont Rose, qui fut à la fois son terrain de jeu et sa sépulture !

Le 26 août 1891, le célèbre guide de montagne italien Jean Antoine Carrel, grand rival d'Edward Whymper dans la course historique du Cervin, entreprit sa 51e ascension du cône mythique en compagnie de deux clients, l'abbé Charles Gorret et un compositeur italien jusqu'alors inconnu, Leone Sinigaglia. Le départ se fit par un temps radieux, mais l'arrivée soudaine du mauvais temps les contraignit à rebrousser chemin. Carrel conduisait la descente de manière

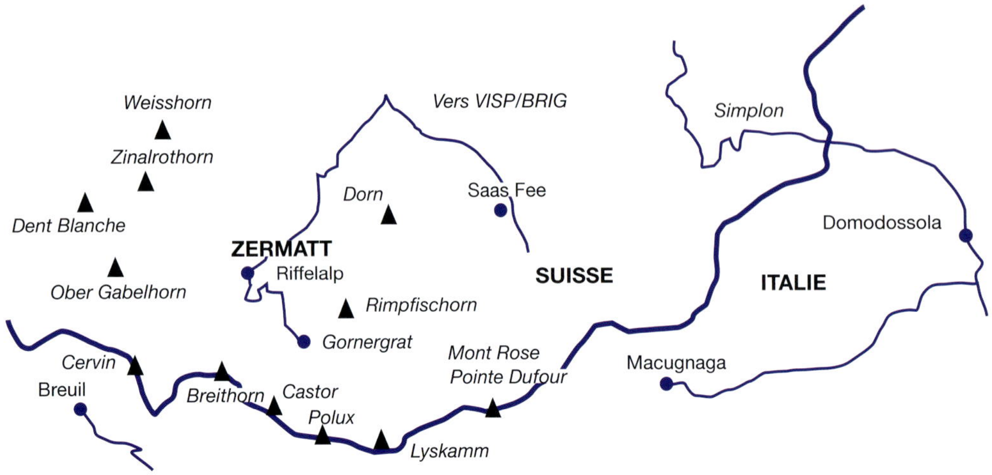

Massif du Mont-Rose.

admirable, avec un parfait sang-froid. Malgré la tempête et l'épais brouillard, il trouva le bon couloir qui devait les ramener au glacier qui surplombait les pâturages au-dessus du village du Breuil. Mais dans la traversée du glacier, Carrel se mit à ralentir, puis glissa et tomba plus d'une fois, comme épuisé. Remontant en arrière, les deux clients le trouvèrent sur le ventre, engourdi, incapable de bouger. Il ne dit plus rien d'autre que « *je ne sais plus où je suis* ». Carrel expira d'épuisement au lieu appelé le Riondé, non loin des cabanes des pasteurs, à une heure du Breuil. De nos jours, les guides qui montent au Cervin s'arrêtent brièvement pour se recueillir devant la croix qui porte son nom[1].

♪ *Danses piémontaises* (1905) pour orchestre (création d'Arturo Toscanini).

Max Puchat entreprit l'ascension d'une bonne douzaine de sommets dans les Alpes, dont quatre sans l'aide d'un guide, avant de connaître une mort tragique dans le massif du Karwendel. Le compositeur était expérimenté et en général bien équipé. Sa dernière course est décrite dans un rapport de l'Association alpine austro-allemande de 1919, qui déclare : « *Le professeur Max Puchat, âgé de 60 ans, entreprit l'ascension du Kaltwasserkarspitze le 8 août, par la voie normale du Hochjöchl. En traversant le champ de neige escarpé en contrebas du Birkkarspitze, et à la suite d'un groupe évoluant en cordée, il glissa de quelques mètres, mais put réintégrer le groupe. Il refusa néanmoins de s'agripper à la corde, prétendant être en sécurité, mais glissa une nouvelle fois et disparut dans les profondeurs en poussant un cri effroyable*[2]. » Dès l'annonce de l'accident, on envoya une section et un guide afin de tenter de retrouver le corps du musicien au pied de la face nord du Birkkarspitze. Le soir venu, le guide réussit à retrouver la victime, écrasée dans un ravin escarpé, environ trois cents mètres en contrebas. La mort fut selon toute vraisemblance instantanée. Le lendemain, on encorda le corps et on le remonta jusqu'au site de la chute, puis on l'amena à la cabane du Karwendel avant de l'expédier à Breslau, sa ville natale. Ce triste accident aurait pu être évité si le compositeur avait daigné reprendre sa position dans la cordée, ce qui, vu les conditions d'enneigement exceptionnelles de cette année-là, lui aurait sauvé la vie.

♪ *Tableaux symphoniques In den Alpen* de Max Puchat.

Le compositeur italien Ettore Zapparoli, musicien et alpiniste accompli, découvrit la vallée de Macugnaga et le prodigieux versant est du mont Rose (4634 m), avec sa paroi himalayenne de 10 kilomètres de long et de 2734 mètres de verticalité. Il décida de réaliser la deuxième ascension en solitaire du couloir Marinelli, du nom de cet alpiniste qui perdit la vie en 1881 dans une chute vertigineuse de mille deux cents mètres ! Malgré le danger des éboulis et de la chaleur qui peut transformer cette face en un piège mortel lorsqu'on s'y aventure trop tard dans la journée, Zapparoli n'eut désormais plus que ce côté de la montagne rose en tête. En 1934, il ouvrit une nouvelle voie par

[1] Compte rendu du Club alpin italien.

[2] D'après un rapport de l'Association alpine allemande et autrichienne de 1919.

La cime majestueuse du Cervin au lever du soleil.

le Crestone Innominato, réputée très dangereuse. Deux ans plus tard sortit son roman autobiographique *Blu Nord*, dont le héros, Alpico, est un musicien grimpeur solitaire de cimes vierges, et dont la majeure partie se passe précisément sur le mont Rose. « *Géométriquement le profil des montagnes est une superbe partition en acte. Quel orchestre l'exécute ?* », peut-on y lire !

En 1937, il ouvrit encore une autre voie de la face est, dite Cresta del Poeta. Et bientôt parurent deux ballets, L*a Vispa Teresa* (1939), et un peu plus tard *Enrosadira*, allusion à la couleur du mont Rose lorsque le soleil commence à illuminer les pentes, l'équivalent de l'*Alpenglüh* que l'on peut observer par temps clair jusque dans les plaines du Piémont. Bien que programmée à la Scala de Milan, l'œuvre ne vit jamais le jour en raison du bombardement de la ville par les Allemands. Désabusé par le métier de compositeur, et surtout lassé de l'indifférence du public à l'égard de sa musique, il se tourna définitivement vers sa montagne bien-aimée, le mont Rose, pour explorer une nouvelle voie de la paroi est, le Canalone della Solitudine, un itinéraire extrême, puisqu'il y tombe des rochers en permanence et que le sommet se termine par un sérac de soixante mètres de glace à la verticale. Personne ne semble d'ailleurs avoir été assez fou pour répéter un tel exploit. À un alpagiste, il aurait dit : « *Je vais mourir au mont Rose* », et en quittant le refuge Zamboni : « *Si je disparais, pas la peine de venir me chercher.* » La paroi est du mont Rose l'aura finalement englouti à jamais[3].

[3] JOUTY (Sylvain), extraits tirés de *Alpinistes extraordinaires*, Éditions Hoëbeke, 2009. Des restes du musicien ont été retrouvés en 2007 sur le glacier du Belvédère, au pied de la paroi est du mont Rose. Zapparoli est désormais enterré à Macugnaga.

Sir Edward ELGAR
Depuis les montagnes bavaroises

Edward Elgar (1857-1934) est considéré comme l'un des grands représentants de la tradition musicale anglaise, au même titre qu'Henry Purcell et Benjamin Britten, mais son œuvre est empreinte d'un grand conservatisme wagnérien. Il ne s'imposa qu'après la quarantaine grâce aux *Variations Enigma*, et passa les quinze dernières années de sa vie sans composer, déprimé à la suite du décès de sa femme. Sa production, principalement jouée dans les pays anglo-saxons, touche à tous les genres : symphonique, concertant, religieux, musique de chambre, etc.

Vue du massif de la Zugspitze depuis le versant autrichien, dans la descente du Fernpass.

Edward Elgar, qui n'était encore qu'un obscur compositeur de province en 1892, tomba amoureux de la Haute-Bavière après trois représentations d'opéras à Bayreuth. Il effectuait alors un voyage en Allemagne en compagnie de sa jeune épouse, certainement sous l'influence de la mode wagnérienne. Ce premier voyage fut le prélude à quatre autres séjours dans la région de Garmisch-Partenkirchen, où le couple s'installa à la villa Bader, une *guesthouse* tenue par une famille d'Anglais, les Slingsby. Durant l'automne 1894, les Elgar explorèrent plus profondément les environs, s'imprégnant des coutumes locales durant plus de six semaines. À leur retour de vacances, Alice Elgar, qui écrivait des poèmes, souhaita produire une sorte d'album musical qui retracerait leurs vacances en Bavière. Elle composa aussitôt six poèmes qu'Edward mit en musique, d'abord dans une version chant et piano, puis avec un accompagnement pour orchestre. *From the Bavarian Highlands* était né, et son succès fut tel que le compositeur réalisa différentes transcriptions pour violon et piano, pour orgue, pour piano à quatre mains, et pour violoncelle et piano. Pour finir, il rassembla les trois pièces les plus populaires du recueil en un ensemble baptisé Trois danses bavaroises, qui furent jouées pour la première fois au Crystal Palace de Londres en 1897 et qui eurent un succès retentissant. Chacune des pièces du recueil original rappelle un lieu de passage d'Elgar : *Sonnenbilch*, *False Love* (Wamberg), *Lullaby* (*in Hammersbach*), *Aspiration* (*Bei Sankt Anton*), *On the Alm* (*Hochalp*) et *The Marksmen* (*Bei Murnau*).

♪ Les *Trois danses bavaroises* pour orchestre symphonique d'Elgar rappellent les quatre voyages consécutifs du compositeur en Bavière.

Charles KOECHLIN
Courses en val d'Anniviers

Le compositeur français Charles Koechlin (1867-1950) est issu d'une grande famille d'industriels alsaciens, les Dollfus, dont les idées philanthropiques et progressistes se reflétèrent chez le musicien par une curiosité d'esprit qui toucha des domaines aussi variés que le cinéma, la philosophie, l'astronomie, les sciences naturelles et même l'alpinisme. Koechlin entama des études au Conservatoire de Paris à l'âge de vingt-deux ans, après avoir réussi l'École polytechnique. Sa grande érudition et ses compétences pédagogiques firent sa réputation, bien plus que son œuvre, abondante mais pas vraiment comprise ni appréciée à sa juste valeur.

Il faut chercher dans son œuvre pour orchestre *Le Livre de la jungle* pour trouver une trace musicale de l'expérience personnelle de Charles Koechlin en tant qu'alpiniste, plus précisément dans *La Méditation de Purun Bhagat* (1936). Cette musique traduit à la fois l'ascension vers les sommets et l'évolution de la pensée d'un maharajah qui renonce au pouvoir pour se retirer dans la solitude d'un ermitage himalayen. Le profil en arche suit exactement la forme d'une montagne que l'on gravit pour atteindre son sommet, suivi d'un grand decrescendo qui ramène la sérénité du début. C'est évidemment le schéma le plus classique pour une œuvre censée décrire une ascension en montagne.

Parvenu au meilleur de sa forme malgré un début de tuberculose qui l'obligea à renoncer à la carrière militaire, Koechlin découvrit le Valais au début des années 1890. Il explora cette région de la Suisse à de très nombreuses reprises, principalement dans le val d'Anniviers et la région de Saas Fee, que ce soit pour réaliser des courses en altitude ou simplement pour prendre des photos avec son vérascope.

En août 1893, Koechlin n'était pas encore un compositeur accompli, puisqu'il était inscrit au Conservatoire de Paris dans les classes de Gabriel Fauré et de Jules Massenet. Il rejoignit ses amis du Club alpin français (CAF), dont les frères

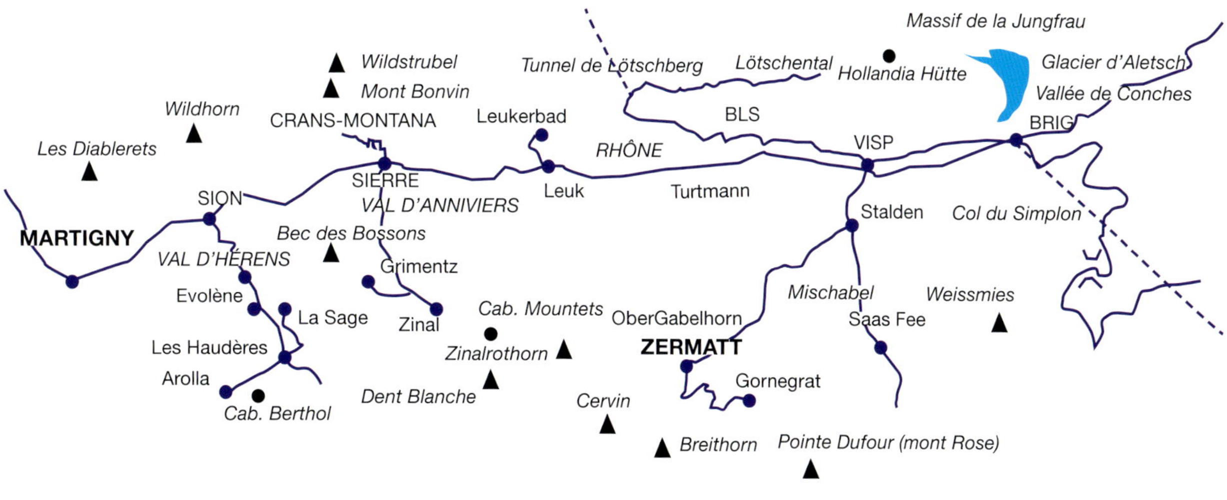

Valais.

Le village de Zinal a gardé le caractère qu'il avait à l'époque des vacances de Charles Koechlin

Michelin[1] et les frères Wolff[2], dans le but d'entreprendre quelques courses photographiques dans la région de Zinal. Durant l'été, le petit village flanqué au fond du val d'Anniviers et entouré d'une couronne de montagnes[3] constituait le point de départ de nombreuses excursions, alors qu'en hiver, on y venait pour skier lorsque la neige faisait défaut ailleurs. Le compositeur aimait photographier les raccards – sorte de greniers en bois noirci montés sur des piliers de bois et isolés des rongeurs par de larges plaques d'ardoise – qui peuplaient les alpages de cette vallée.

Le 3 août, le petit groupe réuni décida de rejoindre le Pigne de la Lé, haut de 3404 mètres. Le départ fut donné à 4 heures du matin par une belle et pure matinée. Le soleil naissant les accompagna jusqu'à l'Alpe de la Lé. Pour y parvenir, la première idée était de suivre l'arête rocheuse sur la gauche. Séparés par cinq mètres de corde, ils grimpèrent au milieu de blocs chancelants et de cheminées étroites, qui les dérobèrent souvent à la vue les uns des autres. Ils déjeunèrent avant de s'attaquer à la dernière montée, assez pénible au début, sur des roches brisées mêlées de neige fondante. Plus ils montaient et plus la neige dominait. Arrivés à midi, étendus au soleil, ils profitèrent de la vue sans se lasser du spectacle. De toutes parts s'étendaient des glaciers. Du côté de Zermatt tout semblait déchiré et menaçant ; au couchant, les yeux se reposèrent sur le vaste névé de Moiry. Pas un nuage à l'horizon ! Le jour suivant, il ne fut pas question d'un départ avant 7 heures. Après tout, nous étions un dimanche, et c'est du haut de leur promontoire rocheux qu'ils virent partir les fidèles Bishorn (4 161 m), Weisshorn (4 512 m), Zinalrothorn (4 223 m), Ober Gabelhorn (4 063 m), dent Blanche (4 364 m). pour la messe : « *Qu'on veuille bien le croire, du reste, le plaisir trouvé ou recherché sur les cimes ne rend pas nécessairement aveugle pour tout ce qui se passe au-dessous de la limite des neiges. Le spectacle des bons Anniviards, descendant par longues files de tous les alpages voisins, n'est dépourvu ni d'intérêt ni de charme ; et à les voir se presser, avec l'attitude du recueillement le plus sincère, dans la petite chapelle de Zinal, qui oserait se flatter de planer plus haut qu'eux par la pensée*[4] ? »

[1] Les célèbres industriels du pneu français.
[2] Fils du facteur de pianos associé à Pleyel.
[3] Bishorn (4 161 m), Weisshorn (4 512 m), Zinalrothorn (4 223 m), Ober Gabelhorn (4 063 m), dent Blanche (4 364 m).

[4] PUISEUX (Pierre), « Autour de Zinal – août 1893 », in *Annuaire du Club alpin français*, 1894.

♪ La *Méditation de Purun Bhagat*, poème symphonique d'après Kipling (1936), vit le jour lors d'un séjour de Koechlin à Chamonix.

Gustave MAHLER
Sommerkomponist trotteur

Issu d'une famille juive d'expression allemande vivant en Bohème, Gustav Mahler (1860-1911) fit ses études au Conservatoire de Vienne où il eut comme camarade Hugo Wolf. Il commença sa carrière de chef d'orchestre en 1880, voyageant d'un poste à l'autre. Sa notoriété grandit rapidement; à partir de 1888, il devint tour à tour directeur de l'Opéra de Budapest, premier chef à l'Opéra de Hambourg, pour finalement accéder au poste prestigieux de directeur de l'Opéra de Vienne en 1897. Son mariage avec Alma Schindler, une femme intelligente et d'une grande beauté, marqua un tournant dans sa vie sociale. Aussi exigeant envers lui-même qu'avec son entourage, il eut autant d'alliés admiratifs que d'ennemis acharnés. Trois coups du destin le frappèrent en 1907: la perte de son poste à Vienne, la mort de sa fille cadette de quatre ans et la découverte de sa maladie de cœur incurable. Les quatre années qu'il passa ensuite à la tête du Metropolitan Opera de New York et la grave crise de son couple en 1910 précipitèrent sa fin, laissant plusieurs cycles de lieder avec orchestre et surtout un corpus de dix symphonies, presque toutes composées pendant ses vacances au cœur des Alpes.

Gustav Mahler composait principalement durant l'été, lorsqu'il était enfin débarrassé de ses fonctions de chef d'orchestre et de directeur d'opéra. Il se rendait alors dans les montagnes autrichiennes, où il occupait un petit chalet – son *Häuschen* – pour composer tranquillement loin du bruit et des curieux. Trois lieux furent ainsi choisis successivement durant les vingt dernières années de sa vie : Steinbach sur l'Attersee, Maiernigg sur le Wörthersee, et enfin Toblach, dans les Dolomites du Tyrol du Sud. Sa musique est fortement inspirée par les impressions recueillies durant ses nombreuses promenades en montagne, au point de déclarer un jour à son collègue et chef d'orchestre Bruno Walter, qui contemplait la vue splendide des montagnes environnantes : « *Inutile de regarder cela, tout est noté dans ma musique* » !

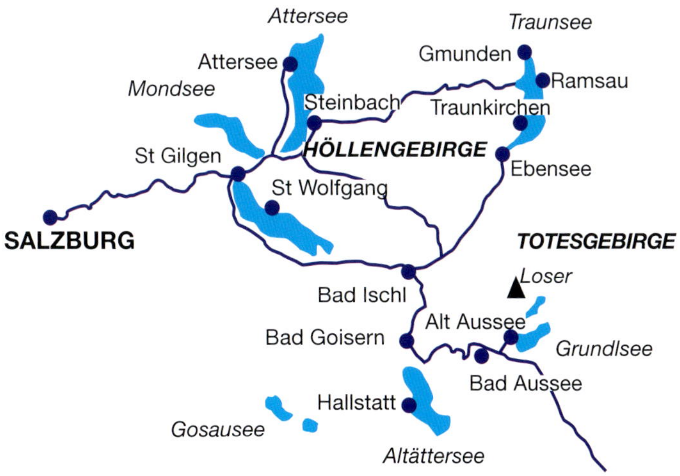

Région du Salzkammergut.

1. Steinbach sur l'Attersee, Salzkammergut (de 1893 à 1896 - 2e et 3e symphonies)

C'est au cours d'un voyage de prospection pour les vacances que Justi, la sœur de Gustav Mahler, et Natalie Bauer[1], une amie violoniste rencontrée au Conservatoire de Vienne, parcoururent le Salzkammergut dans le but de lui trouver un endroit idéal pour composer, puisque c'était l'unique moment de l'année durant lequel il pouvait se laisser aller à l'inspiration.

[1] Natalie Bauer Lechner a laissé un témoignage sur la vie du compositeur entre les années 1890 et 1901. Cette violoniste avait rencontré Mahler durant leurs études au Conservatoire de Vienne dans les années 1875-1877. Sa longue amitié avec le compositeur débuta véritablement en 1890, une relation qui dura jusqu'aux fiançailles de Mahler avec Alma Schindler, vers la fin 1901. Après une carrière de quartettiste brisée par des soucis de santé, et sans doute inconsolable de la perte de son meilleur ami, Natalie sombra dans la dépression et mourut dans un asile d'aliénés.

Elles découvrirent ainsi la petite localité de Steinbach, située sur la rive est de l'Attersee.

Le confort, le calme à l'écart des touristes et la vie à peu de frais décidèrent Mahler à passer l'été 1893 à Steinbach, à quelques minutes à pied du village, dans une petite auberge à un étage, le *Gasthof und Fleischhauerei zum Höllengebirge*, aujourd'hui située à l'avant d'un camping municipal fort fréquenté. Cinq pièces étaient réservées pour la famille : deux pour ses sœurs Justine et Emma, deux autres pour Gustav et son frère Otto, et une pour Natalie. Un petit piano à queue avait été mis à la disposition du compositeur. L'année suivante Mahler fit construire à ses frais une petite maison (*Häuschen*) au milieu d'une grande prairie attenante à l'auberge et qui s'avance dans le lac comme une petite presqu'île.

Dès le premier été, et pour de nombreuses années encore, Mahler adopta un horaire de travail assez strict : il se levait vers 6 heures et demie et composait jusqu'au déjeuner de midi. Mais il lui arrivait souvent d'oublier l'heure, ce qui obligeait la famille à patienter jusqu'en milieu d'après-midi pour enfin se mettre à table !

L'année suivante, Mahler reprit le chemin des vacances en direction de Steinbach, cette fois sans Natalie, à qui il reprochait d'être envahissante. Il rêvait d'achever sa deuxième symphonie commencée l'année précédente. En vérité, il passa tout l'été sur un seul mouvement. Le *Häuschen* était à présent construit et Mahler envisagea d'y passer ses nuits. Mais Justi l'en dissuada à cause de l'humidité, le lac n'étant qu'à quelques mètres. Il n'y avait à l'époque aucun chemin d'accès pour éviter les curieux. Mahler redoutait le bruit extérieur lorsqu'il travaillait, y compris celui des oiseaux et des chiens, et il lui arrivait de fermer les volets pour être complètement au calme.

Durant les périodes de détente, Mahler adorait faire des promenades à pied ou à bicyclette. C'est précisément en allant rendre visite à Brahms durant l'été 1894 qu'il fit étape à Bad Ischl. Il enfourcha son vélo et parcourut la distance qui sépare Steinbach am Attersee de Bad Ischl, soit environ vingt-cinq kilomètres, qu'il avala à toute allure et en zigzaguant ! Tout le monde se retournait au passage de ce cycliste à la conduite étonnante ! Il débarqua chez Brahms, qui l'accueillit avec gentillesse mais qui n'échangea aucune conversation intéressante, c'est du moins ce que rapporte Natalie, sa confidente de l'époque. Les deux hommes se promenèrent dans la forêt d'Ischl, le long de la rivière Traun.

Durant l'été suivant, Mahler interrompit son travail de *Sommerkomponist* pour rendre une nouvelle visite à Brahms, dans l'espoir que ce dernier lui tienne enfin des propos captivants. Mahler en profita pour suivre quelques jours de cure d'eaux thermales à Ischl, espérant pouvoir guérir de ses hémorroïdes. Malheureusement, la cure ne lui fut d'aucun secours : les fréquentes hémorragies dont il souffrait reprirent de plus belle. C'est lors de ce séjour qu'il entreprit une longue excursion à bicyclette d'Ischl à Aussee et ensuite à Grundlsee, avec une ascension au Zwieselalm (3 juillet 1895).

Mahler retrouva l'Attersee en 1896 pour la quatrième et dernière fois, après une année de travail épuisante. Il n'avait qu'un seul souhait : terminer sa troisième symphonie. Son piano n'était pas encore arrivé à cause des intempéries, et

Vue extérieure du *Haüschen* de Gustav Mahler au bord de l'Attersee.
La prairie, nommée Seewies, se trouve de nos jours au milieu d'un camping envahi durant l'été.

il avait eu le malheur d'oublier les esquisses de son premier mouvement à Hambourg, où il occupait le poste de chef d'orchestre à l'opéra. Le compositeur finit par se demander pourquoi revenir toujours au même endroit, tant les jours pluvieux se succédèrent cet été-là.

Après avoir terminé une bonne partie de l'orchestration du premier mouvement de sa troisième symphonie, il profita d'une amélioration du temps pour entreprendre une excursion d'environ cinq jours en passant saluer Brahms dans sa petite maison estivale de la Salzburgerstrasse à Ischl. Le compositeur était sous le choc de la disparition de sa grande amie Clara Schumann et, malade du foie, il passait ses journées à méditer sous l'arbre du jardin. Ce jour-là, Mahler pressentit que ce serait probablement la dernière fois qu'il verrait l'illustre compositeur. Il poursuivit son chemin à bicyclette jusqu'au village d'Hallstatt, véritable carte postale de l'Autriche, accroché au versant escarpé du massif du Dachstein et dont les contreforts plongent dans les eaux du Hallstättersee. Il décida d'y passer la nuit avant de rejoindre Ischl et de là Salzbourg, où il avait rendez-vous.

Cette fois, Mahler était bien décidé à ne plus jamais remettre les pieds dans cette région dont le climat était décidément détestable et le bruit ambiant exaspérant! En quittant les lieux, il dit au propriétaire: « *Herr Scheicher, au cas où je ne reviendrais jamais, le Häuschen redeviendrait votre propriété.* » Le dernier jour, Mahler monta sur le Wiesenberg tout proche et fondit en larmes en contemplant une dernière fois sa cabane où, pendant quatre étés consécutifs, il avait lutté et souffert pour édifier deux de ses plus grands monuments symphoniques.

2. Parenthèse tyrolienne (1897-1898)

Entre les étés qu'il venait de passer à Steinbach sur l'Attersee et sa première installation à Maiernigg sur le Wörthersee en 1899, Mahler se rendit deux fois dans le Tyrol du Sud (1897 et 1898), une région aujourd'hui partagée entre l'Autriche et la province italienne du Trentin-Adige, mais qui à l'époque appartenait à l'Empire austro-hongrois. Dans cette région, les glaciers ont creusé de larges vallées exposées au sud qui offrent un ensoleillement exceptionnel et une douceur très rare à cette altitude. Durant l'été 1897, après un séjour écourté dans la région de Kitzbühel en raison d'une épidémie de scarlatine, la famille découvrit une jolie maison située à Steinach am Brenner, sur la route du col du Brenner qui descend vers l'Italie. Durant les dix premiers jours du mois de juin, la santé de Mahler s'améliora sous l'effet bénéfique du climat et du bon air: « *Nous vivons absolument en dehors du monde. Notre petite maison est située tout à fait à l'écart, elle est entourée de prés, en bordure d'une forêt... Nous nous promenons sur les hauteurs et dans les forêts des environs, et nous baignons de temps en temps dans le Schwarzsee tout proche. Quand il fait trop chaud, nous dormons ou nous lisons*[2]. »

Après la quinzaine de jours paradisiaques passés à Steinach, les Mahler durent laisser place à d'autres locataires. Ils poursuivirent leur route en direction du col du Brenner et tombèrent sur une villa située à Gries, mais nettement moins confortable que la précédente. De là, ils partirent à bicyclette pour explorer l'ensemble de la région: d'abord dans la vallée de Ridnaun près de Sterzing, à 1 400 mètres d'altitude. Ensuite ils se tournèrent vers le charmant village de Vahrn, où ils découvrirent une demeure magnifiquement équipée, la villa Hartmann. Il fut aussitôt décidé de louer l'endroit pour l'été suivant.

Lors d'un tour à vélo entre Gries et Innsbruck, Mahler, qui avait la fâcheuse habitude de rouler en zigzaguant, fit une chute au bord d'un ravin qui se jetait dans la Sill. Natalie l'accompagnait et raconte: « *J'ai vu comment il a essayé de freiner sa bicyclette, mais trop tard; il s'est précipité, encore conscient dans sa chute, sur les branchages d'un buisson qui tapissait cet abîme avec d'autres arbustes. Là, il s'est ressaisi; son vélo pendait; tout cela en une seconde. Il était indemne, à part les écorchures sanglantes sur ses mains*[3]. » Remis de leurs émotions, ils entreprirent ensuite une magnifique excursion dans le Pustertal, une vallée qui part du Brenner jusqu'à Toblach, lieu des ultimes vacances du compositeur.

À la mi-juin 1898, Mahler s'en alla rejoindre le village de Vahrn, comme il avait été décidé l'année précédente. Mais il ne parvint pas à profiter réellement de l'endroit car il continuait de souffrir physiquement de ses hémorragies. Natalie, qui connaissait la région depuis sa tendre enfance, le rejoignit aussitôt, et raconte avoir organisé une excursion mémorable: « *14 juillet. Au cours de nos méritoires excursions quotidiennes, où, sur la foi de vieux souvenirs, je servais de guide*

[2] DE LA GRANGE (Henry-Louis), *Gustav Mahler*, vol. 1, Librairie Arthème Fayard, édition originale revue et augmentée, 1979, p. 660.

[3] BAUER-LECHNER (Natalie), *Souvenirs de Gustav Mahler*, Mahleriana, Éditions L'Harmattan, 1998, p. 122.

Le village de Bad Aussee.

dans chaque sentier, nous sommes arrivés sur un chemin d'altitude, raide et pierreux, qui domine le village nommé Spiluk, étagé en quatre gigantesques degrés, avec une magnifique ouverture sur le Schaldderertal. Nous avons grimpé quelques centaines de mètres et avons atteint le sommet. Là-haut, un superbe sentier plat suivait la pente escarpée de la montagne, avec une vue enivrante sur la vallée lumineuse, riante : sur Vahrn et Brixen, le couvent Neustift, Mühlbach avec son château Bodeneck et Fransensfeste. Nous voyions loin à l'intérieur des chaînes alpines du Pustertal, du Brenner et de l'Eisacktal ; on découvrait des glaciers lointains et les pics sauvages des Dolomites, qui nous avaient été cachés jusque-là[4]. »

3. Retour dans le Salzkammergut (1899 - Début de la 4e symphonie)

Pendant l'été 1899, Mahler retourna dans le Salzkammergut, accompagné une fois de plus de sa sœur Justi et de sa fidèle amie Natalie Bauer, alors qu'ils s'étaient juré de ne plus y remettre les pieds. Au bout d'une dizaine de jours de recherche, ils louèrent la villa Seri, située à trente minutes à pied du centre d'Aussee. Mahler, qui ne disposait que de six semaines pour composer, se rendit vite compte que les flonflons de l'orchestre local, qui jouait chaque jour pour les curistes de l'hôtel des thermes, lui arrivaient depuis le bas de la vallée. Croyant avoir perdu l'atmosphère nécessaire pour composer librement, il s'installa sous le toit, dans une chambre froide et humide, tandis que la pluie, si fréquente dans le Salzkammergut, tombait à nouveau sans interruption. Vers la fin juin, il renoua avec l'inspiration et c'est coup sur coup qu'il acheva le poème *Revelge*, sans doute le plus beau des *Knaben Wunderhorn Lieder*, et qu'il mit la main au premier mouvement de sa troisième symphonie.

Malgré le temps déplorable, Mahler réalisa de belles excursions en compagnie de sa confidente Natalie, comme l'ascension du Pfeiferalm, qu'elle relate dans ses mémoires : « *Mahler en était particulièrement ravi, parce que nous n'avons pas rencontré une seule âme de tout le chemin. Là-haut, nous sommes restés longtemps assis à la véranda du petit refuge alpin. Mahler savourait la merveilleuse vue, et, plus encore, le profond calme du lieu*[5]. » Quelques jours avant la fin des vacances, il réalisa une

[4] *Ibid.*, p. 155. Mahler fut tellement ravi de l'excursion qu'il la refit plus d'une fois.

[5] *Ibid.*, p. 178.

dernière ascension, celle du Sattal, une petite montagne des environs d'Alt-Aussee. Et c'est là qu'il montra pour la première fois des signes de vertige : « *Tandis qu'il marchait tranquillement derrière ses compagnons, le sol se déroba sous ses pas, il manqua tomber et perdre connaissance, lui qui n'avait jamais connu de sa vie le vertige. Justi le vit "pâle comme la mort", prit peur, et, après avoir appris la cause de son malaise, fit rebrousser chemin à tout le groupe*[6]. »

Pendant ses vacances de l'été 1899, Mahler commença sa 3e symphonie et termina le poème Revelge, le plus beau des *Knaben Wunderhorn Lieder*.

4. Maiernigg sur le Wörthersee (de 1899 à 1907 - Fin de la 4e symphonie - 5e, 6e, 7e, 8e symphonies)

Mahler, dont la carrière de chef d'orchestre était désormais assurée, rêvait de faire construire une villa pour les vacances d'été. Comme à l'époque de la découverte de l'Attersee, c'est grâce à sa sœur Justi et à Natalie Bauer qu'il connut le Wörthersee, après qu'elles furent allées prospecter à vélo durant le mois de juillet 1899 pour chercher une habitation digne de convenir à ses occupations de compositeur. Ils trouvèrent un terrain boisé donnant sur le lac, complètement isolé, qui conviendrait parfaitement pour la construction d'une habitation, ainsi qu'un autre sur la colline avoisinante, en plein bois, coupé du monde lui aussi, qui pourrait convenir pour un *Häuschen*. Une fois réglé le contrat d'achat du terrain et les plans de la maison et de la cabane établis, Mahler décida de louer la villa Antonia pour l'été suivant, à quelques dizaines de minutes du chantier de construction. De là, il pourrait superviser plus facilement les travaux.

Été 1900. Mahler débarqua à Maiernigg le 21 juin en compagnie de son ami le violoniste Arnold Rosé, *Konzertmeister* à l'Opéra de Vienne et futur beau-frère du compositeur. Le *Häuschen* étant achevé plus tôt que la villa, il put se mettre immédiatement au travail de sa quatrième symphonie. Il demanda à sa sœur de lui apporter le petit déjeuner, mais cette dernière essaya de l'en dissuader à cause de l'éloignement et de la difficulté du chemin, surtout par mauvais temps[7]. D'après Natalie Bauer, Mahler aurait éprouvé de grandes difficultés à se remettre au travail après la saison des concerts à l'Opéra de Vienne. Alors qu'à Steinbach il était capable de se mettre immédiatement à l'ouvrage, il ressentait ici comme une sorte de rupture d'inspiration, craignant d'avoir perdu toute capacité à composer. Les raisons semblent avoir été son mauvais état de santé mais surtout le fait de devoir reprendre des esquisses abandonnées l'année précédente. D'autre part, comme à Steinbach et à Aussee, il était vite dérangé par les bruits environnants de Maiernigg : le chant des oiseaux et les aboiements des chiens des voisins le gênaient, sans parler des concerts de la musique militaire depuis l'autre rive. Pourtant, lorsqu'on écoute sa musique, on est frappé par ces mêmes bruits qui apparaissent un peu partout dans ses symphonies !

Wörthersee.

[6] DE LA GRANGE (Henry-Louis), *op. cit.*, p. 803.

Pour se changer les idées, Mahler entreprit un tour en solitaire dans les Dolomites vers le 15 juillet, plus précisément dans la vallée d'Ampezzo. On raconte qu'à cette occasion, il fut arrêté par des gendarmes qui le prirent pour un clochard, avec sa barbe de deux jours, sa chemise ouverte, sans veste ni bretelles ni ceinture. Le 19, il rentra à Maiernigg tout bronzé et ravi de son excursion ! Il se remit au travail dès son retour, car l'inspiration lui était enfin revenue. À plusieurs reprises, Mahler fit le pèlerinage du lac Misurina situé dans les Dolomites, comme pour « *conjurer l'angoisse de la stérilité, ces montagnes qui sont pour lui un espace mental, stimulent son imagination et son désir profond d'égaler la nature par l'œuvre immense qu'il construit*[8] ».

Le compositeur avait l'habitude d'entreprendre des excursions en solitaire, le plus souvent à vélo, un sport qu'il pratiquait régulièrement depuis ses vacances à Steinbach sur l'Attersee et qui inquiétait Justi et Natalie : « *Ces excursions solitaires de Mahler nous faisaient peur, à Justi et à moi, non seulement à cause de son imprudence et de sa distraction*

[7] Le *Häuschen* de Maiernigg se trouve à une vingtaine de minutes du lac et on y accède par un chemin assez escarpé. Alma Mahler témoigne également que pendant les étés 1902-1907 le compositeur se faisait apporter le petit déjeuner là-haut.

[8] DE LA GRANGE (Henry-Louis), *op. cit.*, p. 904.

La façade opposée au Wörthersee de la villa de Maiernigg. Mahler y vécut chaque été entre 1901 et 1907.

Le *Häuschen* de Mahler à Maiernigg, encore visible, était situé à l'écart de toute activité humaine.

sans bornes, mais encore parce qu'il perdait et abandonnait régulièrement à cette occasion toutes sortes de choses (cette fois, entre autres, c'était son sac de vélo, avec tout son linge)[9]. »

La maison au bord du Wörthersee fut achevée pour l'été 1901. Mahler se retrouva dans une grande maison familiale toute neuve, mais seul, sans femme ni enfants ! Qu'en était-il de sa relation avec Natalie ? Personne ne peut affirmer à ce jour si les deux amis du Conservatoire vécurent ensemble et eurent des relations intimes, mais ce qui est certain, c'est que Natalie était folle de Mahler au point d'espérer l'épouser. Gustav ne se doutait pas qu'un an plus tard il rencontrerait la femme de sa vie, Alma Schindler, une femme superbe pour qui, sans le savoir, il venait de bâtir une maison de rêve où ils passeraient des étés d'amour et de travail. C'est pour cette raison que le manuscrit de Natalie s'arrête en novembre 1902 et que la confidente du maître s'effaça à tout jamais de la vie de Mahler. Deux petites filles naquirent durant ces quelques années de bonheur du couple Mahler-Schindler.

Vers la fin du mois de juillet 1902, Mahler interrompit le travail de sa cinquième symphonie pour entreprendre un nouveau voyage de détente en solitaire dans le Tyrol du Sud, à Toblach. De là, il grimpa à nouveau à bicyclette jusqu'au lac Misurina, qui fait face aux célèbres murailles rouge ocre des Tre Cime di Lavaredo. Et comme l'inspiration revenait chaque fois après ce genre de sortie, il refit exactement le même voyage durant les trois années suivantes : vers la fin juillet 1903, à la mi-juillet 1904 et durant l'été 1905. C'est ainsi qu'il put rapporter de ses vacances une bonne partie de la sixième symphonie, deux des *Kindertotenlieder* et la totalité de la septième symphonie !

Après son retour à Vienne en vue de préparer la nouvelle saison de l'opéra, Mahler décida de séjourner quelques jours dans les montagnes du Semmering, cette fois sans Alma ni les enfants, restés à Maiernigg. Il éprouvait une réelle fascination pour cette région du Hochschneeberg, et c'est pour cette raison que Mahler acheta un terrain sur la commune de Breitenstein am Semmering, où il pensait pouvoir finir ses vieux jours. C'est finalement Alma qui prit possession des lieux pour y faire construire une deuxième résidence après la mort du compositeur[10].

Été 1906. Ce fut le dernier séjour heureux de Mahler à Maiernigg. Cette année-là, il parvint à composer la huitième symphonie en seulement deux mois ! Les journées se déroulaient en général de la même manière, ce que décrit le grand décorateur Alfred Roller de l'Opéra de Vienne, qui visita Mahler quelques jours au bord du Wörthersee : Mahler se levait vers 5 heures et demie du matin, prenait un premier bain tout seul, puis grimpait rapidement le sentier jusqu'à sa petite maison enfouie dans la forêt où l'attendait déjà un petit déjeuner. Suivaient quelques heures de travail, après quoi il s'en allait à nouveau prendre un bain dans le Wörthersee, cette fois en compagnie d'Alma, ou alors il jouait avec les enfants.

[9] BAUFR-LECHNER (Natalie), *op. cit.*, p. 219.

[10] Lire à ce sujet le chapitre du livre consacré à « Franz Schreker et Alma Schindler dans le Semmering ».

Dolomites.

Le lac Misurina, lieu culte de Gustav Mahler, avec les fameuses Tre Cime di Lavaredo dans le fond. Le compositeur s'y rendait souvent pour renouer avec l'inspiration.

Après le repas, il se reposait un moment, ensuite partait vers les 4 heures pour une longue promenade à pied, accompagné généralement de sa femme. Quand il marchait lentement (ce qui n'arrivait pas souvent), il posait un pied devant l'autre d'une manière inhabituelle, en étendant la jambe en avant. La plupart du temps il marchait d'un pas rapide en avançant le haut de son corps, menton en avant et donnant presque un coup en posant le pied. Il était incapable de flâner, si bien que dans les côtes il marchait trop vite et on arrivait à peine à le suivre. Ramer sur l'eau n'était jamais un plaisir avec Mahler, car il donnait des coups trop violents. En promenade, il accrochait sa veste à son épaule à l'aide d'une ficelle et mettait de fines chaussettes noires montant jusqu'aux genoux, des souliers jaunes à lacets et une culotte de golf.

Été 1907. Cette fois, Mahler fut plongé dans les ennuis. La situation à l'Opéra de Vienne était devenue intenable car il était à la fois victime de l'antisémitisme et de conflits divers avec certains musiciens de l'orchestre. Il était aussi plongé dans des soucis d'avenir depuis qu'il avait accepté de prendre la direction de l'Opéra de New York. Quittant Vienne pour sa propriété de Maiernigg au début de l'été, il pensa retrouver un peu de sérénité et d'air pur, mais le soulagement fut de courte durée. À peine débarqué à Maiernigg avec sa famille, la petite Maria-Anna, surnommée « Putzi », tomba malade. Elle venait de contracter la scarlatine et la diphtérie. Les médecins ne purent rien faire pour l'enfant, qui décéda le 12 juillet. Et comme le destin s'acharne en général plusieurs fois au même moment, le médecin annonça à Mahler que son cœur était très malade. Le couple décida de mettre immédiatement la villa en vente, car trop de souvenirs pénibles hantaient désormais les murs de Maiernigg.

Mahler cru bon se tourner une fois encore vers le Tyrol du Sud pour ses derniers étés et partagea son existence entre l'Amérique et le vieux continent. Et comme on pouvait s'en douter, il choisit la région de Toblach (le petit village de Schluderbach), cette région des Dolomites qu'il fréquentait depuis si longtemps.

5. Toblach dans le val Pusteria. L'épilogue (1908-1910 - *Le Chant de la Terre*, 9e symphonie et 10e inachevée)

Bien avant d'y séjourner durant trois étés consécutifs, Gustav Mahler s'était déjà promené à bicyclette dans le val Pusteria pendant l'été 1897, puisqu'il effectua une longue course à vélo de Vahrn à Toblach en compagnie de son amie Natalie, soit une distance parcourue de plus de cent vingt kilomètres aller-retour ! Quelques années plus tard, alors qu'il passait ses vacances dans sa propriété de Maiernigg sur le Wörthersee, il s'en alla plus d'une fois rejoindre le Pustertal, surtout lorsqu'il était en rupture d'inspiration ou qu'il souhaitait prendre une pause après avoir terminé un important travail. Il prenait alors le train jusqu'à Lienz ou Toblach et de là enfourchait sa bicyclette pour grimper au lac Misurina (1 750 m). Il faisait généralement étape à Toblach ou à Carbonin-Schluderbach, près de la cime de la Croda Rossa.

Mahler composa l'essentiel de ses symphonies à Maiernigg, de la 4e à la 8e.

Les Tre Cime di Lavaredo depuis le refuge Locatelli. Mahler les observait depuis l'autre versant, face au lac Misurina.

Le troisième et dernier *Haüschen* de Mahler à Toblach, où il acheva le *Chant de la Terre*, la 9e symphonie et la 10e restée inachevée.

Mahler et sa femme se réfugièrent à Toblach-Schluderbach durant l'été 1907, dans une auberge où le compositeur avait semble-t-il déjà séjourné brièvement en 1905. Il n'était plus ici question de grandes excursions, mais de petites randonnées à un rythme paisible, ce qui n'était pas du goût de Mahler.

L'auberge de Toblach était une vaste maison – transformée depuis en *Gustav Mahler Stube*. Le rez-de-chaussée était habité par le propriétaire et sa famille, un dénommé Trenker, qui louait l'étage d'une dizaine de pièces à des estivants. Ce logement comprenait une grande pièce commune équipée d'une large véranda, d'où l'on jouissait d'une vue splendide sur le village de Toblach, le Pustertal et les deux montagnes jumelles de 1 800 mètres, le Ratsberg (Monte Rota) et le Scheibeneck (Il Dosso)[11]. Et vers la mi-juin 1908, le *Sommerkomponist* (compositeur de l'été) put disposer d'un tout nouveau *Häuschen* dans lequel il composa *Le Chant de la Terre*.

Durant l'été 1909, les médecins conseillèrent à Alma, qui souffrait de dépression, d'aller suivre une cure dans la petite ville d'eaux de Levico, située à l'ouest de Trento. Pendant ce temps, Mahler essayait de composer tant bien que mal dans la solitude et le froid. Les conditions de vie dans la maison des Trenker n'étaient pas excellentes, car il s'en dégageait une odeur pestilentielle provenant du cellier situé sous la maison, où les roues de fromage étaient entreposées parmi les mouches. Plus grave encore était le bruit ambiant, celui des enfants comme celui des paysans et des montagnards, généralement fort bruyants. Malgré le vent et la pluie, Mahler effectuait sa promenade quotidienne, en général jusqu'à Toblach, où il réceptionnait son courrier, puis se rendait à l'hôtel pour boire un café au lait et lire le journal. Ce n'est qu'à partir du 22 juin qu'il put enfin loger dans son *Häuschen*, où il s'était fait installer un poêle à alcool et où il put se concentrer sur sa nouvelle symphonie, la neuvième. Entre-temps, Alma quitta sa cure dans le Trentin et Mahler vint la chercher à la gare voisine de Niederdorf, sur la ligne Brunico-Toblach. La vie estivale était ponctuée de quelques visites, dont celles du couple Richard Strauss et du jeune compositeur Erich Korngold accompagné de ses parents, généralement vers la fin du mois d'août.

Été 1910. La saison sembla débuter sous les meilleurs auspices mais Mahler ne se doutait pas que sa femme était sur le point de sombrer à nouveau dans une grosse dépression. Les médecins, qui ne savaient toujours pas ce dont elle souffrait, lui prescrirent une nouvelle cure, cette fois à Tobelbad, dans le Steiermark autrichien. C'est là qu'elle fit la connaissance de Walter Gropius, jeune architecte et futur fondateur du Bauhaus, qui tomba aussitôt amoureux de la belle Alma. Il lui écrivit une lettre enflammée qui arriva par mégarde dans les mains du compositeur. Le choc pour Mahler fut indescriptible. Sur le manuscrit de la dixième symphonie, il griffonna : « *Ô Dieu, ô Dieu, pourquoi m'as-tu abandonné ?* » Persuadé qu'Alma allait bientôt le quitter, le compositeur se sentit perdre toute

[11] On distingue le lieu-dit Neu Schluderbach, sur la route de Cortina et du lac Misurina, du hameau de Alt Schluderbach situé à quelques centaines de mètres à l'ouest de Toblach, où Mahler passa les étés de 1908 à 1910.

Alma et Gustav Mahler en promenade à Toblach. La pension *Trenker* n'est qu'à quelques dizaines de mètres de là.

virilité. Il sollicita aussitôt le célèbre Dr Freud, qui passait ses vacances à Leiden aux Pays-Bas. Mahler fit le déplacement et la séance-promenade qui suivit sembla l'apaiser. De son côté, Alma savait que si elle quittait Mahler, elle le condamnait. Les dernières vacances à Toblach s'achevèrent ainsi sur une note discordante, celle d'un amour détruit à jamais.

En novembre 1910, pour la quatrième et dernière fois, les Mahler embarquèrent pour les États-Unis. À son retour sur le vieux continent, le compositeur était épuisé et ne pensait même plus à Toblach. Gravement malade, il s'éteignit le 18 mai 1911, sans avoir pu faire ses adieux à ses chères montagnes. Sa dixième symphonie resta inachevée.

♪ Les trois œuvres qu'il composa à Toblach sont : *Le Chant de la Terre*, la 9e symphonie et la 10e (inachevée).

À lire également

- DE LA GRANGE (Henry-Louis), *Gustav Mahler, chronique d'une vie*, en trois volumes :
  - tome 1 *Les chemins de la gloire (1860-1900)*, Librairie Arthème Fayard (édition originale revue et augmentée), 1979.
  - tome 2 *L'âge d'or de Vienne (1900-1907)*, Librairie Arthème Fayard (pour l'édition française), 1983.
  - tome 3 *Le génie foudroyé (1907-1911)*, Éditions Fayard (pour l'édition française), 1983.
- BAUER-LECHNER (Natalie), *Souvenirs de Gustav Mahler, Mahleriana*, Éditions L'Harmattan, 1998.

Ernest BLOCH
Bivouac sur le mont Salève !

Le Suisso-Américain Ernest Bloch (1880-1959) a été formé d'abord à Genève, puis au Conservatoire de Bruxelles dans la classe d'Eugène Ysaÿe, ensuite auprès de Ludwig Thuille à Munich. Sa carrière alterna entre des périodes d'engagement comme chef d'orchestre et directeur de conservatoire aux États-Unis, et des retours en Europe dans le but de faire connaître ses compositions. Bien que suisse d'origine puisque né à Genève, Bloch fut un compositeur atypique, doublement victime de son époque : victime d'abord de l'incompréhension de son pays d'origine à l'égard de sa musique, victime ensuite de l'antisémitisme et de la barbarie des deux guerres mondiales. Pour ces raisons, Bloch fut contraint à l'exil aux États-Unis à partir de 1916, mais il revenait très souvent en Suisse et en Haute-Savoie pour y passer des vacances ou se reposer du va-et-vient entre les deux continents. « *Sa musique s'efforce de transmettre sa foi religieuse, d'où les choix aux titres évocateurs :* Schelomo, Symphonie Israël, Baal Shem, etc. *S'il s'estimait incompris et mis à l'écart par ses compatriotes, il n'en demeura pas moins un amoureux inconditionnel de la Suisse, de ses paysages et de sa vie rurale dont la nostalgie apparaîtra si vive, notamment au cours de ses dernières années*[1]. »

[1] TCHAMKERTEN (Jacques), *L'expatrié et les Mandarins : Helvetia d'Ernest Bloch et la poétique de la vieille Suisse*, Annales suisses de Musicologie, Nouvelle série 36, 2016, Verlag Peter Lang, p. 63.

Dès l'âge de quatorze ans, Ernest Bloch fut attiré par le Salève[1] qui domine toute la région genevoise. Emmené par un ami[2] un dimanche après-midi du mois d'août, le futur compositeur s'enivra du spectacle royal qui s'offrait à ses yeux lorsque le soleil inondait soudain de lumière toute la région depuis le sommet du Grand Salève. Si Bloch ne ferma pas l'œil de la nuit et grelotta jusqu'à l'aube, c'est qu'il se sentit transporté d'enthousiasme en assistant pour la première fois de sa vie au lever du soleil : « *Ah, c'est beau, c'est beau. J'en ferai un jour une symphonie !* » s'exclama-t-il hors de lui. Le temps fut si radieux, la montagne si ensorcelante, qu'ils décidèrent de passer toute une semaine sur le sommet[3] !

Cette semaine à la montagne resta gravée dans les esprits puisque le critique écrivit au compositeur quelques années plus tard : « *Le Salève ? Ah ! Oui ! Je dis comme toi… j'en sens toujours le parfum… le frémissement du jour qui se lève… Te souviens-tu du croissant de lune qui rougeoyait sur les Voirons ? De notre conversation avec ce bonhomme dans la cahute ? Tout cela s'est gravé là au cœur ! Ce soir-là j'ai compris l'âme de la montagne, non pas le laouti ni les jodl, ni les boîtes de sardines, ni les montagnes en carton qu'on représente dans les Festspiels, non, l'âme, le frisson, et cela je dois l'écrire, et je te le dois.*[4] » Cette musique des montagnes qu'il baptisa *Helvetia*, Bloch l'acheva bien plus tard, en 1928, alors qu'il passait des vacances dans un hôtel de Griesalp, dans l'Oberland bernois, et qu'il avait loué à prix d'or une petite mansarde équipée d'un horrible piano de Gasthaus[5].

[1] Montagne des Préalpes franco-suisses, longue de 21 kilomètres, qui culmine à 1 379 mètres au large de la ville de Genève.

[2] Il s'agit du critique musical suisse R. A. Mooser.

[3] MOOSER (R. A), *Souvenirs : Genève 1886-1896, Saint Petersbourg 1896-1909*, Georg ed., 1994, pp. 35-37.

[4] Lettre autographe du 8 mars 1905 à R. A. Mooser, *op. cit.*, p. 66.

[5] Bloch se rendit de nombreuses fois dans le massif des Alpes, notamment à Wengen (1904), au Salève (entre 1900 et 1914), au Gemmipass et à Kandersteg (1917), dans un hôtel de la station de Griesalp (de 1928 à 1931), et finalement à Châtel, en Franche-Comté, dans le val d'Abondance (entre 1935 et 1938), où il s'était acheté un chalet pour se reposer de ses occupations américaines. C'est là qu'il composa notamment son monumental concerto pour violon et orchestre.

Ernest Bloch photographié en promenade à Griesalp (ca. 1945).

♪ *Helvetia, the land of mountains and its people, a symphonic fresco*. Cette œuvre de Bloch fut créée à Chicago le 18 février 1932.

Alexandre SCRIABINE Ignace PADEREWSKI
De l'*Exil* à l'*Extase*

Le compositeur russe Alexandre Scriabine (1872-1915) est le représentant par excellence du symbolisme musical. Influencé par certaines doctrines mystiques dérivées des philosophies orientales, il a toujours rêvé d'atteindre l'extase musicale par l'incursion du spirituel dans l'art. Fortement marqué au début par l'œuvre de Chopin et Liszt, il a subi ensuite l'influence de Wagner et dans une certaine mesure celle des impressionnistes français (*Poème de l'extase*), pour enfin trouver son style, cherchant notamment une relation entre les sons et les couleurs (*Prométhée*).

Le pianiste virtuose et compositeur Ignace Paderewski (1860-1941) défendait un répertoire limité à Chopin, Liszt et Beethoven et jouait plus volontiers en récital de piano qu'avec orchestre. Son premier récital important, donné à Paris en 1883, marqua le début d'une carrière internationale et d'une renommée qui s'étendit jusqu'en Amérique. La fortune amassée dans ses tournées lui permit de créer une fondation à son nom et deux concours de composition et de théâtre. Il composait durant l'été, généralement des œuvres inspirées par son folklore polonais natal, notamment de sa région favorite des Tatras, comme l'opéra *Manru*, les *Danses polonaises*, *Tatra Album*. Très engagé politiquement dans la destinée de son peuple, il fut tour à tour ambassadeur, Premier ministre, ministre des Affaires étrangères et président du gouvernement polonais en exil durant la Seconde Guerre mondiale.

Alexandre Scriabine commença une carrière de virtuose du piano en 1892 mais il se blessa en jouant les *Réminiscences de Don Juan* de Franz Liszt et *Islamey* de Balakirev. En réalité, ses doigts étaient trop petits pour pouvoir exécuter des œuvres qui imposaient de grandes extensions. Du coup, il commença à douter de pouvoir mener une carrière de pianiste et envisagea sérieusement de se diriger vers la composition. Pour faire face à la paralysie de sa main droite, les médecins lui recommandèrent de suivre quelques semaines de traitement hydrothérapique dans un établissement spécialisé de la région de Lucerne. Scriabine débarqua à Vitznau en 1895, où il changea trois fois de logement avant de s'installer à l'*Hôtel du Parc*, où l'on mangeait bien et où l'on respirait le bon air. À son mécène Belaieff, qui comptait le rejoindre, il écrivit : « *La pension la moins chère coûte plus de 15 francs, trop chère, et je n'y croise que des gens nerveusement dérangés… Je ne pourrais y vivre plus de deux jours.* » Scriabine profita du beau temps pour faire une excursion à Rigi-Karlbad, où la neige était tombée en juin et recouvrait encore les lieux. Un autre jour, il monta à bord d'un bateau à moteur pour rejoindre le Pilatus : « *Merveilleux jours… magnifique nature… Je n'ai jamais vécu des moments aussi délicieux nulle part ailleurs* », écrit-il.

Il abandonna sa charge de professeur de piano au Conservatoire de Moscou, puis obtint une rente qui lui permit de rejoindre Genève. C'est là qu'il put poursuivre librement ses recherches philosophiques et métaphysiques tout en continuant de composer. Il croyait notamment à la fusion de la philosophie, de la religion et de l'art à travers la musique, le son étant en quelque sorte le véhicule de l'extase.

En février 1904, Scriabine réalisa son rêve de vivre en Suisse et s'installa avec sa famille dans la villa Les Lilas à Vésenaz. Il fit la connaissance d'une jeune élève du conservatoire, Tatiana de Schloezer, qu'il fit venir dans un village voisin, officiellement pour raisons de santé. La situation avec sa femme Vera Issakovitch, brillante pianiste et fidèle propagandiste de sa musique, se dégrada rapidement. Scriabine et Vera menèrent alors une vie conjugale artificielle et mouvementée. Il quitta sa femme et perdit ainsi sa petite fille Rimma.

Tatiana se retrouva bientôt enceinte et le compositeur finit par aller vivre avec elle sur la Riviera italienne. Il se remaria sans tenir compte de son ex-épouse, qui continua malgré tout à défendre ses œuvres. Il retourna en Suisse durant l'été 1907, à Beatenberg cette fois, sur les rives du lac de Thoune, pour écrire ses septième et huitième sonates pour piano et poursuivre le travail du *Poème de l'extase*.

Le *Poème de l'extase* pour orchestre d'Alexandre Scriabine fut partiellement composé à Vésenaz.

« *Je vous laisse mon cœur et je vous assure que les océans qui vont nous séparer ne réussiront pas à détourner de vous tous, de cette chère Suisse, mes pensées les plus affectueuses, les plus reconnaissantes et fidèles à jamais.* » C'est en ces mots émouvants que le pianiste et compositeur polonais Ignace Paderewski s'adressa à la population helvétique le 29 septembre 1940, sur les ondes de Radio Lausanne, la veille de quitter définitivement son domaine de Riond-Bosson. Nous étions au début de la Seconde Guerre mondiale, Paderewski avait décidé de rejoindre les États-Unis, mais il ne survécut qu'un an à cet exil volontaire.

Pendant plus de quarante ans le virtuose avait séjourné en Suisse, sa deuxième patrie. Il s'était installé dans une propriété à Morges située sur la commune de Tolochenaz, sur les bords du Léman[1]. Il faut dire que les nombreux amis déjà installés dans la région, la beauté du lieu, le calme propice à la composition et le climat bénéfique à la santé précaire de son fils Alfred eurent vite convaincu le virtuose d'acheter cette villa hors du commun, mélange insolite entre chalet rustique et palais vénitien, mais qui sera détruite par l'armée suisse des années plus tard.

Le compositeur Ignace Paderewski et le sculpteur François Black en balade sur le lac Léman en 1932, à bord du vapeur *Simplon* de la Compagnie générale de navigation.

Au moment d'acquérir le domaine, Paderewski était au sommet de sa gloire : âgé de seulement trente-sept ans, il bénéficiait déjà d'une renommée comme pianiste virtuose à travers toute l'Europe et les États-Unis. Son allure aristocratique et sa présence sur scène exerçaient une véritable fascination sur le public. Après ses concerts, il avait coutume d'offrir une mèche de cheveux aux vieilles admiratrices américaines ! 1899 fut l'année de son mariage avec Helena Gorska, baronne von Rosen, devenue Hélène Paderewska, accompagnatrice de ses voyages et maîtresse enthousiaste de la propriété de Morges.

Lorsque Paderewski recevait des hôtes à Riond-Bosson, il savait mettre les petits plats dans les grands : il appréciait les vins de qualité et savait les faire goûter à ses invités de marque ! Dans la grande pièce, alignés devant deux grandes baies vitrées, trônaient deux pianos à queue couverts de fleurs et de cadres contenant les photos de rois, de reines et d'Américains connus. L'été venu, Paderewski pouvait enfin se consacrer à la composition, notamment à son opéra Manru inspiré du folklore des monts Tatras, tandis qu'Hélène soignait un élevage qui totalisa jusqu'à deux mille cinq cents poulets de race et oiseaux rares, dont des perroquets, des paons, des faisans dorés, etc. Derrière les pins qui bordaient la pelouse et où broutaient des moutons offerts par le roi d'Angleterre, s'ouvrait le domaine de la maîtresse des lieux.

Manru, opéra d'Ignace Paderewski basé sur le folklore du massif des Tatras, fut principalement composé à Morges.

[1] Le château de Morges accueille aujourd'hui le musée du pianiste-compositeur Ignace Paderewski.

Karl WEIGL Richard STÖHR
Du Tyrol à l'exil américain

Karl Weigl (1881-1949) naquit dans une famille juive de la bourgeoisie viennoise. Sa musique est encore méconnue de nos jours, bien que sa qualité soit proche de celle d'Alexander von Zemlinsky, avec qui il prit quelques leçons de composition. Occupant tour à tour une poste d'enseignant au Nouveau Conservatoire de Vienne, puis à l'Université de Vienne, il décida de fuir aux États-Unis après l'Anschluss et adopta la nationalité américaine. Il a composé entre autres six symphonies et pas moins d'une douzaine de quatuors à cordes dans un genre postromantique très élaboré.

Richard Stöhr (1874-1967) obtint le titre de docteur en médecine à l'Université de Vienne, avant de se consacrer exclusivement à la musique et de suivre les cours de Robert Fuchs au Conservatoire de Vienne. Il devint par la suite assistant professeur de théorie au Conservatoire de Vienne, mais l'Anschluss l'obligea à fuir aux États-Unis en raison de ses origines juives (son nom d'origine était Stern). Il obtint un poste au Curtis Institute de Philadelphie, tout en consacrant une large part de son temps à la composition. Il a écrit quelques opéras, quatre symphonies et beaucoup de musique de chambre.

Gustav Mahler, qui avait repéré les dons du jeune Karl Weigl, décida de l'engager comme répétiteur de chœur à l'Opéra de Vienne, ce qui fit dire un jour à son protégé : « *Je considère ces années durant lesquelles j'ai pu travailler avec Gustav Mahler comme la période la plus enrichissante de ma vie.* » L'un et l'autre connaissaient la région du Stubaital pour l'avoir explorée à vélo ou à pied durant leurs jeunes années.

Tout en profitant du calme de Mieders pour composer, Weigl adorait pratiquer la randonnée de haute montagne et parfois même l'alpinisme dans le Stubaital. Il souhaitait ainsi profiter pleinement des magnifiques perspectives d'excursion qu'offrait cette vallée du Tyrol encore épargnée par le tourisme. Il emmenait souvent sa deuxième épouse, Valerie Pick, une de ses anciennes élèves devenue compositrice par la suite, et plus tard son fils Wolfi, à qui il enseigna quelques rudiments de grimpe. Ils étaient parfois rejoints par des amis et des élèves du Nouveau Conservatoire de Vienne, où Weigl enseignait.

> La 5e symphonie *Apocalyptic* de Weigl date de son séjour aux États-Unis.

L'Autrichien Richard Stöhr décrit dans son journal les nombreux séjours qu'il effectua dans le Tyrol du Sud, notamment dans les Dolomites du val Pusteria encore rattaché à cette époque à l'Empire austro-hongrois : « *J'y suis allé [à Toblach] à l'invitation d'un ami du 15 juillet au 12 août 1896. Le temps était affreux. Cela ne m'a pas empêché de grimper comme je ne l'avais jamais fait de ma vie, de manger comme jamais et de revenir tout bronzé. Le couronnement du voyage fut Cortina, où nous avons passé trois jours et d'où nous avons excursionné à pied jusqu'en Italie*[1]. »

En 1899, Stöhr retourna dans le val Pusteria, cette fois dans la petite localité de Mittwald située à mi-chemin entre Toblach et Lienz : « *J'ai passé là les plus formidables jours dans une grande solitude et la paix. Pour la première fois, la*

[1] Les extraits du carnet de Richard Stöhr sont tirés et traduits du texte *Annual Summaries* de Heidi Ballantyne, juillet 2011.

Karl Weigl et sa deuxième épouse, Valerie Pick, durant une excursion dans le Stubaital.

Richard Stöhr vu dans le massif du Dachstein.

bonne fortune m'a souri afin que je puisse vivre l'expérience du bonheur qui n'atteint que les grands artistes : être capable de bien composer et sans effort. Je n'avais de ma vie jamais été capable de travailler avec autant de facilité et sans piano à ma disposition ! J'y ai complété le premier mouvement de ma symphonie. »

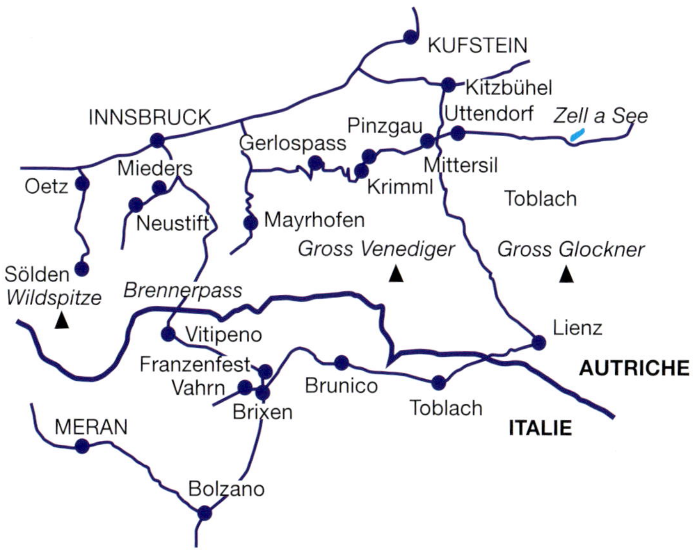

Tyrol du Sud.

Stöhr mentionne encore un séjour qu'il réalisa à Mayrhofen dans le Zillertal, où il espérait se remettre au travail après une longue période de stérilité musicale. Car pour Stöhr comme pour Mahler, deux Sommerkomponisten, l'angoisse de la page blanche se faisait souvent sentir durant l'été : « *Je suis retourné à Mittwald où j'avais si bien travaillé l'année précédente.* [...] *Un séjour à Mittwald semblait le seul endroit possible pour ma créativité. Mais cela n'apaisa pas mes angoisses nées en début d'année. J'essayai un autre lieu, Raibl à Corithia, ensuite Mayerhofen dans le Zillertal.* »

De 1934 à 1937, Stöhr s'établit pour l'été au nord de l'Ötztal, une autre vallée du Tyrol qui débouche sur l'Inn. Mais avec la montée au pouvoir des activistes nazis et compte tenu du fait qu'il était juif, les Alpes du Tyrol ne furent bientôt qu'un souvenir, celui des années d'insouciance précédant l'Anschluss et l'exil aux États-Unis.

♪ *Vermont Suite pour orchestre* date du séjour de Stöhr aux États-Unis.

Fritz BRUN
Othmar SCHOECK
Conrad BECK
Les Alpes dans l'âme

Le Lucernois Fritz Brun (1878-1959) fut fortement influencé par le post-romantisme germanique. Peu connu hors de Suisse, il a été professeur au Conservatoire de Berne où il a également dirigé l'orchestre symphonique de la ville jusqu'en 1943. Il a composé plus de dix symphonies, un concerto pour piano, un pour violoncelle, quatre quatuors, etc.

Natif de Brunnen, au bord du lac des Quatre-Cantons, Othmar Schoeck (1886-1957) fut l'un des compositeurs suisses les plus marquants de sa génération avec Arthur Honegger, Ernest Bloch et Frank Martin. Après avoir suivi les cours à l'école industrielle de Zurich puis travaillé avec le compositeur Max Reger à Leipzig, Schoeck retourna en Suisse pour se consacrer exclusivement à la composition et à la direction d'ensembles vocaux et orchestraux. Ses terrains de prédilection furent le lied et l'opéra, mais il a également abordé d'autres genres comme le concerto.

Conrad Beck (1901-1989) est connu en France pour avoir été l'élève d'Arthur Honegger, d'Albert Roussel et surtout de Nadia Boulanger, mais il a ensuite poursuivi une carrière discrète en Suisse, notamment à Radio-Bâle. Il a obtenu le prestigieux prix Elizabeth Sprague Coolidge pour son *Concerto pour quatuor à cordes et orchestre* (1930) et a composé l'année suivante un poème symphonique, *Innominata*, de facture néoclassique, qui raconte son ascension du mont Blanc en 1931 par une voie difficile du versant italien. Grand alpiniste, il partagea sa vie entre la Suisse et son manoir de Rosey en Haute-Saône.

Comme chez la plupart des musiciens suisses, la montagne était inscrite dans les gènes de Fritz Brun, l'un des représentants les plus importants du renouveau musical de son pays. Tombé tout jeune sous le charme de la région d'Emmental[1] alors qu'il était hébergé chez sa grand-mère durant les vacances scolaires, il déclara un jour à un vieil ami : « *Te souviens-tu des jours où nous nous promenions de Schüpfheim à Escholzmatt, que je te montrais la ferme où j'avais passé mes vacances scolaires lorsque j'étais gamin ?* » L'empreinte des Alpes apparaît dans certaines de ses œuvres, comme dans sa huitième symphonie, qui évoque les différents moments d'une journée passée en montagne. Ainsi, dans le deuxième mouvement, le compositeur décrit la lumière dorée du soleil couchant sur les prairies ondulantes lorsqu'il est assis sur une colline de l'Emmental – sans doute sur le Moosegg – et qu'il entend le frémissement des sapins. Pour finir ses jours, Brun s'installa

[1] La vallée de l'Emme, longue de quarante kilomètres, est l'une des plus pittoresques des Préalpes bernoises, avec son relief de montagnes adoucies par de verts pâturages parsemés de fermes qui produisent le célèbre fromage d'Emmental. En rejoignant Lucerne au départ de la capitale bernoise, la route passe par l'Entlebuch, qui prolonge l'Emmental vers le nord-est et qui vaut le détour pour son relief en mamelons peuplé de maisons paysannes à plusieurs pans. Un vrai décor de Hobbit ! Escholzmatt est situé à cheval sur le col qui sépare l'Emmental de l'Entlebuch. C'est le lieu de fabrication des célèbres biscuits de la marque Kambly.

dans la région de Morcote, dans le Tessin, où il avait acheté une magnifique demeure.

La huitième symphonie de Fritz Brun évoque les différents moments d'une journée passée en montagne.

Fritz Brun fit un jour la connaissance du jeune compositeur Othmar Schoeck, de six ans son cadet, à l'occasion d'un festival organisé par l'Association des musiciens suisses. Une grande amitié naquit entre les deux hommes, à un moment où ils rencontraient des difficultés dans leur vie amoureuse : Brun venait de se faire éconduire par la violoniste Adele Bloesch-Stöcker et Schoeck désespérait de l'indifférence de la grande violoniste Stefi Geyer à son égard. Devenus confidents, les deux musiciens entreprirent un voyage en Italie, qui débuta par l'ascension du piz Languard, un sommet de moyenne montagne de la région de Pontresina, dans les Grisons. Alternant la marche et le train, ils atteignirent la petite ville frontalière de Tirano, avant de rejoindre Venise. Plus tard, les deux artistes se retrouvèrent lors d'excursions dans les Alpes bernoises, la plupart du temps pour échanger leurs points de vue musicaux. Individuellement, Schoeck réalisa la traversée du glacier de Moiry en juillet 1916, en passant par la cabane de Moiry, puis l'ascension du Bec des Bossons, un sommet de plus de 3 149 mètres d'altitude.

Dans *Wanderung im Gebirge* (*Promenade en montagne*), recueil pour voix et piano composé en 1930, Schoeck exprime son lien avec la nature à travers le chant de l'alouette, la forêt de chênes, le berger, la solitude et l'éloignement des sommets, l'orage, le sommeil et le soir. Ce sont autant de petits tableaux descriptifs qui rappellent que Schoeck hésita entre le métier de peintre et celui de compositeur.

Fritz Brun et Othmar Schoeck avaient le pied montagnard, certes, mais c'était sans commune mesure avec Conrad Beck, qui cultivait sa double vocation de compositeur et d'alpiniste chevronné[2]. Dans son récit autobiographique *Voyage*

Le compositeur suisse Fritz Brun muni de son équipement d'alpiniste.

aux marges de l'univers[3], l'écrivain de langue allemande Urs Widmer décrit le séjour de ses parents dans le Lötschental[4] en compagnie de Conrad Beck et de son épouse. Il y a une

[2] C'est à Conrad Beck et Max Besson que revient la première ascension connue du sommet nord-ouest du Balfrinhorn (3 796 m), qu'ils réalisèrent le 17 juillet 1935, de même qu'une année plus tard celle du Gross Bigerhorn (3 623 m). La plupart des ascensions de Beck ont été relatées dans l'Annuaire du Club alpin suisse.

[3] WIDMER (Urs), extrait de *Reise an den Rand des Universums*, Diogenes, 2014, traduit de l'allemand par Camille Luscher, in *Le Courrier* du 6 mai 2014.

[4] La vallée du Lötschental, bien que collée au massif de l'Oberland, appartient au canton du Valais. C'est l'une des vallées les mieux préservées de Suisse. Elle débute à la sortie du portail sud du tunnel de faîte de la ligne BLS du Lötschberg (gare de Goppenstein) et s'oriente à l'est jusqu'à la Lötschenlücke, petit col enneigé qui s'ouvre sur le massif de la Jungfrau. Longtemps considérée comme inaccessible en raison de « l'avalanche rouge » qui en barrait l'entrée aux premières neiges, cette vallée est sans doute la plus sauvage et la plus pittoresque de tout le Valais. Malgré l'évolution de la vie moderne, les villages ont gardé leur caractère rude ancestral, avec des chalets serrés les uns contre les autres autour d'une église massive.

cinquantaine d'années, cette vallée était encore très enclavée et peu accessible. Le train du Lötschberg-Simplon s'arrêtait bien à Goppenstein, mais il n'y avait qu'une petite gare isolée entre deux versants escarpés. La région était redoutée pour ses avalanches meurtrières qui bloquaient les chemins d'accès ; pour éviter ce risque, il fallait se frayer un chemin dans une grotte qui débouchait directement dans la vallée du Lötschental. On pouvait alors apercevoir la paroi scintillante de neige au fond et une large entaille en son milieu, la Lötschenlücke. Il n'y avait pas de route, tout au plus un chemin pour les mules, assez large pour faire passer une charrette. Au milieu de la vallée, après Kippel, le sentier prenait fin. Conrad Beck, sa jeune épouse et les parents d'Urs Widmer continuèrent l'un derrière l'autre sur un sentier muletier large comme le pied. Ils trottaient, sans un mulet ni même une brouette, leurs sacs de provisions remplis à ras bord sur le dos, traversant un hameau après l'autre – Ferden, Kippel, Wiler, et pour finir Blatten, la destination prévue. Sans doute avaient-ils été entraînés par le compositeur, qui était un alpiniste passionné. S'élevant à plus de 4 000 mètres, le Bietschhorn dominait toute la vallée, un pic effrayant que le père de Virginia Woolf avait été le premier à vaincre et que Conrad Beck ajouterait bientôt à son palmarès !

Les deux couples avaient loué un appartement au premier étage d'une maison en bois noirci par les intempéries, la plus grande et la plus belle du village, mais dont les fenêtres étaient si petites qu'ils pouvaient à peine y passer leur tête. En contrebas, le torrent la Lonza faisait un vacarme monstrueux, les obligeant à hurler pour communiquer entre eux. Les autochtones avaient trouvé une technique : ils parlaient fort, certes, mais ils chantonnaient d'une voix de fausset qui parvenait bien mieux à couvrir le rugissement de la Lonza que les voix de baryton de son père et de Coni (le surnom de Conrad). « *Le bruit de la Lonza présentait l'avantage pour les deux couples – fraîchement mariés et très amoureux – de leur épargner d'avoir à se préoccuper l'un de l'autre la nuit, malgré la finesse de la paroi d'épicéa qui séparait les deux chambres à coucher. Aucun couple d'amants ne saurait surpasser la Lonza en bruit. Ainsi Anita et Walter rugissaient dans une chambre, Coni et sa femme (comment s'appelait-elle déjà ?) dans l'autre, sans la moindre gêne et sans rien entendre. Anita avait même de la peine à comprendre ce que Walter lui hurlait à l'oreille, "Je t'aime"* ». Neuf mois plus tard naissait Urs Widmer !

♪ Le poème symphonique de Conrad Beck, *Innominata* (1931), raconte l'ascension du mont Blanc par le compositeur.

Blatten, dernier hameau de la vallée du Lötschental, où vécut quelque temps le compositeur Conrad Beck.

Vincent D'INDY
Entre Alpes et Cévennes mon cœur balance !

Le compositeur Vincent d'Indy (1851-1931), né à Paris, était issu d'une famille noble originaire du Vivarais, très ancrée dans les traditions locales. Chaque été depuis sa tendre enfance, il se rendait dans la maison familiale de Chabret à Boffres, à quelques kilomètres de Valence. C'est là qu'il fit ériger le château des Faugs, une demeure destinée aux vacances et à la détente en famille. À partir de 1884, il constitua un catalogue de chansons populaires qu'il exploita notamment dans deux œuvres symphoniques dédiées à la montagne ardéchoise : il y eut d'abord la *Symphonie cévenole* sur un chant montagnard français, son œuvre la plus populaire, imprégnée de son enfance et de son amour profond pour la nature. Vingt ans plus tard apparut *Jour d'été à la montagne*, un triptyque symphonique (op. 61) toujours dédié au Vivarais et dont le programme est assez comparable à celui de la *Symphonie alpestre* de Richard Strauss : un lever du jour, une rêverie dans un bois de sapins et enfin, un retour au gîte avec les dernières éclaircies sur les cimes des pins, puis… la nuit. Mais il ne faudrait chercher aucune dimension philosophique dans cette musique qui se veut purement descriptive.

Vincent d'Indy adorait son Vivarais natal mais également la Suisse, qu'il traversa à maintes reprises dans le cadre de tournées d'orchestre, le plus souvent pour rejoindre l'Allemagne et l'Autriche. La première fois qu'il se rendit en Suisse, il s'arrêta au musée des Beaux-Arts de Bâle pour observer des toiles de Rembrandt et d'Holbein. L'année suivante, il sillonna à nouveau la Suisse en compagnie de son épouse, sa cousine germaine Isabelle de Pampelonne[1]. Quatre ans plus tard, il décida de parcourir les alpes suisses à pied, comme l'avait fait Felix Mendelssohn un demi-siècle plus tôt. De cette époque datent les trois valses pour piano réunies dans le recueil *Helvetia* opus 17, un hommage de d'Indy à ce pays qu'il aimait explorer. Il y dépeint trois localités de Suisse alémanique où il s'arrêta au retour d'un voyage à Bayreuth : *Aarau*, valse dédiée à Gabriel Fauré, *Schinznach*, dédicacée à son ami le compositeur André Messager, tandis que la dernière, *Laufenburg*, est un hommage à son ancien professeur de piano Louis Diémer.

> ♪ *Helvetia* opus 17 *(trois valses pour piano)* date du séjour de Vincent d'Indy en Suisse (1882).

C'est à partir de l'été 1902 que d'Indy explora plus profondément la Suisse, surtout durant l'été 1911, et qu'il releva à cette occasion quelques impressions musicales à propos du son de l'eau qui coule : « *Le torrent ne fait que la quinte diminuée ; j'ai été en observer beaucoup ; la mer, elle, fait une octave.* » Il décrit aussi son passage dans la région de Genève[2], comprenant la visite de la vallée de Chamonix : il admirait le Mont-Blanc mais s'indignait des soirées musicales de l'hôtel, qu'il taxait de « *musiques marchandes, tromperies et manifestes saletés !* ».

[1] Il s'agit d'un voyage qu'ils réalisèrent en mai 1880 et qui devait les mener en Allemagne et en Autriche.

[2] Lettre à Auguste Sérieyx, 23 août 1902.

Gabriel FAURÉ

Reflets de lumière au bord de l'eau

Gabriel Fauré (1845-1924) étudia à l'école Niedermeyer de Paris, où il eut comme professeur Camille Saint-Saëns. Il poursuivit ensuite une carrière prestigieuse dans les institutions musicales françaises, notamment comme directeur du Conservatoire de Paris, tout en menant une carrière d'organiste, plus pour gagner sa vie que par véritable goût. Frappé de surdité, il démissionna de son poste de directeur pour vivre dans une forme d'isolement créatif. Son style harmonique est très particulier et l'absence d'emphase dans ses mélodies peut parfois déconcerter. Il a touché à toutes les formes, excepté le concerto et la symphonie. Son abondante musique de chambre, typiquement française, est somptueuse et fraîche.

Fauré aimait passer l'été au bord des lacs de montagne. Il y trouvait la sérénité pour composer dans le calme, et son caractère méditatif l'encourageait à contempler dans l'eau les reflets de la lumière. De longs séjours en Suisse et en Italie, durant lesquels il composa et se promena beaucoup en prenant des photos, formèrent ainsi le cadre estival du musicien. Il aimait la vie confortable des chambres d'hôtel, mais il lui importait surtout de pouvoir admirer un beau paysage lorsqu'il levait les yeux de sa table de travail, et il appréciait alors le silence favorisant l'écoute intérieure.

En août 1904, il s'installa à Vitznau, face au lac des Quatre-Cantons et au pied du mont Rigi, dont il entreprit l'ascension non pas à pied, mais à bord du train à crémaillère. Il y revint deux ans plus tard, logeant au *Vitznauerhof*, un hôtel très chic ouvert trois ans plus tôt et fréquenté par Richard Strauss et Béla Bartók !

Le dimanche 23 août à 5 heures du matin, Fauré monta à bord du premier funiculaire au départ de l'embarcadère de Vitznau. Il souhaitait assister au lever du soleil au-dessus des Alpes, principale attraction du haut du Rigi. En arrivant au Rigi Kulm, il découvrit, comme partout ailleurs sur ce genre de point de vue, une foule de gens endimanchés, accompagnés de ribambelles d'enfants qui fêtaient le jour du Seigneur avec de la bière, des saucisses, du lait, etc. L'œil du compositeur ne manqua pas d'observer ce petit peuple de gens laids, mal fichus, habillés sans goût mais dont les tenues étaient très dignes et gaies. Selon Fauré, le talent des Suisses, on ne le rencontrait que dans l'architecture des maisons et des chalets, dont il admirait l'aspect toujours solide, confortable et savamment aménagé. Après avoir profité de la vue magistrale, il s'en retourna à pied jusqu'à Vitznau, une descente qui lui prit une paire d'heures à travers bois et prairies verdoyantes.

En 1906, au retour d'un périple qui l'emmena une fois de plus à Vitznau (du 7 au 26 août) et à Stresa (îles Borromées), il s'installa à Lausanne. C'est là qu'il commença à écrire son drame lyrique Pénélope et qu'il reçut la visite inattendue du compositeur Paul Dukas. Après une promenade apéritive dans le vieux Lausanne, les deux amis dînèrent dans un restaurant réputé, le *Château d'Ouchy*, en compagnie du compositeur suisse Gustave Doret. Le lendemain, ils décidèrent d'explorer le vignoble du Lavaux, agrémentant leur visite de quelques dégustations chez des vignerons. De retour à l'hôtel pour le dîner du soir, Fauré, complètement « pompette » (selon les dires de Dukas !), but une carafe d'eau complète… Durant leur promenade, ils avaient vidé pas moins d'une vingtaine de bouteilles !

Comme Franz Liszt, Fauré appréciait la douceur et la lumière méditerranéenne des lacs du Tessin et du nord de l'Italie, qui lui rappelaient les paysages de son enfance ariégeoise.

Le funiculaire du Rigi à l'époque de Gabriel Fauré.

À partir de 1909, il passa quatre étés consécutifs au bord du lac de Lugano (*Hôtel Metropole*, *Monopole*, *Königl Hotel*), et c'est précisément durant le premier été qu'il fit la connaissance d'un riche mélomane qui organisait des concerts dans sa luxueuse villa de Trevano : promenades en automobile, concerts d'orchestre dans une salle privée sous la direction de son mécène, séances de déchiffrage avec la fille aînée de la maison, dîners de luxe, etc. Tout cela pour animer l'existence d'un compositeur entièrement consacré à son travail du moment : *Pénélope*.

> *Pénélope,* drame lyrique que Fauré commença à travailler à Lausanne en 1906.

La Première Guerre mondiale mit fin aux vacances de Fauré à l'étranger. Désormais, et sur recommandation de ses médecins, la Riviera méditerranéenne eut sa faveur, Monte-Carlo et Nice en particulier. Mais en 1919, et pour les quatre années suivantes, la nostalgie des montagnes lui donna l'envie de s'installer au bord du lac d'Annecy, d'abord à Veyrier-du-Lac, ensuite à Annecy-le-Vieux. La villa Les Charmilles, qu'il louait à la famille Dunand, était une grande demeure qui donnait d'un côté sur un beau jardin planté d'arbres et de rosiers, et de l'autre sur le clocher d'une église ancienne. Le lieu est le centre historique d'Annecy-le-Vieux, un endroit particulièrement agréable et calme, qui contraste avec l'effervescence du centre-ville d'Annecy. Fauré occupait au premier étage une chambre qui offrait une vue majestueuse sur les montagnes et le lac dans le lointain. C'est ici qu'il composa son deuxième quintette à clavier, un trio pour clarinette (ou violon), violoncelle et piano, et son ultime opus, le *Quatuor à cordes*.

À lire également

- NECTOUX (Jean-Michel), *Gabriel Fauré. Les Voix du clair-obscur*, Éditions Fayard, 2008.

Hugo WOLF Arnold SCHÖNBERG

Drames au bord du Traunsee

Hugo Wolf (1860-1903) fut l'exact contemporain de Gustav Mahler, qu'il rencontra au Conservatoire de Vienne et avec lequel il partagea un modeste appartement et une fascination commune pour Richard Wagner. Plongé dans un monde musical en crise, Wolf assista à la fois au combat entre les wagnériens et les défenseurs de la tradition incarnée par Brahms, et à la gloire naissante d'une brillante génération dont il se sentit mis à l'écart, celle de Mahler, de Strauss et de Schönberg. Sujet à des accès de dépression et de paranoïa, il ne parvint pas à conserver une activité professionnelle régulière et vécut essentiellement de cours et de l'aide de quelques amis. À partir de 1897, son état mental empira et nécessita son internement. Sa production se limite à un peu de musique de chambre, au *Corregidor*, son unique opéra, mais surtout à une incroyable production de plus de deux cent trente lieder qui l'ont rendu célèbre *post mortem*.

Arnold Schönberg (1874-1951) est l'un des compositeurs les plus controversés de l'histoire de la musique. Né à Vienne, il s'est pour ainsi dire formé en autodidacte, mis à part quelques leçons avec Alexander von Zemlinsky, dont il épousa la sœur. Il commença une intense activité pédagogique et compta bientôt Berg et Webern parmi ses élèves. C'est en 1908 qu'il composa ses premières œuvres en rupture avec la tonalité, ce qui suscita le scandale. Il mit ensuite au point la série des douze sons, appelée dodécaphonisme. Nommé professeur à l'Académie des arts de Berlin, il en fut chassé par les nazis en raison de ses origines juives, et sa musique fut immédiatement interdite. Il s'expatria aux États-Unis dès 1933, où il enseigna jusqu'à sa mort.

Au cours de l'été 1883, après un séjour à Bayreuth pour assister au *Parsifal* de Wagner, Hugo Wolf passa pour la première fois de sa vie d'agréables vacances à Traunkirchen, sur la rive gauche du Traunsee, à seulement quelques kilomètres de Gmunden. Il était l'invité de la famille Köchert, qui l'avait aidé à obtenir un poste de critique musical au *Wiener Salonblatt*, et qui lui donna l'occasion de confier ses opinions sur la vie musicale à Vienne. Sa fonction de critique musical fut alors un gage de stabilité qui lui assura un certain confort de vie.

Vers la fin de l'été 1888, il s'en alla à Unterach-am-Attersee, en face des Höllengebirge qui se dressaient fièrement devant la maison familiale des Eckstein, sa deuxième famille d'accueil. Ce fut pour lui une période féconde en nouveaux lieder, puisqu'il en composa quatre-vingt-onze ! En 1890, il enchaîna les séjours chez les Köchert au bord du Traunsee, ou en compagnie des Eckstein sur l'Attersee voisin. Mais ces quelques moments de rêve précédèrent le début d'une grosse dépression qui l'affecta durant l'année suivante. Fin mai, sur prescription médicale, il s'installa à Unterach avec interdiction de fumer et de nager, ce qui n'était pas fait pour calmer son humeur déjà fortement ébranlée. Il pensait qu'il était à court d'idées musicales et n'arrêtait pas de se dénigrer, miné par une forme de paranoïa aiguë.

Vue panoramique de la région de Gmunden, avec le Traunsee et le rocher du Traunstein dans le fond.

Ses recherches dans le domaine de l'opéra aboutirent en 1895 à la genèse d'un ouvrage lyrique, le *Corregidor*, qui aurait pu lui assurer enfin le succès et une notoriété à la hauteur de ses dons. Hélas, après une première représentation plus ou moins réussie à l'Opéra de Mannheim, le public ne fut pas au rendez-vous, de sorte que la direction se vit obligée de retirer rapidement l'œuvre de l'affiche[1]. Mahler, qui lui avait promis de programmer le *Corregidor* à Vienne, fit aussitôt machine arrière.

Alors qu'il était de passage à Graz, un incident vint révéler pour la première fois la nature du mal qui le rongeait : en retirant de son œil une poussière de charbon échappée d'une locomotive à vapeur, le médecin qui le soignait s'aperçut que sa pupille ne se dilatait pas, signe d'un début de paralysie générale. Ses nuits furent à nouveau hantées par des cauchemars effrayants. Il dut définitivement abandonner l'idée de rouler à bicyclette car il avait entre-temps perdu l'équilibre. À partir de 1897 sa santé mentale et physique commença à se dégrader au point qu'il fallut l'interner. Il était en proie à de violents délires de persécution et de mégalomanie (il se prenait notamment pour Mahler, fraîchement nommé à la tête de l'Opéra de Vienne).

Au début du mois d'octobre de l'année 1899, le compositeur semblait reprendre enfin une vie calme et sans histoires, mais cette année-là, pourtant si bien commencée, tourna au cauchemar. Un matin, Wolf disparut sans prévenir son entourage. Certains le virent rôder dans les bois environnants, d'autres l'aperçurent errant le long de la voie ferrée qui reliait Bad Ischl. Au cours de cette nouvelle crise, il se jeta de désespoir dans le lac du Traunsee. Sauvé de la noyade, il demanda son retour en asile ! Commença alors l'ultime calvaire de ce génie incompris, en proie à des accès de fureur brutale et à de longues périodes d'immobilité, durant lesquelles il laissait parfois échapper quelques insultes à l'adresse de Brahms ou de Mahler. Il rendit son dernier souffle le 22 février 1903.

Wolf ne vécut que quarante-trois ans et acheva sa brève existence dans un asile d'aliénés. Mais il ne lui fallut que quatre années pour composer l'essentiel de son œuvre, soit environ deux cents lieder sur une production totale de deux cent quarante-deux (soit deux à trois lieder par jour). Nul doute que ses nombreux séjours dans le Salzkammergut lui inspirèrent ses plus belles mélodies et atténuèrent sa maladie.

[1] L'opéra *Der Corregidor* date de 1895 et sa création à Mannheim eut lieu le 7 juin 1896.

Non loin de Traunkirchen où vécut Hugo Wolf se dresse l'énorme rocher du Traunstein, qui domine la rive est du lac. La route qui relie Gmunden à Ramsau n'était pas très fréquentée à l'époque car elle s'arrêtait quelques kilomètres plus loin et il n'était pas rare que des blocs de pierre se détachent de la masse du Traunstein, en menaçant ainsi le passage. Au début du XXe siècle, on ne comptait qu'une petite trentaine de bâtiments de ferme sur cette rive, propriétés de producteurs de lait ou d'exploitants forestiers qui avaient l'habitude de louer une partie de leur maison durant l'été, en même temps qu'ils mettaient à disposition cabanes, mobilier extérieur, barque, lait frais, etc. Les locataires étaient priés de s'occuper de tout le reste, y compris des vivres et des accessoires de cuisine. En raison de la simplicité des lieux, ce côté du lac était moins fréquenté par les *Sommerfrischler*[2] viennois que la ville de Gmunden elle-même.

Durant trois années (1905, 1907 et 1908), Arnold Schönberg et son beau-frère, le compositeur Alexander von Zemlinsky, passèrent leurs vacances au pied du Traunstein. Ils avaient l'habitude de laisser partir femmes et enfants au début du mois de juin, le temps d'achever leurs occupations professionnelles dans la capitale. Ce n'est qu'à la fin du mois de juin qu'ils les rejoignaient pour prendre un peu de repos jusqu'à la mi-septembre. Quelques élèves de Schönberg louaient des résidences non loin de là, ainsi qu'un jeune peintre expressionniste, Richard Gerstl (1883-1908), qui s'était lié d'amitié avec Schönberg et qui lui donna quelques conseils en peinture.

Malgré tous les efforts entrepris par Schönberg pour se faire connaître et diffuser son œuvre, les conditions d'existence des époux Schönberg étaient déplorables depuis leur mariage en 1901. Le climat conjugal se détériorait d'année en année, et Schönberg montrait un état d'angoisse sans précédent. C'est probablement lors de l'été 1907 que débuta une liaison secrète entre le peintre Gerstl et la femme de Schönberg. Le 26 août 1908, le compositeur surprit sa femme Mathilde dans les bras de son amant. Terrifiée, elle prit la fuite et abandonna son mari et ses deux enfants pour séjourner avec Gerstl, d'abord dans un hôtel de Gmunden, ensuite dans une pension de la banlieue de Vienne.

Au bout de quelque temps Mathilde finit par regagner le domicile conjugal. Dans la nuit du 4 au 5 novembre 1908, désespéré, Gerstl se pendit dans son atelier, après avoir détruit sa correspondance et la plupart de ses tableaux ! Mathilde plongea aussitôt dans un état dépressif dont elle ne se remettra jamais, tandis que Schönberg, anéanti par les circonstances, imposa un silence complet sur cet événement tragique. Six semaines après le suicide de Gerstl, Schönberg commença à peindre ce qui constitue l'essentiel de sa production picturale : des autoportraits expressionnistes, des visages hallucinés qui expriment une profonde souffrance. Mais c'est dans son *Deuxième quatuor avec voix* que l'on trouve les traces les plus significatives de ce drame familial, qui constitue un tournant majeur dans l'écriture atonale du musicien et dans l'histoire de la musique occidentale.

Par la suite, la famille Schönberg retourna dans la région durant trois étés consécutifs (de 1921 à 1923), comme pour exorciser ce passé dramatique. Cette fois, ils choisirent de résider sur la rive occidentale du lac et logèrent successivement à la *Villa Josef* (l'actuelle *Pension Reiter*) puis à la villa du Baron von Spaun, là même où Franz Schubert avait séjourné lors de son voyage en Haute-Autriche.

Le *Quatuor à cordes n° 2* opus 10 *en fa dièse mineur* de Schönberg avec voix (1907-1908) fut créé à Vienne le 21 décembre 1908 par le Quatuor Rosé et la mezzo-soprano Marie Gutheil-Schoder.

[2] Surnom donné à l'époque aux aristocrates viennois qui venaient se reposer dans la région du Salzkammergut.

Maurice RAVEL
Autour du lac de Genève

Au Conservatoire de Paris, Maurice Ravel (1875-1937) reçut notamment l'enseignement de Gabriel Fauré, qui laissa libre cours à sa fantaisie. Différentes tentatives d'obtention du Prix de Rome se soldèrent par un échec, provoquant en lui un rejet des conventions et des décorations (il refusa la Légion d'honneur). En 1910, il était déjà bien connu dans les milieux mélomanes de la capitale et venait de terminer sa *Pavane pour une infante défunte*, son quatuor à cordes et Jeux d'eau, mais son style atypique conjugué à un certain humour déconcertèrent le public et surtout les institutions. La même année, il participa à la création de la Société musicale indépendante, adversaire de la très conservatrice Société nationale de musique. Après la guerre, qui lui valut une démobilisation en 1917 pour gelures aux pieds et dysenterie, il se retrancha à Montfort-l'Amaury, où il s'orienta vers un style plus austère et dépouillé, comme dans *L'Enfant et les Sortilèges* ou dans ses deux magnifiques concertos pour piano. Son *Boléro* de 1928 fit le tour du monde et recueille encore tous les suffrages du public. Il cessa de composer durant les cinq dernières années de sa vie.

Ce sont probablement ses origines savoyardes qui expliquent l'attirance du jeune Maurice Ravel pour le lac de Genève. Il venait régulièrement passer ses vacances à Versoix, une petite bourgade du canton de Genève qui vit naître sa famille paternelle, et du côté de Collonges-sous-Salève, où le grand-père tenait la boulangerie du village.

Les années passèrent et Ravel, qui avait trente et un ans en 1906, dut accompagner son père victime d'une hémorragie cérébrale à Hermance, magnifique village frontalier situé au bord du lac Léman. Lui qui était un habitué des plages de la Méditerranée apprécia ce lieu au climat doux et aux eaux d'une grande pureté. Pour l'heure, il attendait l'arrivée d'un piano pour se remettre à la composition de La Cloche engloutie, momentanément interrompue[1]. À son ami le compositeur Maurice Delage, il écrivit que son piano était enfin livré et qu'il prenait des bains dans le lac : « *Vous verriez comme on travaille bien dans ce climat. On nous assure que septembre a encore de beaux jours. Pensez au temps*

Le village vigneron de Rivaz, face au lac Léman. C'est l'un des plus beaux villages du pourtour lémanique.

[1] Ravel travaillait depuis quelque temps à *La Cloche engloutie*, ouvrage lyrique basé sur une pièce de Gerhart Hauptmann, mais qu'il laissa inachevé au profit de *L'Heure espagnole* puis du ballet *Daphnis et Chloé*. Finalement la Première Guerre mondiale sonna le glas de ce projet qu'il abandonna sans regret, le sujet ayant cessé de l'intéresser.

Cartes postales de l'*Hôtel des Crêtes* et de la petite gare de Clarens.

morose que vous aurez à Paris. Prévenez-moi de votre arrivée j'irai vous attendre à Genève. »

Après son séjour à Hermance, Ravel retourna sur les bords du Léman en 1913. Cette fois, ce fut pour rencontrer Igor Stravinsky, qui vivait à Clarens avec toute sa famille. Le grand chorégraphe Serge de Diaghilev avait chargé ce dernier de réaliser une reconstruction de la *Khovantchina* de Modeste Moussorgski, opéra resté inachevé car dépourvu d'orchestration, mais qu'il avait l'intention de confier aux Ballets russes. Sachant que Ravel appréciait la musique russe, Stravinsky proposa à Diaghilev de partager cette tâche, ce que Ravel accepta avec enthousiasme.

Ravel s'installa avec sa mère à l'*Hôtel des Crêtes* dès le 17 mars. Ils y restèrent environ un mois, durant lequel les deux compositeurs se donnaient rendez-vous quotidiennement. Ils s'amusèrent fort bien et Stravinsky en profita pour faire entendre à Ravel des extraits du *Sacre du printemps*, alors en phase d'achèvement.

♪ Les *Trois Poèmes de Stéphane Mallarmé* datent de 1913, lorsque Ravel séjournait à Clarens.

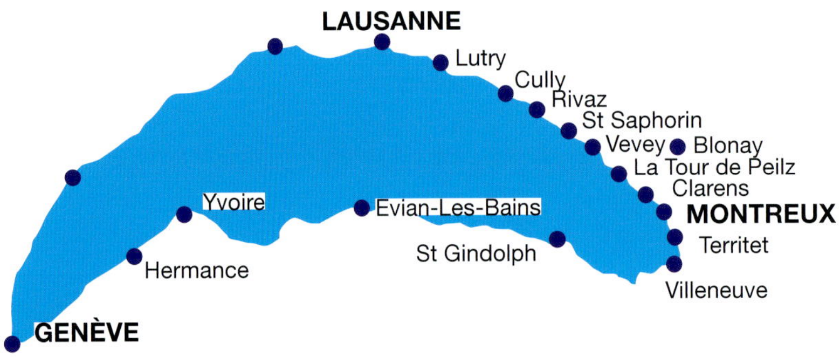

Lac Léman.

Henri DUPARC Louis VIERNE *La Vie antérieure*

Élève de César Franck, le compositeur Henri Duparc (1848-1933) fut victime d'une maladie nerveuse qui lui interdira toute création artistique après quarante ans. Produisant peu et détruisant certaines compositions, il laissa finalement une maigre moisson, mais d'une qualité remarquable : deux poèmes symphoniques, *Lénore* et *Aux étoiles*, et surtout treize mélodies d'une beauté qui s'élève bien au-dessus des romances de salon de l'époque. Il fut longtemps secrétaire de la Société nationale de musique et passa les cinquante dernières années de sa vie sans pouvoir écrire une seule note de musique.

Louis Vierne (1870-1937) fut l'un des plus brillants organistes compositeurs français du début du xxe siècle, titulaire des orgues de Notre-Dame de Paris jusqu'à sa mort, ayant à son actif six symphonies pour orgue mais aussi de la musique de chambre et des œuvres pour orchestre de grande qualité. Marqué dans sa jeunesse par César Franck, qui fut son professeur, il enseigna à son tour à la Schola Cantorum et au Conservatoire de Paris, où il eut comme élèves Nadia Boulanger, Marcel Dupré et Maurice Duruflé. Il souffrait d'une quasi-cécité de naissance.

Souffrant d'une maladie nerveuse[1], Henri Duparc n'avait pas encore quarante ans qu'il n'était déjà plus capable de composer ! Et comme Louis Vierne, il souffrait de cécité. Il quitta Paris pour se consacrer à quelques peintures, pastels, gouaches ou sépias. Entre 1906 et 1913, Duparc vécut en Suisse dans une villa de La Tour-de-Peilz[2], à l'est de Vevey. L'auteur de *La Vie antérieure* y jouissait d'une vue magnifique sur les Alpes savoyardes, juste de l'autre côté du Léman. Pour lui, la musique s'arrêta avec cette mélodie, son chef-d'œuvre qui boucle son unique recueil mélodique.

La petite villa de Duparc se trouvait dans un site sublime, sa chambre donnait directement sur le Léman, un lac « *toujours admirable, dans le calme où on dirait de la soie, et dans ses colères, où il ressemble à la mer* », dit-il. Vingt fois par jour, il appelait ses domestiques pour admirer l'étendue d'eau, face à son immense fenêtre. Pourtant, il n'y fut jamais vraiment heureux, ne pouvant se consoler d'avoir quitté son pays d'origine, là où il se sentait pourtant toujours énervé et tellement inutile ! Il avoua un jour qu'il était dans sa nature de ne jamais être heureux nulle part et de ne voir que le côté triste des choses. Mais ce qui le rendait triste par-dessus tout était de devoir supporter avec résignation sa vue déclinante : « *Je me prépare le mieux possible à la vie tout intérieure qu'il me faudra bientôt mener et dans laquelle je trouve déjà des compensations qui certainement m'ôteront bientôt le regret de ce que j'ai perdu mais c'est bien dur pour le moment de ne pouvoir jamais faire ni musique, ni dessin, et de ne pouvoir guère lire que le journal*[3]. »

♪ *La Vie antérieure* est la mélodie la plus célèbre d'Henri Duparc, et sans doute la plus jolie, d'un recueil qui en comporte treize.

[1] Duparc souffrait d'hyperesthésie.

[2] Le hameau de La Tour-de-Peilz est un quartier situé à l'est de Vevey qui possède un joli port ancien où mourut le peintre Gustave Courbet. Tel un musée à ciel ouvert, le parcours Courbet offre une balade gratuite à travers La-Tour-de-Peilz, mêlant des œuvres de l'artiste dans différents lieux.

[3] « *Des musiciens en voyage. Henri Duparc* », extrait des Matinales d'Espace 2 (RTS).

Le lac de Genève, où vécurent un temps Henri Duparc et Louis Vierne, ici dans les environs de Rivaz.

« *Je vins au monde presque aveugle, et mes parents en éprouvèrent un vif chagrin.* » C'est ainsi que s'exprime Louis Vierne dans ses *Mémoires*. En 1915, il souffrait des premières atteintes d'un glaucome qui allait l'aveugler complètement. Le 15 décembre de cette année-là, lors d'une tournée de concerts en Suisse, il consulta un éminent spécialiste lausannois qui parvint à le convaincre de tenter une intervention chirurgicale ou, à défaut, de lui faire suivre un long traitement sur place.

Vierne partit pour Lausanne le 12 juillet 1916, alors que la guerre s'éternisait. Il débarqua un soir à Chailly, dans la banlieue nord-est de la ville, pour s'établir pendant deux ans chez les Vulliemin, un couple qui possédait une grande villa à laquelle on accédait par un sentier assez raide, et d'où l'on jouissait d'une vue splendide sur le lac Léman. Pendant les périodes de rémission, Vierne participait à des concerts de bienfaisance au profit des hôpitaux alliés. Il joua ainsi à Genève, Fribourg, Vevey, Montreux, Neuchâtel, la Chaux-de-Fonds, seul ou le plus souvent accompagné d'artistes comme Georges Enesco, Yvonne Astruc, Henri Gagnebin ou Clara Haskil. La plupart venaient lui rendre visite pour lui tenir compagnie. Mais c'est le compositeur suisse Gustave Doret qui lui apporta le meilleur réconfort en cette difficile période. En effet, Vierne apprit la terrible nouvelle de la mort de son fils Jacques, mort pour la France, vraisemblablement exécuté pour l'exemple en raison de ses convictions pacifistes. À peine eut-il terminé son magnifique quintette à clavier en hommage à son fils, qu'un nouveau deuil vint le frapper : son frère René était porté disparu lors d'une attaque en mai 1918. Finalement, le 15 juin 1919, à peu près guéri mais anéanti par les disparitions de deux de ses proches, Vierne partit pour Thonon, où il passa sa dernière année d'exil. Au mois d'avril 1920, il retrouva enfin Paris !

♪ Louis Vierne retourna à Lausanne durant l'été 1928, où il mit la main à *Soirs étrangers* opus 56, une suite de cinq pièces pour violoncelle et piano, dont la deuxième, « Sur le Léman », est un petit bijou !

Paul DUKAS
Vacances d'été chez les Helvètes

Ce compositeur français né et mort à Paris (1865-1935) n'est pour ainsi dire connu que par son *Apprenti sorcier*, transposé au cinéma par Walt Disney dans l'un de ses films d'animation, mais pourtant si peu représentatif de son style. Il a laissé une œuvre restreinte en raison de son intransigeance et de son perfectionnisme qui lui fit détruire quantité de partitions en voie d'achèvement. Sa carrière fut principalement consacrée à l'enseignement, puisqu'il fut à la fois professeur de composition au Conservatoire et à l'École normale de musique. Quant à son style, il fut influencé par le Franckisme et par Debussy, dont il fut le condisciple au Conservatoire.

C'est grâce aux bénéfices de la création de son opéra *Ariane et Barbe-Bleue*[1] que Paul Dukas décida de prendre des vacances d'été en Suisse. Il était accompagné d'Édouard Dujardin, un ancien de la classe de composition du Conservatoire de Paris. Ce dernier, grand voyageur et randonneur aguerri, lui servit de guide. Les deux hommes quittèrent Paris le 27 juillet 1907, firent étape à Chamonix et rejoignirent ensuite Zermatt pour aller observer la pyramide du Cervin. Après une remontée de la vallée des Conches à pied (le chemin de fer de la Furka n'existait pas), les deux amis s'arrêtèrent à Gletsch[2] où, fatigués par des marches et des courses sportives sur les glaciers (glaciers d'Aletsch et du Rhône), ils s'accordèrent deux jours de repos. L'unique hôtel situé au pied du glacier du Rhône semblait avoir beaucoup de caractère, et ni l'un ni l'autre n'oublièrent les grandes salles ornées de trophées de chasse et leurs cheminées où flambaient d'énormes bûches.

Le 17 août, ils repartirent pour Meiringen où, après avoir passé la nuit à l'hospice du col du Grimsel et parcouru la descente du Haslital, ils se dirent adieu sur le quai de la gare. Dujardin était attendu à Lucerne et embarqua dans le train du Brünigpass, tandis que Dukas poursuivait son voyage par

Grand tour de Suisse de Paul Dukas en 1907

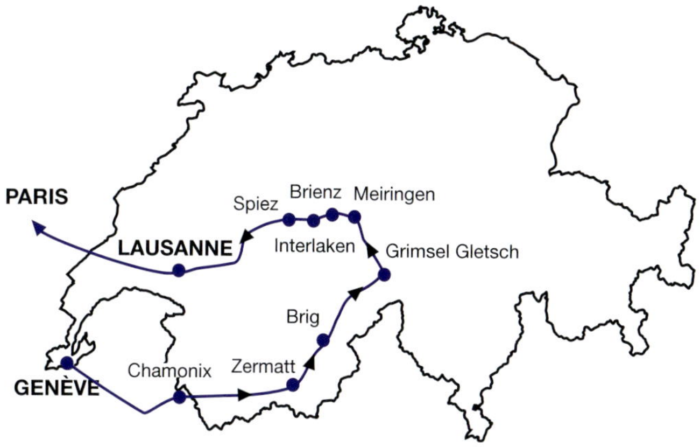

le lac de Brienz, Interlaken et Spiez. Le charme du lac de Thun le retint deux jours dans un établissement de luxe fort agréable, même si sa digestion et ses lectures pendant le dîner furent quelque peu perturbées par les habituels musiciens italiens que l'on entendait dans tous les hôtels suisses de premier rang[3].

Le 21 août, Dukas quitta Spiez pour Montreux, qu'il avait déjà visité. Mais la station lui déplut profondément car les hôtels défiguraient le panorama vers Chillon. Il décida alors de rejoindre Lausanne par bateau, où son ami Gabriel Fauré

[1] Opéra de Dukas créé à l'Opéra-Comique le 10 mai 1907.

[2] PERRET (Simon-Pierre) et RAGOT (Marie-Laure), *Paul Dukas*, Éditions Fayard, 2007. Gletsch est situé au croisement des routes qui mènent aux cols de Grimsel et de la Furka. De nos jours, le site est desservi durant l'été par le petit train à vapeur de la Furka

[3] Lettre de Dukas à son frère Adrien, in PERRET (Simon-Pierre) et RAGOT (Marie-Laure), *op. cit.*

Le lac de Thun et le centre historique de Spiez retinrent Paul Dukas quelques jours durant son périple de 1907.

passait des vacances. Deux jours plus tard, ce dernier l'accueillit au débarcadère du bateau vapeur. Après une promenade dans le vieux Lausanne, ils dînèrent dans un restaurant select, le *Château d'Ouchy*, en compagnie du musicien vaudois Gustave Doret. Le repas, largement agrémenté des meilleurs vins locaux, se termina tard. Le lendemain, Dukas se fit guider à travers Vevey par un conseiller du canton de Vaud : les vieilles rues, l'auberge de *La Clef* où résida Rousseau, le château et le musée où se côtoyaient un superbe Courbet et des antiquités veveysannes dont l'inventaire était interminable.

La promenade s'acheva par une dégustation de vin dans les caves du Lavaux : « *Fauré gémit : je me sens gaga – et moi : non moins, hélas… Enfin à 6 heures, nous étions délivrés et rentrions à l'hôtel où nous dînâmes en buvant de l'eau avec une joie féroce. J'avais compté vingt bouteilles différentes depuis la veille !!!* » (Paul à son frère). Dukas fut ravi de ses vacances, surtout des derniers jours passés en la « *délicieuse compagnie* » arrosée de Gabriel Fauré ! Son commentaire sur la Suisse fut sans appel[4] : « *Quel pays tout de même ! Malgré les touristes et les Palaces Hôtels, c'est prodigieusement beau – et pratique – commode même pour les gens peu débrouillards comme moi.* »

Les sentiers du vignoble du Lavaux offrent une vue imprenable sur le lac Léman et sur les montagnes avoisinantes.

L'opéra *Ariane* et *Barbe-Bleue* fut créé peu de temps avant le voyage de Paul Dukas en Suisse.

[4] Extraits d'une lettre de Dukas à son ami Poujaud, in PERRET (Simon-Pierre) et RAGOT (Marie-Laure), *op. cit.*

Béla BARTÓK
La passion des cimes

Béla Bartók (1881-1945) est l'une des figures dominantes de la musique du XXᵉ siècle, au même titre que Debussy, Stravinsky et Schönberg. Remarquablement doué pour le piano dès son plus jeune âge, il reçut les conseils d'un élève de Franz Liszt au Conservatoire de Budapest. Les découvertes successives des œuvres de Richard Strauss et de Debussy, conjuguées aux idées révolutionnaires d'une Hongrie qui souhaitait s'affranchir du joug autrichien, forgèrent l'esprit et le style du jeune musicien. La rencontre avec Zoltan Kodaly marqua le début d'une collaboration consacrée aux traditions musicales reculées des peuples d'Europe centrale et d'Afrique du Nord. Nommé professeur au Conservatoire de Budapest en 1907, Bartók entama parallèlement une carrière internationale de pianiste concertiste qu'il consacra principalement à diffuser son œuvre. L'arrivée des nazis et le déclenchement de la Seconde Guerre mondiale le poussèrent à s'exiler aux États-Unis. Son style n'a rien d'académique et se renouvelle à chaque nouvelle pièce, que ce soit sur le plan harmonique, rythmique ou formel. Il a beaucoup écrit pour piano, son instrument de prédilection, mais il a excellé dans l'écriture pour le quatuor à cordes, alors qu'il ne jouait pas de violon. Son œuvre symphonique ne pâlit pas pour autant, notamment son extraordinaire *Concerto pour orchestre*, mais aussi ses concertos pour piano et son *Divertimento pour orchestre à cordes*, conçu à Saanen dans l'Oberland bernois.

Bartók a toujours été attiré par les Alpes suisses, un univers dans lequel il pouvait entrer en communion avec la nature, respirer l'air pur, cueillir les fleurs des alpages et admirer les paysages remarquables. Toute sa vie, il s'intéressa à la végétation, aux insectes et aux étoiles. En général, lorsqu'il voulait reprendre des forces après une année professionnelle intense, il se mettait en route pour un petit village de montagne et logeait dans une simple auberge, parfois même chez l'habitant. Quand il marchait seul en montagne, c'était autant pour le plaisir que par souci de maintenir son esprit et son corps en bonne santé. Dans son sac de promeneur, il cachait toujours de quoi rédiger des lettres et composer, au cas où le temps ou la fatigue l'obligerait à faire une halte. Pour lui, la Suisse incarnait ses rêves de liberté et de détente estivale en toute simplicité.

1. Vitznau et le Rigi

Son premier contact avec la montagne helvétique eut lieu durant l'été 1908, lorsqu'il séjourna quelques jours au *Park Hotel* de Vitznau, un hôtel flambant neuf situé au pied du Rigi. L'établissement cossu offrait une magnifique vue sur le lac des Quatre-Cantons, et c'est probablement là qu'il réalisa que la Suisse était un pays de rêve à découvrir. Mais ce fut son unique expérience dans un palace, car il n'aimait pas l'affluence mondaine des grands hôtels.

Fin mai 1910, il fut de retour dans la même région suite à un concert donné au Tonhalle de Zürich et lors duquel il joua sa *Première Rhapsodie*. Après un vif succès, il grimpa au sommet du Rigi et visita Lucerne avec sa première épouse Marta et quelques amis.

2. Zermatt

De 1911 à 1913, Bartók fréquenta Zermatt d'où il monta plus d'une fois au sommet du Gornergrat pour admirer la chaîne du Mont-Rose et le Cervin. Tout d'abord, au début du mois d'août 1911, lorsqu'il occupa une bonne partie de ses journées à l'orchestration du *Château de Barbe-Bleue*, il prit le temps de monter en train jusqu'à la station terminus du Gornergrat, située à 3 100 mètres. Malgré une couche de neige de plus de trois mètres accumulée à cet endroit, il grimpa jusqu'à l'altitude de

Béla Bartók se repose sous les arbres du jardin du *Park Hotel* de Vitznau (1908).

3300 mètres, où il put observer plus d'une douzaine de glaciers ainsi que des fleurs, des mouches et des araignées! À cette époque déjà, le coût de la vie à Zermatt semblait préoccuper le compositeur. Bien que logé un peu à l'écart des hôtels chics de la station, il se demandait si Zermatt n'était pas une station au-dessus de ses moyens: « *Au prix de 7 francs la nuit, je ne tiendrai pas plus d'une semaine*[1] »!

[1] FUCHSS (Werner), *Béla Bartók en Suisse*, collection « Les Musiciens », Éditions Payot, 1975, p. 27.

Bartók éprouvait une grande joie à se promener ou à grimper en haute montagne; c'est en tout cas ce que révèle un texte de son épouse Martha intitulé « Vie quotidienne du compositeur », dans lequel elle cite une réflexion qu'il lui avait faite à Zermatt durant l'été 1912: « *Il semble que, sur les sommets, ce ne soit pas seulement la belle vue qui procure de la joie; il y a en effet aussi l'idée que c'est par notre effort physique que nous avons conquis cette beauté; c'est, précisément, cet effort couronné de succès qui nous comble de bien-être, et seuls les deux réunis nous procurent une satisfaction totale*[2] ».

La dernière fois que Bartók séjourna à Zermatt, ce fut en 1913, au retour d'un voyage dans la région de Biskra en Algérie, où il avait effectué des recherches sur le folklore arabe. De ce voyage, on retiendra que peu avant son retour d'Afrique du Nord, il fit une chute dans son hôtel à Alger, et qu'il glissa jusqu'au genou dans la cage d'ascenseur. Il dut ainsi rester alité une dizaine de jours avant de prendre le bateau pour Marseille. De là, il se rendit à Grenoble où, accompagné de son épouse et de sa sœur, il poursuivit jusqu'à Chamonix puis jusqu'à Zermatt. Au début de son séjour en Suisse, Bartók ne prit pas le risque de grimper, se contentant de brèves excursions. Mais dès le 22 juillet, il osa prendre le train pour le Gornergrat où, après avoir obtenu du médecin la permission de se promener, il fit une petite marche pour revoir la chaîne du Mont-Rose.

♪ Des années 1911 à 1913, Bartók révisa son opéra *Le Château de Barbe-Bleue* et composa notamment *Quatre Pièces op. 12* pour orchestre et le célèbre *Allegro Barbaro* pour piano.

3. Valais et Grisons

Après une interruption durant la Première Guerre mondiale, Bartók retourna en Suisse presque chaque été pour passer de brèves vacances, souvent après une tournée de concerts ou à la suite d'une campagne de recherche ethnologique: en 1926 et 1927 il séjourna à Davos, en 1928 et 1929 à Crans-Montana, en 1930 à Arolla, en 1936 et 1938 à Pontresina et Braunwald. La dernière fois, ce fut à Saanen en 1939, après un court séjour à Surlej en Engadine.

[2] *Ibid.*, pp. 27-28.

Suite à son remariage avec Edith Pásztory (surnommée Ditta), Bartók retrouva ses Alpes favorites en raison de l'état de santé préoccupant de sa nouvelle épouse, qui souffrait de bronchite aiguë durant l'hiver. En 1927, il fut décidé d'emmener Ditta à Davos, réputé pour la qualité de ses soins. Après un été largement consacré à excursionner et à se reposer avec Ditta, il repartit le 2 septembre pour assurer ses cours à l'Académie de musique de Budapest. Ditta fit une rechute et se vit contrainte de prolonger son séjour à Davos-Schatzalp.

L'été 1929 se partagea entre repos et composition. Du 26 juin au 8 août, Bartók séjourna à Crans-Montana avec Ditta, qui venait de passer une période prolongée dans un sanatorium de Davos, mais qui n'était toujours pas complètement rétablie. Ils choisirent Montana en raison de la présence d'établissements spécialisés comparables à ceux de Davos, mais aussi pour les nombreuses opportunités d'excursions, d'escalade et de flâneries sur place, ce dont raffolait Bartók. Ce fut cette fois-là que par un temps radieux, il gravit le mont Bonvin, un sommet qui culmine à 2 995 mètres.

L'année suivante, durant les trois premières semaines du mois de juillet, Bartók passa ses vacances dans le val d'Hérens, dans un hôtel de la petite station d'Arolla. C'est là qu'il composa sa Cantate profane et qu'il fit remarquer à son fils Béla Junior à quel point les Suisses étaient des gens bien organisés : « *Pour cinq hôtels et deux maisons, ils entretiennent l'été durant un bureau de poste à Arolla ; tous les jours, un mulet amène le courrier depuis Les Haudères.* » Au verso d'une carte postale envoyée à son fils le 4 juillet, il épingla des noms curieux qu'il découvrit durant ses promenades, à commencer par la Serre de Vuibé, le glacier de Zigiorenove, la dent de Veisivi, le glacier de Tsa de Tsan, dont il pensa ne jamais pouvoir faire l'ascension. Le compositeur gravit même le mont Dolin (2 960 m) et le plan Bertol (2 700 m), preuve qu'il ne redoutait ni l'altitude ni les orages fréquents dans la région.

Dans un autre courrier, le compositeur détailla le type d'excursion qu'il accomplit dès son arrivée à Arolla : « *Ces excursions ne sont pas aussi importantes que celles de Davos ou Montana. Là-bas, je devais grimper 1 000 mètres à chaque fois avant d'atteindre la bonne altitude. Ici, 600 suffisent, car mon point de départ est plus élevé. Du coup je suis bien moins fatigué après mes excursions – en fait, je ne suis même pas fatigué du tout. C'est pourquoi il fut possible d'entreprendre des excursions quatre jours de suite. Voici le résultat de mon séjour : Premier jour, 29 juin. Ascension du Mont Dolin, 2 960 mètres. Succès mitigé. 30 juin. La même chose, avec davantage de succès (j'ai cueilli une edelweiss). 1er juillet : repos. 2 juillet : pluie. 3 juillet : Excursion au Plan Bertol (2 700 mètres).* »

En haut : une photo de Bartók prise en Suisse en compagnie de quelques amis. En bas : Béla Bartók photographié en compagnie de sa deuxième épouse et de son fils durant un séjour en Suisse.

En 1929 Bartók composa sa *Cantate profane pour ténor, baryton, chœur et orchestre* et *Vingt chansons populaires hongroises pour voix et piano*.

Le 23 juillet 1930, après le séjour à Arolla, Bartók décida de poursuivre ses vacances à Pontresina, dans les Grisons. Comme le temps était splendide, il grimpa au sommet du piz Languard : « *J'ai fait une promenade sur le Piz Languard. Comme vous le voyez, une belle route en zig-zag conduit au sommet. En général ici, on a construit des routes sur chaque montagne... Aujourd'hui, il fait à nouveau vilain (le ciel est passablement couvert). Je vous embrasse beaucoup.* »

Bartók retourna dans la région durant l'été 1938, accompagné de Ditta, de son fils Peter et de quelques amis. Ce fut l'avant-dernier séjour du compositeur en Suisse.

4. Autriche

Le 6 juillet 1931, après une semaine de repos passée au Lautaret dans les Hautes-Alpes françaises, Bartók se rendit à Genève pour siéger en tant que membre permanent de la section des Lettres et des Arts de la Commission internationale de coopération intellectuelle. Le 10, il quitta Genève pour Mondsee, une jolie station du Salzkammergut autrichien, où il devait donner des cours au sein d'une académie d'été. Il y resta jusqu'au 26 août mais déplora la mauvaise organisation et le faible niveau des élèves. Bartók avait prévu de passer l'été 1937 à Fionnay, en Suisse romande, ou alors dans les Dolomites italiennes ; mais avec l'évolution de la situation politique en Italie, il ne fut plus question d'y mettre les pieds. Dans une lettre à une amie, il confia toute sa haine de l'Italie fasciste : « *Ma haine de l'Italie est devenue si anormale ces derniers temps que je ne peux tout simplement pas me résoudre à mettre les pieds dans ce pays. Cela peut sembler un point de vue disproportionné et exagéré, mais je veux, au moins durant mes semaines de vacances, ne pas être constamment irrité par l'agressivité italienne. On dit également que le poison nazi a déjà envahi l'Autriche, mais peut-être là-bas n'est-il pas étalé de manière aussi ostentatoire.* »

Finalement, il choisit de passer l'été à Heiligenblut, en Carinthie autrichienne, des vacances qui virent naître une autre commande suite aux retombées du succès de la première de *Musique pour cordes, percussion et célesta*, émanant cette fois de la section locale de la Société internationale de musique contemporaine, et qu'il intitula *Sonate pour deux pianos et percussion*.

5. Braunwald

Il fallut attendre la fin du mois de juin 1936 pour revoir Bartók dans les Alpes suisses, après une interruption d'environ cinq ans. Cette fois, il décida de louer une chambre d'hôtel à Braunwald, à l'hôtel *Alexander's Tödiblick*, à vingt minutes à pied environ du terminus du funiculaire, où l'attendait déjà son amie, la belle et talentueuse violoniste Stefi Geyer, qui fréquentait régulièrement la station.

C'est depuis sa chambre d'hôtel à Braunwald qu'il reçut un courrier du riche mécène bâlois Paul Sacher, qui souhaitait lui passer une commande à l'occasion du dixième anniversaire de l'orchestre de chambre de Bâle, un ensemble dont il était le fondateur et le directeur. Le chef d'orchestre, fasciné par le cinquième quatuor, n'hésita pas à solliciter le compositeur hongrois. Et Bartók accepta la proposition avec enthousiasme. De cette commande naquit *Musique pour cordes, percussion et célesta*, qu'il travailla tout l'été, entouré des beaux sommets glaronais.

Début juillet 1938, après un séjour à Londres, Bartók et sa femme revinrent une dernière fois à Braunwald. Deux amies, dont à nouveau Stefi Geyer, les rejoignirent pour excursionner, tout cela dans une atmosphère d'insouciance et de légèreté qui sembla faire oublier la menace imminente d'une guerre que tout le monde pressentait comme inéluctable.

♪ *Musique pour cordes, percussion et célesta* (création à Bâle, 1936).

6. Saanen

Après quelques concerts à Budapest suivis d'un dernier donné le 30 juin 1939 à Scheveningen aux Pays-Bas, le compositeur hongrois rejoignit sa famille à Surlej, en Suisse, dans la région des lacs de Haute Engadine, où l'attendait déjà Stefi Geyer. Bartók y passa tout le mois de juillet et, tandis que Ditta et son fils Peter rentraient à Budapest, il poursuivit son séjour à Saanen, à l'invitation de Paul Sacher. Ce dernier l'avait convié à venir occuper son chalet personnel « Ällen », afin de pouvoir se consacrer totalement à une troisième commande. Cela faisait maintenant plusieurs années que le compositeur n'écrivait plus que sur commande. Et comme Bartók avait répondu à Sacher qu'il n'avait ni le temps ni la tranquillité nécessaires pour s'y mettre avant le mois d'août 1939, le généreux mécène lui proposa ni plus ni moins qu'une retraite

♪ Le *Divertimento pour orchestre à cordes* date du séjour de Bartók à Saanen en 1939.

paisible au milieu des vaches ! En moins de quinze jours, du 2 au 17 août, profitant de la mise à disposition d'un piano venu spécialement de Berne, Bartók écrivit le *Divertimento pour orchestre à cordes*, son nouveau chef-d'œuvre, et mit déjà la main à la commande suivante, son sixième et dernier quatuor à cordes !

Si les œuvres qui virent le jour à Saanen furent le fruit de conditions d'écriture particulièrement favorables et à l'abri de tout souci matériel, Bartók restait fort inquiet de la détérioration de la situation politique en Europe. Il était aussi préoccupé par le projet de son fils de rejoindre la Roumanie, un pays qu'il estimait peu sûr. Partout en Europe les préparatifs militaires allaient bon train, y compris en Suisse. Dans une lettre adressée depuis Gessenay (Saanen) à Béla Junior pour lui souhaiter son anniversaire, Bartók évoque à la fois ses conditions de travail et la situation politique de plus en plus préoccupante :

18 août 1939, Saanen, Chalet Ällen

« *Je me sens en quelque sorte comme un musicien de l'ancien temps, invité de son mécène. Car tu sais que je séjourne ici en étant entièrement l'invité des Sacher, qui s'occupent de tout – de loin. En fait j'habite seul – dans un objet ethnographique : une maison paysanne en bonne et due forme. En fait, son aménagement n'a rien d'ethnographique, mais c'est tant mieux, car c'est le top du top du confort.* [...] *Dernièrement, même le temps m'est favorable : depuis 9 jours nous avons un ciel magnifique, et il n'est pas tombé une goutte de pluie depuis le 9. Cependant, je ne peux pas profiter de ce beau temps pour partir en excursion : je dois travailler. Et justement pour Sacher lui-même : une commande (quelque chose pour orchestre)* [...] *Ces pauvres Suisses, pacifiques et honnêtes, sont contraints de brûler d'une fièvre guerrière. Leurs journaux sont pleins d'articles sur la défense nationale ; sur les cols principaux, etc., on a créé un dispositif de défense, la troupe est en état d'alerte. J'ai pu le constater moi-même au col de Julier : j'ai vu, par exemple, des blocs de rochers fixés au sol contre les tanks, et autres belles choses de ce genre. Situation semblable en Hollande et même à Scheveningen. Cela ne me dit rien que tu veuilles partir pour la Roumanie ; ce n'est pas une bonne idée d'aller, à une époque aussi peu sûre, dans un pays aussi peu sûr.*[3] »

Bartók avait l'intention de rester à Saanen jusqu'à la fin du mois d'août, mais il dut y renoncer, la situation en Europe l'obligeant à rentrer à Budapest plus tôt que prévu. Après trois semaines de travail intense, il se laissa aller au désespoir absolu en composant son sixième quatuor. Il faut dire qu'il venait d'apprendre la mort de sa mère, un coup terrible pour lui. Il se mit alors à regretter d'avoir passé trois semaines et demie à Saanen, éloigné de sa mère mourante. Quelques semaines plus tard, Bartók quitta définitivement l'Europe pour s'installer aux États-Unis.

[3] DELAMARCHE (Claire), *Béla Bartók*, Éditions Fayard, 2012, pp. 774-775.

Le chalet « Ällen » à Saanen, où Bartók composa son *Divertimento* pour orchestre à cordes.

À lire également

- FUCHSS (Werner), *Béla Bartók en Suisse*, collection « Les Musiciens », Éditions Payot, 1975.
- « Bartók et la Suisse », in *Revue musicale de la Suisse romande*. Extrait de Feuilles musicales, octobre 1950, p. 120.
- DELAMARCHE (Claire), *Béla Bartók*, Éditions Fayard, 2012.

Igor STRAVINSKY
Refuge en terre vaudoise

Tout en poursuivant des études de droit, Igor Stravinsky (1882-1971) prit des leçons avec le compositeur Nikolaï Rimsky Korsakov et reçut sa première commande pour les Ballets russes, *L'Oiseau de feu*, qu'il fit représenter à Paris en 1910. Suivirent les ballets *Petrouchka* et surtout *Le Sacre du printemps*, un « succès de scandale » dont l'audace rythmique et les harmonies firent de Stravinsky l'un des compositeurs les plus radicaux de son époque. Après la Première Guerre mondiale, qu'il passa en Suisse au bord du Léman, il vécut principalement à Nice, Voreppe et Paris, et son style évolua vers un retour au néoclassicisme et aux formes traditionnelles telles que le concerto et la symphonie. Face à la menace nazie et à la mise à l'index de ses œuvres, Stravinsky décida de quitter l'Europe pour les États-Unis où il s'installa définitivement. Il aborda alors des styles très variés, toujours avec une grande aisance, notamment sous l'influence du jazz et du dodécaphonisme.

Dans *Chroniques de ma vie*, Stravinsky raconte qu'il arriva pour la première fois en Suisse à la fin du mois d'août de l'année 1910, après un court séjour à La Baule en compagnie de sa femme Catherine, alors enceinte d'un deuxième garçon. Il choisit de s'établir en Suisse en raison de l'état de santé préoc-cupant de sa femme et de l'exceptionnel microclimat de la région du Léman, bénéfique pour elle. Le musicien était encore étourdi par l'énorme succès de son ballet *L'Oiseau de feu* qu'il venait de créer à l'Opéra de Paris avec les Ballets russes de Diaghilev. Ce dernier ne s'était d'ailleurs pas trompé à son sujet : « *Notez-le bien. C'est un homme à la veille de la gloire* », avait-il dit à sa troupe ! C'est en se promenant le long du lac que le compositeur élabora les plans du deuxième ballet commandé par Diaghilev, *Petrouchka*, dont la création en juin 1911 avec Nijinsky dans le rôle principal fut une fois de plus un triomphe.

La famille s'installa ensuite près de la gare de Clarens, dans une petite pension, *Les Tilleuls*, où Stravinsky travailla à son troisième ballet, *Le Sacre du printemps*. La vie était rythmée par les voyages entre Oustiloug, près de Saint-Pétersbourg, la Suisse, Paris, Londres, Vienne et Berlin, où Diaghilev lui fit partager les succès de ses ballets.

Après avoir passé l'été 1912 à Oustiloug, la famille retrouva Clarens, cette fois à l'*Hôtel du Châtelard*, où le compositeur fit installer un piano pour poursuivre l'écriture du Sacre. Il termina la Danse sacrale : « *Je me souviens bien de ce jour, écrit-il, car je souffrais d'une rage de dents que j'allai soigner*

La petite gare de Chateau-d'Œx.

Le *Leysin Grand Hôtel* a été construit à l'origine pour recevoir les malades de la tuberculose. C'est ici que séjourna Katya Stravinsky durant sa convalescence.

à Vevey.[1] » Entre-temps, Maurice Ravel débarqua à l'*Hôtel des Crêtes* pour collaborer avec le Russe à l'orchestration de *La Khovantchina* que Moussorgsky n'avait jamais réalisée. L'année 1913 fut évidemment marquée par le scandale de la création du Sacre et son retentissement dans le monde musical. Stravinsky et sa famille s'installèrent à Clarens pour la saison 1914-1915, cette fois à la villa La Pervenche, comme locataires du jeune chef d'orchestre suisse Ernest Ansermet, qui résidait à Lausanne. « *Stravinsky passa finalement six ans dans cette Suisse qu'il aimait, qui lui offrait un refuge, une sécurité sinon des ressources matérielles*[2] ».

Catherine (Katya), l'épouse de Stravinsky, souffrait d'une tuberculose détectée à la suite de l'accouchement de son quatrième enfant en janvier 1914. Son état de santé nécessitait d'aller vivre à l'air pur des hautes montagnes. Il fut donc décidé de rejoindre un sanatorium à Leysin, station climatique réputée, l'équivalent vaudois de la station grisonne de Davos en quelque sorte.

Vers la fin de l'année 1914, après un voyage à Florence pour rendre visite à Diaghilev, Stravinsky retrouva sa femme une fois de plus en mauvaise santé. Les Stravinsky séjournèrent alors à Château-d'Œx, dans le Pays d'Enhaut[3], pour une durée de deux mois. Comme il était impossible de travailler à l'hôtel *Le*

[1] BOUCOURECHLIEV (André), *Igor Stravinsky*, Éditions Fayard, 1982, p. 77.

[2] *Ibid.*, p. 131.

[3] La région préalpine située à l'est du lac Léman, grosso modo entre Gruyères et Leysin, offre un magnifique espace naturel de promenades aux habitants des centres urbains de Romandie, avec en toile de mire le massif du Moléson, les Pléiades, la dent de Jaman et les rochers de Naye. Au-delà du col de Jaman, nous entrons dans le Pays d'Enhaut, qui regroupe trois communes dont Château-d'Œx est le chef-lieu. En août 1831, le compositeur Felix Mendelssohn s'émerveillait déjà de cette région où il aurait aimé vivre toute sa vie.

Le manoir de la rue Saint Domingue à Morges accueille de nos jours un hôtel-restaurant à la mémoire d'Igor Stravinsky, *L'Igor* !

Région du Lavaux.

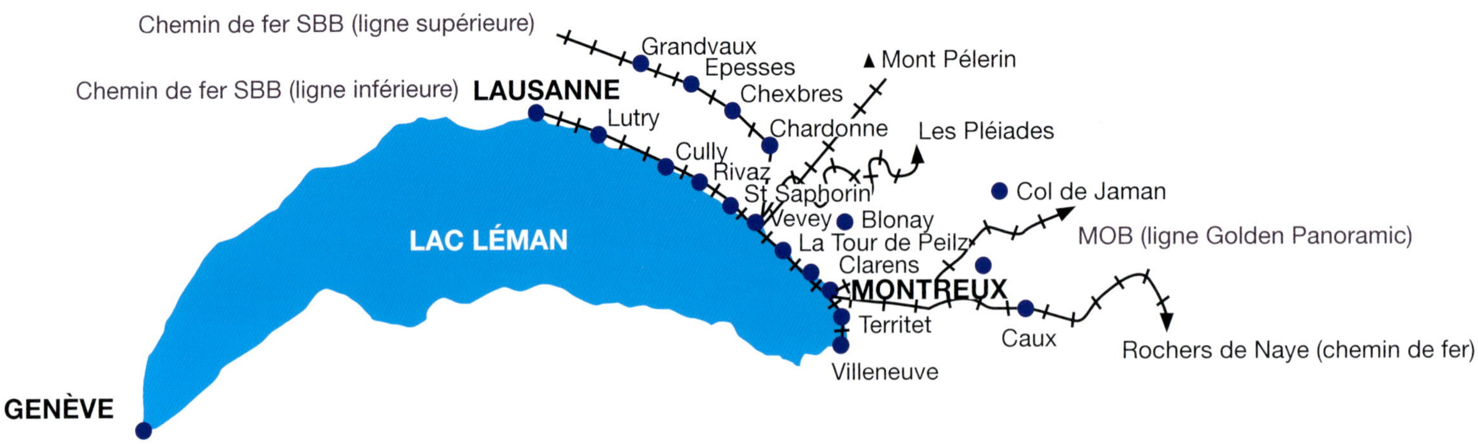

Victoria où ils résidaient, il fallut trouver un local équipé d'un piano. Un marchand d'instruments de musique lui loua un débarras rempli de caisses vides de « Chocolat Suchard » avec vue sur poulailler ! Il y avait bien un petit piano droit, tout neuf, mais complètement désaccordé ! Stravinsky essaya tant bien que mal d'y travailler, une couverture sur le dos, un bonnet de fourrure sur la tête, les pieds dans des bottes fourrées et un plaid sur les genoux. Finalement, on lui proposa une chambre spacieuse et confortable dans une maison du village appartenant à des petits-bourgeois aisés, absents toute la journée. Et on fit amener un piano de sorte que le travail put enfin reprendre[4].

À la fin du printemps 1915, les Stravinsky descendirent du Pays d'Enhaut et de Château-d'Œx pour s'installer à Morges, où ils passèrent les cinq années suivantes. Ils logèrent d'abord dans un manoir rue Saint-Domingue, sorte de villa à tourelle transformée depuis en hôtel-restaurant chic.

Le musicien fit alors la connaissance d'un poète vaudois encore inconnu : Charles Ferdinand Ramuz. Ce fut l'occasion pour lui de découvrir les vignobles du Lavaux[5], où vivait l'écrivain. Bientôt, les hameaux de Cully, Rivaz, Chexbres, Saint-Saphorin et Treytorrens n'eurent plus de secret pour le musicien russe, le vin Dézaley de la région non plus !

Les villages de Rivaz et de Saint-Saphorin
perdus dans les vignobles du Lavaux.

Dans *Souvenirs sur Igor Strawinsky*, Ramuz raconte qu'il fit la connaissance du compositeur durant l'automne 1915, juste après les vendanges. C'est le chef d'orchestre Ernest Ansermet qui accompagna le compositeur par le train des vignes : « *De Montreux au Treytorrens, on ne compte guère qu'une quinzaine de kilomètres au cours desquels la voie ferrée ne quitte pas les bords du lac, s'appliquant même, par endroits, à les épouser si exactement que devant la maison elle passait sur une digue ; et la voie ferrée n'a pas changé de place, mais les locomotives, en ce temps-là, marchaient encore à la vapeur. C'était le temps où les vignes de Lavaux s'empanachaient encore tout le long du jour de grosses fumées blanches ou noires, ou grises, ou bigarrées, qu'on*

[4] STRAVINSKY (Igor), *Chroniques de ma vie*, Éditions Denoël, 1962, p. 74.

[5] Le Lavaux s'étale entre Lausanne et Montreux sur près de vingt kilomètres, de Lutry à Saint-Saphorin. À perte de vue, les vignes, soigneusement entretenues, s'étagent, entourées de petits murets le long desquels routes et sentiers serpentent comme des rubans dans le feuillage bleu-vert des ceps et dans une fade odeur de bouillie bordelaise. Les terrasses datent souvent de l'époque cistercienne. De nos jours, deux cent cinquante vignerons se partagent encore les 614 hectares du vignoble, face aux célèbres dents du Midi. Fauré, Dukas, Massenet, Stravinsky et bien d'autres adoraient flâner dans ce vignoble.

Le poète Ramuz et Igor Stravinsky.

voyait ensuite traîner à ras des ceps et de mur en mur, montant ou descendant la pente (selon le vent), et tantôt dans le bas, tantôt dans le haut du vignoble (où il y avait une seconde ligne, qu'on appelait "la ligne du haut"). C'est la ligne d'en bas que ces messieurs avaient empruntée pour venir me voir ; ils me sont arrivés du levant, ils sont venus d'où le soleil se lève. Je ne savais rien encore de Strawinsky ou presque rien[6]*.* »

Le poète et le musicien firent plus ample connaissance dans un petit café au-delà du village des Épesses. Le courant passa immédiatement et l'écrivain initia le compositeur au Dézaley (le vin typique du coin) et au gruyère suisse. Plus tard, le Russe fit découvrir au Vaudois la vodka et la gastronomie russe de la vieille Niania, la bonne de famille.

Entre 1917 et 1919 les Stravinsky déménagèrent à l'entrée de Morges, au second étage de la maison Bornand, place Saint-Louis, une belle maison de la fin du XVIIIe siècle qui servit par la suite d'Office des étrangers. L'appartement disposait de grandes pièces pouvant accueillir le mobilier encombrant, et les combles étaient équipés d'une pièce supplémentaire que le compositeur fit spécialement aménager en cabinet de travail et qui n'était accessible que par un escalier barricadé de portes, seul moyen pour Stravinsky de se concentrer !

La guerre obligea Stravinsky à envisager un répertoire de pièces plus intimistes nécessitant peu de moyens financiers. De cette époque datent les *Trois Pièces pour quatuor à cordes,* élaborées à Leysin en avril et à Salvan en juillet 1915. Début 1918, le compositeur et son ami Ramuz, complètement fauchés et soumis aux privations de la guerre, imaginèrent de créer ensemble une pièce qui pourrait « *se monter sans peine dans n'importe quel local et même en plein air* », écrit Ramuz. Ce fut *L'Histoire du soldat*, une œuvre clé créée à Lausanne en septembre, et qui fit beaucoup parler d'elle.

En 1920 Stravinsky quitta définitivement la Suisse pour la France et renonça en même temps à la Russie pour vivre en Occident.

[6] RAMUZ (Charles Ferdinand), *Souvenirs sur Igor Strawinsky*, œuvres complètes, vol. *La Beauté sur la terre*, Éditions Mermod, 1941. Ramuz nota ce texte plus de dix ans après sa rencontre avec Stravinsky. Le compositeur transforma son nom en Stravinsky, mais à l'époque on écrivait encore son nom avec un « w ». On sait que de cette sympathie réciproque naîtra une collaboration artistique qui se matérialisa dans des œuvres comme *Renard*, *Les Noces* et *L'Histoire du soldat*.

♪ Les *Trois pièces pour quatuor à cordes* (1915) et *L'Histoire du soldat* (1918) datent du séjour suisse de Stravinsky.

Ernest ANSERMET Wilhelm MENGELBERG

Deux chefs étoilés dans les Alpes

Élevé dans la musique par sa mère et dans les mathématiques par son père, le Suisse Ernest Ansermet (1883-1969) enseigna avant de se tourner définitivement vers la direction d'orchestre, d'abord en dirigeant l'Orchestre d'été du Kursaal de Montreux et les Ballets russes de Diaghilev, ensuite comme fondateur et chef permanent du célèbre Orchestre de la Suisse romande. Sa grande érudition et sa curiosité ouverte à toutes les nouveautés eurent vite fait de le mettre en contact avec les plus grands compositeurs du XXe siècle, notamment Ravel, Bloch et Stravinsky.

Wilhelm Mengelberg (1871-1951) est considéré comme l'un des meilleurs chefs d'orchestre du XXe siècle. Ses interprétations des symphonies de Beethoven, de Mahler et de Bruckner étaient célèbres. Après s'être forgé une réputation en dirigeant la musique municipale de Lucerne, il fut placé à la tête de l'Orchestre royal du Concertgebouw d'Amsterdam, poste qu'il occupa pendant près de cinquante ans, et fut l'invité de l'Orchestre philharmonique de New York. Ses prises de position en faveur du régime nazi durant le deuxième conflit mondial le précipitèrent en disgrâce. Il se retira alors dans les Grisons jusqu'à la fin de sa vie. On connaît peu sa production en tant que compositeur, à part quelques lieder pour voix et piano et quelques pièces religieuses.

C'est en 1912 qu'Ernest Ansermet fit l'acquisition sur les hauteurs de Clarens de La Pervenche, une petite villa qui devint rapidement un centre d'activité littéraire et musicale. Elle attira notamment un être d'exception, Henri Duparc, qui vivait dans la région et qui, presque aveugle, s'y rendait après avoir assisté aux concerts. Ensuite débarqua Igor Stravinsky, qui séjournait près de la gare de Clarens, à quelques minutes de La Pervenche. Le musicien y faisait de fréquentes visites, à n'importe quel moment de la journée, parfois brèves ou parfois longues, pour informer Ansermet de ce qu'il était en train de composer, de ce qu'il venait de découvrir dans telle ou telle partition, ou tout simplement pour raconter une histoire drôle.

La déclaration de la guerre de 14 porta un coup mortel à l'orchestre du Kursaal de Montreux et à son jeune chef suisse Ernest Ansermet. Il fallut alors quitter la petite villa, reprendre le métier d'enseignant et monter au chalet des Ormonts (Les Diablerets) pendant les périodes de repos[1]. Au chalet des Diablerets, baptisé « La Retraite », les Ansermet reçurent de la visite, dont celle de Stravinsky et de Ravel! « *On suit dans les journaux les affreuses péripéties de la guerre. On fait des patiences. La bonne humeur tente de se maintenir. Il n'y a plus aux Ormonts que des femmes et des vieux. Les hommes valides sont aux frontières*[2] ». Et puis, il y eut ces longues promenades en montagne, dont celle de l'Oldenhorn: assez souvent, le couple Ansermet montait le soir jusqu'au col du Pillon. Après avoir salué la statue de pierre taillée dans le roc par le vent et que l'on nomme « La femme à Loth », ils arrivaient à la vieille auberge du col, où ils se régalaient

[1] ROSSET (Georges-A.), « Ernest Ansermet: l'aube d'une glorieuse carrière: Clarens et Les Diablerets », *Revue historique vaudoise*, 1983, p. 178.

[2] *Op. cit.*, pp. 181-182.

Pays d'Enhaut et Chablais.

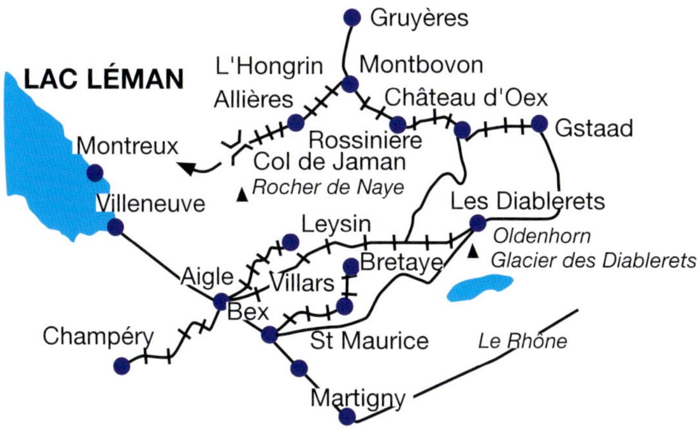

de fromage à rebibes[3]. La pièce étant trop dure pour être débitée au couteau, le pintier l'attaquait au rabot et servait de fins copeaux, qu'il arrosait d'un petit vin de la plaine. Ansermet, en pleine forme, ne voulait point se contenter de promenades ; il désirait affronter la montagne, bien qu'il redoutât le vertige. Il en parla au vieux guide François Moillen. Celui-ci promit de les emmener au Sex-Rouge, puis à la Becca d'Audon[4]. Cette course de montagne fut pleinement réussie. Dans les passages difficiles du Sex-Rouge, François Moillen tendait sa main calleuse à Ansermet en lui disant : « *Crochez-vous, c'est solide comme du fer.* » Du sommet de la Becca d'Audon, ils redescendirent par le pâturage d'Audon, où ils furent sifflés par les marmottes[5].

Au-delà du château de Tarasp, dans le canton des Grisons, le train de la Rhätische Bahn s'arrête à Scuol, terminus de la ligne à voie métrique. Les cars postaux jaunes prennent la relève et poursuivent dans la vallée de l'Inn en direction de l'Autriche. Après avoir traversé les villages de Sent et de Ramosch, l'autobus s'engage dans le val Sinestra jusqu'au hameau de Vnà. De là, il faut encore compter une heure de marche pour atteindre Zuort, véritable oasis de tranquillité qui servit de retraite au grand chef d'orchestre hollandais Wilhelm Mengelberg. En 1911, ce dernier fit construire un chalet au-dessus de l'auberge principale qui, au cours des siècles, servit tour à tour d'exploitation agricole, d'hospice et de poste douanier. Car le lieu aujourd'hui isolé se trouvait jadis sur l'ancienne route commerciale reliant la basse Engadine à l'Autriche via le col du Fimber.

Mengelberg passa là ses vacances d'été en compagnie d'un cercle d'amis prestigieux, parmi lesquels Richard Strauss, Pierre

Haute & Basse Engadine, massif de la Bernina.

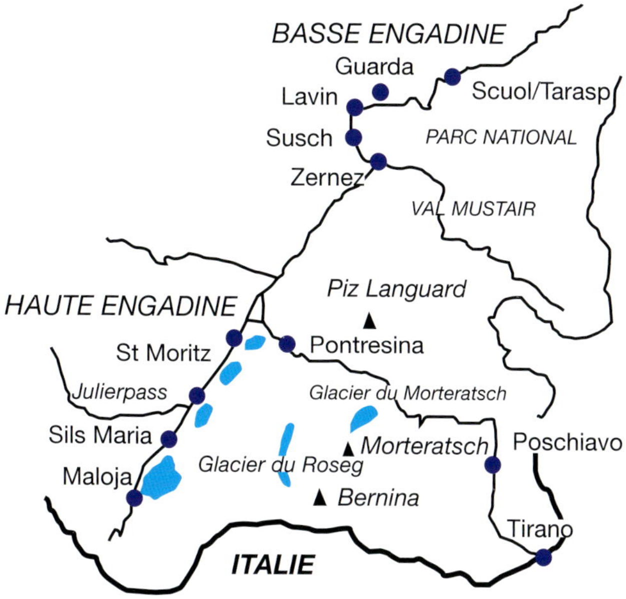

Monteux, Fritz Kreisler ou encore le Prince Hendrik des Pays-Bas. L'endroit est magique, avec le massif de la Silvretta qui se profile à l'horizon. En 1920, le chef d'orchestre acquit l'auberge et ses 13 hectares de terrain. Non loin de l'établissement qui sert aujourd'hui de refuge de montagne, il fit ériger une chapelle votive qui commémore la Première Guerre mondiale. Durant le conflit suivant, Mengelberg manifesta une certaine sympathie pour le régime d'Hitler, de sorte qu'il fut interdit de diriger aux Pays-Bas dès la fin de la guerre. Son chalet de Zuort devint alors son lieu d'attache permanent, où il mourut le 22 mars 1951. Peu après sa mort, une fondation Willem Mengelberg a été créée dans le but d'inviter des jeunes musiciens hollandais à venir passer leurs vacances et à donner des concerts dans la région. Depuis 2016, l'auberge et la Chasa Mengelberg sont tenues par un couple spécialisé dans la « cuisine fusion » et les plats du Tyrol du Sud et d'Engadine.

L'auberge située à Zuort dans le val Sinestra a été rachetée par le chef d'orchestre hollandais Wilhelm Mengelberg en 1920. Elle accueille de nos jours un chef spécialisé dans la cuisine fusion et les plats locaux.

[3] Fromage à pâte extra-dure à base de lait de montagne et épicé. « Rebibes » signifie copeaux de fromage.

[4] Oldenhorn, en allemand.

[5] ROSSET (Georges-A.), *op. cit.*, p. 184.

Julius BITTNER
Randonnée dans les Tauern de Radstadt

Le Viennois Julius Bittner (1874-1939) fut d'abord juge avant de se consacrer exclusivement à la composition. Dans les années 1920, il exerça le métier de fonctionnaire au ministère autrichien de la Justice. Son influence dans ce milieu fut considérable, puisqu'il parvint à faire exclure Arnold Schönberg de l'enrôlement dans l'armée autrichienne au moment de la Grande Guerre. Bittner fut l'un des compositeurs d'opéras les plus joués dans son pays durant la première moitié du xxe siècle, mais il est tombé dans l'oubli. Il écrivait ses propres livrets, tout comme Richard Wagner, dont l'influence est très marquée. Son opéra *Der Bergsee* traite de la vie dans les Alpes. Il a reçu le soutien de Gustav Mahler et de Bruno Walter à l'Opéra de Vienne.

Le sujet de l'opéra le plus célèbre de Julius Bittner, *Der Bergsee* (Le Lac de montagne), lui serait venu à la suite d'une promenade qu'il réalisa dans le Kleinarltal, un vallon situé dans la région du Tappenkar et du lac du même nom. À l'époque où Bittner exerçait ses fonctions de juge à Salzbourg, il était souvent appelé à Zell am See. Un trajet d'une journée lui permettait d'entreprendre dans la foulée quelques excursions dans les Tauern de Radstadt[1]. Un jour, alors qu'il était sur le chemin du retour et qu'il passait par Sankt Johann im Pongau, il décida de grimper jusqu'au Tappenkarsee, petit lac d'altitude assez peu fréquenté à l'époque. Arrivé sur place, il découvrit une nature majestueuse et calme qui lui servit de lieu imaginaire pour son intrigue. Le livret de son opéra commence par l'avertissement suivant : « *Loin dans les hautes montagnes, éloigné des routes touristiques, repose un lac solitaire : le Tappenkarsee. Dans les nombreux refuges alpins vit là-haut une famille d'éleveurs de vaches laitières…* » La toile de fond de cet opéra créé au Wiener Hofoper de Vienne en 1911 est la rébellion paysanne contre le pouvoir local de l'archevêché. Le paysan meurt dans la lutte et pour se venger, son épouse, Gundula, décide de noyer la vallée en relâchant les eaux du lac. Elle se jette aussitôt dans le torrent…

L'opéra *Der Bergsee* de Julius Bittner date de 1911.

Le Tappenkarsee inspira le compositeur Julius Bittner pour son opéra *Der Bergsee*.

[1] En quittant Salzbourg par le sud, la route des Hohe Tauern franchit d'abord les Niedere Tauern, d'une altitude plus modérée. Il s'agissait autrefois d'une région minière très importante et qui était très fréquentée à l'époque romaine. Aujourd'hui, la région est prisée par les skieurs et les possibilités de promenades sont immenses.

Serge PROKOFIEV
Voyage éclair au cœur des Alpes

Précocement doué pour le piano et la composition, Serge Prokofiev (1891-1953) entra au Conservatoire de Saint-Pétersbourg à l'âge de treize ans. Son style de jeunesse subit à la fois l'influence des compositeurs occidentaux contemporains (Debussy, Strauss, Reger) et celui des poètes symbolistes et futuristes. Il quitta la Russie en 1918 pour voyager entre les États-Unis, la France et l'Allemagne. Ce fut une période riche qui lui valut des commandes pour les Ballets russes et pour de grands orchestres américains, mais il finit par renouer des liens avec la Russie à partir de 1927 et rentra définitivement au pays en 1936, en pleine période de purge stalinienne. Interdit de séjourner hors de Russie, il devint alors un compositeur officiel du régime, et son style s'adoucit. De cette dernière période datent les grands ballets *Roméo et Juliette* et *Cendrillon*, qui ont fait de lui un compositeur de renommée internationale.

Prokofiev a laissé quantité d'observations dans un journal qui décrit notamment un voyage qu'il effectua dans les Alpes durant l'été 1913. C'est à la suite du suicide de son ami le pianiste Maximilien Schmithof, avec qui il avait projeté de passer des vacances en Crimée, qu'il modifia ses projets pour l'été et décida d'entreprendre avec sa mère un périple à la découverte des principales villes européennes : Berlin, Cologne, Bruxelles, Paris, Londres, etc. Le voyage s'acheva par un tour dans les Alpes[1]. L'objectif du jeune compositeur était de découvrir un maximum de sites réputés en un minimum de temps : Chamonix et la Mer de Glace, Montreux, Lausanne (Ouchy), le lac de Neuchâtel, Berne, le lac de Thoune et le Niesen, Interlaken et la Jungfrau, le Pilatus, Lucerne et le Rigi, Göschenen, le monument Souvorov, Zürich et les chutes du Rhin à Schaffhausen !

Après avoir quitté son hôtel genevois, Prokofiev s'en alla explorer la vallée du Mont-Blanc : l'incontournable Mer de Glace était évidemment au programme, avec sa gigantesque langue que l'on pouvait observer depuis le promontoire du Montenvers. On montait généralement à dos de mulet, mais le compositeur préféra grimper dans le petit train à crémaillère qui venait d'être construit pour gravir les mille mètres de dénivelé.

Le massif du Gothard fit également partie du périple. À peine revenu de sa sortie en bateau vapeur sur le lac des Quatre-Cantons, Prokofiev prit le train du Gothard jusqu'à Göschenen, pour ensuite rejoindre le Pont du Diable, ce même pont que le général russe Alexandre Souvorov emprunta avec son armée en 1799 lors de la campagne épique contre les troupes napoléoniennes.

Vue depuis le belvédère de Montenvers avec la gare terminus et la Mer de Glace en contrebas.

♪ Son deuxième concerto pour piano, qui date de 1913, est dédié à son ami Schmithof, de même que ses 2e et 4e sonates pour piano.

[1] Du 30 mai au 19 juillet 1913.

Franz SCHREKER Alma SCHINDLER

Séjours dans le Semmering

L'opéra *Der Ferne Klang* (1912) inaugura l'une des plus incroyables carrières musicales du xxe siècle, celle qui valut à son auteur, Franz Schreker (1878-1934), sa nomination immédiate comme professeur au Conservatoire de Vienne. Il quitta néanmoins ce poste en 1920 pour accéder à la direction de la Hochschule de Berlin. Non content en général des livrets d'opéras qu'on lui proposait, il décida de produire ses propres textes, comme l'avait fait Wagner. Ses opéras, dont *Les Stigmatisés* (*Die Gezeichneten*) ou encore *Le Chercheur de trésors* (*Der Schatzgräber*) furent représentés simultanément dans plusieurs grandes maisons d'opéras. Mais le déclin de Schreker fut aussi rapide que sa fulgurante ascension. En raison de ses origines juives, les nazis interdirent sa musique et le démirent de ses fonctions de directeur du conservatoire. Son style, d'une couleur orchestrale et d'une sensualité harmonique sans équivalent dans l'histoire de la musique, s'inscrit dans la continuité de Mahler et de Zemlinsky.

Alma Schindler (1879-1964) était issue de la riche société juive viennoise de la fin du xixe siècle : sa mère était cantatrice et son père, Émile Schindler, un peintre paysagiste réputé. Considérée comme la « muse de tous les génies », remarquablement jolie, intelligente et douée pour les arts, elle vécut dans un milieu d'exception fréquenté par Gustav Klimt, Arnold Schönberg, Oskar Kokoschka, Hugo von Hofmannsthal… Elle étudia la composition auprès d'Alexandre Zemlinsky, qui tomba vainement amoureux d'elle. En épousant Gustav Mahler en 1902, elle accepta d'abandonner ses aspirations artistiques en musique comme en peinture. Après la mort de Mahler et une aventure sentimentale sans lendemain avec Oskar Kokoschka, elle épousa l'architecte Walter Gropius (Bauhaus) puis le romancier Franz Werfel, avec lequel elle quitta l'Autriche nazie pour se réfugier aux États-Unis où elle se fixa jusqu'à sa mort. Elle a composé trois cycles de lieder pour voix et piano.

Dans une lettre adressée à un ami musicologue, le compositeur autrichien Franz Schreker raconte la genèse de l'un de ses plus grands succès, *Le Chercheur de trésors*, un opéra qui aurait été élaboré à la suite d'un séjour dans le massif du Semmering. Durant l'été 1915, le compositeur profitait pour la troisième fois de vacances dans cette région montagneuse adorée des Viennois. Éloignée temporairement des intrigues de la capitale et du tumulte de la Grande Guerre (Schreker fut exempté du service militaire pour raison médicale), la petite famille, composée alors de son épouse et de sa mère, occupa une maison assez étrange dans laquelle les propriétaires avaient réuni quantité d'objets rapportés de leurs voyages à travers le monde. Il y avait là une pièce persane, une autre turque et une troisième remplie d'animaux empaillés. Mais les pièces les plus étonnantes étaient celles du rez-de-chaussée, sortes de copies conformes de chambres de paysans transylvaniens, avec un poêle à bois gigantesque dans le coin. Ils furent rassemblés un soir autour de la table, à la lumière lugubre et vacillante des candélabres. C'est alors que deux jeunes filles de leur cercle d'amis entrèrent revêtues d'un accoutrement fantasque ; l'une d'elles portait à son bras un luth duquel pendaient des rubans colorés. Alors, d'une voix douce et délicate, elle se mit à chanter de vieux airs germaniques et

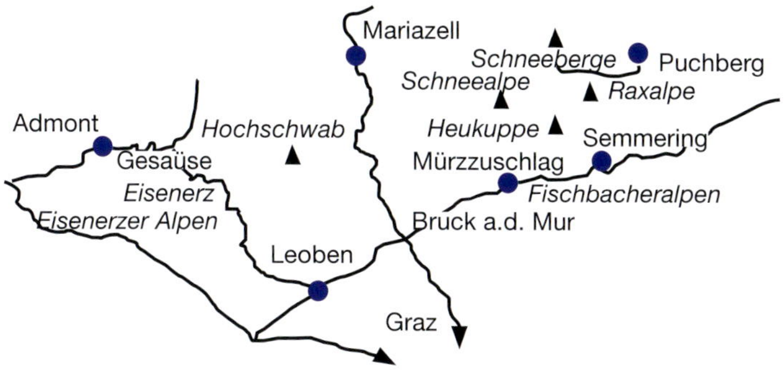

Préalpes styriennes, Semmering, Hochwand, Raxalpe.

Vue sur le village de Breitenstein am Semmering. C'est là qu'Alma Mahler fit construire une vaste maison de campagne sur un domaine acheté du vivant de son mari.

quelques ballades oubliées. Un sentiment étrange s'empara de Schreker, qui se mit à pleurer dans cette pièce transformée en décor d'opéra. La fille s'était étrangement métamorphosée en troubadour d'un autre âge[1].

L'opéra *Der Schatzgräber* (*Le Chercheur de trésors*) fut élaboré à la suite du séjour de Schreker dans le Semmering.

Non loin de là, Gustav Mahler avait fait l'acquisition d'un terrain situé à Breitenstein am Semmering, à l'époque de la grave crise qu'il traversait avec sa femme Alma. Il pensait pouvoir un jour y construire sa future maison de vacances, peut-être même une maison pour y couler ses vieux jours. Le lieu lui paraissait particulièrement agréable et doté d'une belle vue face aux massifs de la Raxalpe et de Schneealpe, mais surtout facile d'accès puisque seulement à quelques heures en train depuis la capitale autrichienne. Mais sa mort en 1911 empêcha la réalisation de son rêve.

Deux années après le décès de son mari, Alma Mahler-Schindler, qui venait d'hériter du terrain et qui fréquentait alors le peintre Oskar Kokoschka, commanda les plans d'une maison de campagne de type « américain en bois » de taille moyenne (huit chambres tout de même!) et comportant une énorme cheminée en pierre du pays. À l'automne 1913, la maison fut prête pour accueillir Alma et sa fille Anna, dite « Gucki », sa mère Anna Moll et le personnel de service. Kokoschka, qui venait d'achever son chef-d'œuvre La Fiancée du vent, débarqua à Breitenstein pour y réaliser une vaste fresque murale au-dessus de l'énorme cheminée : « *Tandis que tout le monde s'affaire dans la maison, Anna Moll, les servantes, pour mettre la dernière main à l'installation, accrocher les rideaux, lui [Kokoschka] peint, au-dessus de la cheminée de la salle de séjour, une fresque représentant Alma immolée par le feu et s'élevant vers le paradis tandis que le peintre reste en enfer cerné par les serpents*[2]. »

Désormais, la villa de Breitenstein vécut au rythme des visites d'amis comme les Berg, les Schönberg, Klimt, Hofmannsthal, Schnitzler, etc., et c'est à Semmering que la belle Alma fit venir ses nombreux prétendants.

Deux des cycles de Lieder d'Alma Mahler datent précisément de son séjour à Breitenstein am Semmering.

[1] Cité dans une lettre de Franz Schreker à Paul Bekker.

[2] GIROUD (Françoise), *Alma Mahler ou l'art d'être aimée*, Éditions Robert Laffont, 1988, p. 137. Cette fresque murale de 4 mètres de long sur 68 centimètres de haut sembla perdue à jamais suite à la vente de la maison en 1959. Toutefois, lors d'une nouvelle vente de la maison en 1987, un couple d'acheteurs passionnés de Mahler découvrit la fameuse peinture enveloppée dans un tapis.

Ferruccio BUSONI
Visite à San Remigio

Personnage revêche au physique impressionnant, Busoni (1866-1924) était issu d'un milieu cultivé, d'un père clarinettiste italien et d'une mère pianiste amateur d'origine juive allemande. Il joua son premier concert à l'âge de huit ans et composa un *stabat mater* à l'âge de douze ! Dès 1890, sa réputation de virtuose et pédagogue du piano était si bien établie qu'il fut invité à donner des cours à Helsinki, Saint-Pétersbourg, Boston et Berlin. Lorsqu'éclata la Première Guerre mondiale, il se réfugia en Suisse jusqu'en 1920 et finit son existence à Berlin, couvert d'honneur. Malgré ses nombreux engagements de concertiste et d'enseignant, il parvint à centrer son existence sur la composition, dont on retiendra l'opéra *Docteur Faust* et d'innombrables transcriptions pour piano.

Durant l'été 1916 la guerre faisait rage partout en Europe et Busoni, réfugié à Zurich, décida de se rendre au bord du lac Majeur à l'invitation du marquis Silvio della Valle di Casanova, musicien et poète, et de son épouse, la marquise Sofia Browne, peintre d'origine irlandaise. Le couple était parvenu à réaliser son rêve de transformer le vieux chalet du grand-père de Sofia en une magnifique villa. L'édifice, inclassable sur le plan architectural, domine toujours le lac Majeur au sommet du col de la Castagnola, situé à Verbania Pallanza. Il est entouré de terrasses en jardin et bordé de plantes exotiques rares.

Pour s'y rendre, Busoni et sa femme Gerda voyagèrent en train jusqu'à Milan (un trajet de treize heures !), où ils avaient rendez-vous avec le célèbre peintre futuriste Umberto Boccioni, qui devait les accompagner ensuite à San Remigio. C'est d'ailleurs à l'initiative de ce dernier que le couple put s'installer pour plusieurs semaines sur les hauteurs du lac Majeur. En réalité, Busoni souhaitait rejoindre le peintre, dont il possédait un tableau dans sa pièce de travail, « La Città che sale », mais il souhaitait également découvrir les manuscrits autographes de Franz Liszt que le marquis, ancien élève du compositeur, possédait dans sa collection. Entre les promenades et les conversations intellectuelles, Boccioni commença le célèbre portrait de Busoni aujourd'hui conservé à Rome.

♪ *Rondo arlecchinesco* de Busoni date de l'année 1916.

La villa San Remigio de Verbania, où séjourna le pianiste Ferruccio Busoni durant l'été 1916.

Anton WEBERN
Sérialisme et alpinisme, même combat !

La famille d'Anton Webern (1883-1945) était originaire du Tyrol du Sud. Il suivit des études de philosophie et de musicologie à l'Université de Vienne et commença à composer. En 1904 il rencontra Arnold Schönberg, qui devint son mentor et dont il fut l'un des plus fidèles disciples aux côtés d'Alban Berg. Pour survivre, il accepta des postes de direction d'orchestre en province et, après sa mobilisation durant la Première Guerre mondiale, il dirigea une association symphonique ouvrière. Tout en vivant dans la banlieue viennoise, il entreprit régulièrement des sorties en montagne où il pratiqua assidûment l'alpinisme et l'observation de la nature, le plus souvent en solitaire. En 1945, il se réfugia avec sa famille dans les environs de Salzbourg, où il fut abattu par mégarde par un soldat américain alors qu'il fumait un cigare de contrebande à l'extérieur d'un chalet. Webern est le plus radical des trois principaux compositeurs de la Seconde école viennoise : sa musique est atonale et proscrit le bruit inutile comme toute forme de répétition. C'est ce qui justifie l'extrême concision de son œuvre dont la durée totale n'excède pas quatre heures !

Mobilisé dans les troupes de montagne durant la Première Guerre mondiale, Anton Webern fut affecté dans une unité alpine proche de Mürzzuschlag, d'où était originaire sa famille. En tant que grimpeur habitué à l'escalade (il avait déjà gravi en 1910 le Triglav, point culminant de Slovénie), il enchaîna les périodes de formation et d'entraînement en zone montagneuse, ce qui l'arrangeait plutôt bien car il adorait cette région. En août 1915 il fut muté au nord-est de Leoben, à Niklasdorf, où on l'autorisa à pratiquer la musique de chambre au sein d'un quatuor à cordes formé de camarades soldats. Il s'adonna au même plaisir à Leoben, où il fut versé à la fin du mois dans un bataillon d'élite de chasseurs alpins, et dans lequel il termina sa vie militaire sans connaître les horreurs du front.

Durant l'entre-deux-guerres, Webern se rendit presque chaque été dans les Alpes autrichiennes, principalement dans les Préalpes styriennes, où il s'adonna à ses deux passions favorites : l'alpinisme et la botanique. Quand il ne composait pas, le musicien se lançait dans de belles excursions, logeant

Préalpes styriennes, Semmering, Hochwand, Raxalpe.

Anton Webern en compagnie de son ancien élève Ludwig Zenk, qui adorait les fleurs de montagne (photo prise vers 1937, lieu inconnu).

Anton Webern et son cousin, l'historien d'art Ernst Diez, assis devant un refuge d'altitude, vers 1933.

à moindres frais dans la famille ou chez des amis. Dès l'été 1919, puis à de très nombreuses reprises, il grimpa sur le Hochschwab et sur le Schneealpe[1], montagnes pour lesquelles il conserva une affection toute particulière durant sa vie, les qualifiant de « *divines* » ! Webern privilégiait ces massifs de moyenne altitude, dont la flore et la faune étaient remarquables. En tant que grimpeur confirmé, il enchaîna de belles courses sur plusieurs sommets autrichiens, comme l'Ankogel durant l'été 1921 (Hohe Tauern, 3 246 m), le Dachstein en 1925 et en 1930 (2 995 m), le Wiesbachhorn en 1930 (3 564 m), le Wildspitze en 1934 (Ötztaler Alpen, 3 772 m) ou encore le Grossvenediger en août 1935 (deuxième sommet autrichien, 3 674 m). Mais contrairement à sa fille, éprise d'alpinisme elle aussi, Webern ne grimpa jamais au sommet du Grossglockner, point culminant de l'Autriche (3 798 m).

La précarité matérielle et les difficultés financières auxquelles fut longtemps confrontée la famille Webern obligèrent le compositeur à se tourner régulièrement vers des amis ou des mécènes. Durant l'été 1925, il dut même renoncer à tout projet de vacances, ce qui ne l'empêcha pourtant pas d'effectuer deux rapides excursions en montagne, l'une dans le Dachstein, l'autre dans les Totes Gebirge.

Durant l'été suivant, il séjourna à Krumpen dans la dépendance d'une ferme d'un hameau perdu en Styrie minière[2]. C'était un endroit solitaire où la vue offrait un panorama paisible de moyenne montagne. Son journal décrit le rythme habituel des vacances à la montagne : il se mettait au travail dès 8 heures du matin, souvent après avoir pris un bain dans le Krumpenbachl, et travaillait ensuite jusqu'à 13 heures, dans une pièce froide et humide. Après le déjeuner, il se reposait dans le pré situé derrière la maison, généralement pendant une heure. Quelquefois, il prenait à nouveau un bain d'eau froide avec sa femme et ses enfants, puis reprenait le travail jusqu'à l'heure du thé, parfois plus tard. Après 18 heures, il partait en promenade au Krumpengraben ou dans les bois avoisinants, à la recherche de champignons ou de mûres.

Pour une fois, les vacances de l'été 1927 se passèrent sans les difficultés matérielles habituelles, car Webern reçut la visite inattendue d'un altiste américain de l'orchestre de Philadelphie, venu prendre des leçons payantes d'écriture pendant six semaines. Ce séjour fut bien évidemment agrémenté d'excursions alpines, dont l'ascension du Reichenstein (2 247 m), l'un des principaux sommets de la chaîne des Eisenerzer Alpen, qu'il effectua en compagnie de l'Américain et de son cousin Diez. Ce furent probablement les vacances les plus heureuses et les plus insouciantes de toute la vie du compositeur.

Ayant délaissé la composition de son Quatuor à cordes, il décida d'entreprendre deux nouvelles escapades montagnardes à la mi-juillet 1930, la première dans sa Schneealpe habituelle, la seconde dans le Dachstein (2 995 m)[3], et qu'il commente ainsi dans son carnet : « *Merveilleux séjour au refuge, le Wiesbachhorn est particulièrement dégagé.* » Quelques jours plus tard, il ajoute : « *Au moment de l'escalade du sommet, le temps était mauvais : pluie, brouillard, et pourtant c'était très beau. Très étrange la lumière diffuse sur le glacier (due au ciel couvert et au brouillard) : à une distance de quelques pas, la neige et le brouillard se fondaient en une couche absolument semblable. On ne pouvait même pas savoir si ça montait ou si ça descendait.* […] *Mais, ô miracle, on était en quelque sorte suspendu dans l'espace. Et sur les alpages de la face sud ! Quel contraste ! La flore la plus luxuriante ! Rien*

[1] Les massifs du Schneeberg et de la Raxalpe sont les montagnes les plus proches de Vienne et leur accès est très facile depuis l'ouverture de la ligne de chemin de fer du Semmering au milieu du XIXe siècle. Le Hochschwab (2 277 m) est bordé au sud par le fleuve Mürz et au nord-est par l'Enns. Il est caractérisé par des surplombs pierreux et une flore luxuriante. Il abrite également la plus grande colonie de chamois d'Europe. Raxalpe est une montagne d'environ 2 000 mètres de hauteur située au nord-est de Mürzzuschlag. Ce massif calcaire est un paradis de la grimpe.

[2] Toujours à proximité de sa montagne préférée : le Hochschwab !

[3] Le Dachsteingruppe est un imposant massif situé au sud du Salzkammergut et qui culmine à près de 3 000 mètres avec le Hoher Dachstein (2 995 m).

que des rhododendrons en pleine floraison ! Et plus bas, la plus merveilleuse plantation de mélèzes ! Des arbres énormes aux formes les plus étranges, avec des branches gigantesques. Cela vous aurait plu[4]. »

Le surmenage et l'anxiété affectèrent Webern durant l'été de l'année 1932 suite à un voyage professionnel épuisant à Barcelone. Les médecins lui ordonnèrent un repos complet. D'abord envoyé dans un sanatorium de la forêt viennoise, il fut admis ensuite dans un établissement thermal à Bad Fusch, dans les Hohe Tauern[5]. Le spectacle des hautes montagnes lui redonna le moral et il se rétablit rapidement ! À son maître Arnold Schönberg, il écrivit ce mot le 16 août 1932 : « *J'aimerais d'abord te dire précisément où je me trouve : au milieu des hautes montagnes. À proximité immédiate des glaciers des Hohe Tauern. Je les vois chaque jour et respire cet air indescriptible avec (je dois bien le dire) la plus haute dévotion. Tu connais mon inclination à cet égard. Et cette atmosphère fait des miracles !* » *Trois jours plus tard, il confia à un autre ami :* « *J'ai toujours su ce qui me manque : cette atmosphère incroyable que j'ai enfin ici. L'efficacité de cet air des glaciers, de ce soleil et aussi de ces eaux indescriptibles et bénies de Dieu !* [...] *Un miracle ! Absolument impossible à décrire*[6] *!* » L'amélioration de son état de santé justifia qu'on l'autorise à effectuer l'ascension du Kuh-Kar-Köpfel (2 500 m).

Webern manifestait parfois une forme d'instabilité d'humeur lorsqu'il grimpait, faussant compagnie à ses coéquipiers, notamment en 1933, lorsqu'il grimpa le « pic Sauvage », le fameux Wildspitze (3 772 m), point culminant des Ötztaler Alpen, dans le Tyrol oriental, et que le compositeur n'avait encore jamais exploré. Accompagné de deux amis, l'expédition tourna court au bout de deux jours, non pas à cause du mauvais temps, mais parce que Webern abandonna la cordée sans explication ! Ce fut donc avec quatre jours d'avance que le compositeur réapparut à la maison en déclarant à sa famille que la course avait été une réussite ! Quelques années plus tard, Webern entreprit une nouvelle semaine d'excursion avec son cousin Diez et son ami Zenk dans la vallée de l'Ötz, en Tyrol oriental. Ils grimpèrent notamment au sommet du Similaun. Là aussi,

Photo prise en 1937 au sommet du Similaun (3 599 m) dans l'Ötztal. Webern est à droite de la photo.

Webern renonça à poursuivre au bout de six jours et sans se justifier auprès de ses camarades de cordée.

En 1939, la guerre fut déclarée et les escapades alpines se firent de plus en plus rares. Avec les bombardements alliés sur la capitale durant l'été 1944, la famille de Webern se réfugia dans les montagnes de Mittersill im Pinzgau, non loin de Salzbourg. Les conditions de cet exil furent difficiles en raison de la cohabitation de deux familles réunissant dix-sept personnes dans le même chalet, mais Mittersill offrit un abri sûr à la famille de Webern, dans l'attente d'un retour possible à la capitale. Mais au soir du 15 septembre 1945, le compositeur quitta le chalet familial pour aller dîner dans celui de son gendre, qui trafiquait un peu de marché noir. Les soldats américains d'occupation avaient, semble-t-il, dressé une embuscade pour y mettre fin. Webern, qui n'avait plus fumé de cigare depuis longtemps, ne résista pas à l'idée d'aller en fumer un à l'entrée du chalet. Il était sorti depuis quelques minutes lorsqu'on entendit trois coups de feu. Webern réapparut précipitamment dans le chalet : « *J'ai été touché !* » Sa femme et sa fille l'étendirent sur un matelas et, comme elles commençaient à défaire ses vêtements, il ajouta : « *C'est fini !* » Il perdit connaissance et mourut aussitôt[7].

♪ *Langsamer Satz pour quatuor à cordes* de Webern. Ce mouvement précède le style plus radical du compositeur.

[4] GALLIARI (Alain), *Anton von Webern*, Éditions Fayard, 2007, p. 495.

[5] Le massif des Hohe Tauern est situé entre Salzbourg et Lienz. Il forme la chaîne la plus élevée des Alpes autrichiennes, mais il ne faut pas le confondre avec les Niedere Tauern, situés au sud-est de Salzbourg (Tauern de Radstadt et de Schladming). Le point culminant des Hohe Tauern (et de l'Autriche) est le Grossglockner (3 798 m) qui a donné son nom à la « route alpine du Grossglockner ».

[6] GALLIARI, *op. cit.*, p. 527.

[7] GALLIARI, *op. cit.*

Arthur HONEGGER
Pastorale d'été dans la Jungfrau

Le compositeur Arthur Honegger (1892-1955) a gardé toute sa vie la nationalité suisse, mais ses goûts le portèrent irrésistiblement vers la musique française et Paris. Son amitié avec Jean Cocteau et sa participation au groupe des Six l'ont rendu célèbre et ne l'ont pas confiné dans un isolement intra-alpin comme la plupart de ses compatriotes compositeurs. Il refusa toute sa vie d'adhérer à un mouvement ou à une école particulière, ce qui explique la difficulté à le classer. Son écriture est lyrique et sa polyphonie complexe, particulièrement dans son corpus de cinq symphonies qui portent des titres variés comme la troisième, dite *liturgique*, la quatrième, *Deliciae Basiliensis*, ou encore la cinquième, *Di Tre Re*.

Honegger, bien que français d'adoption, n'a jamais oublié son pays d'origine, la Suisse, qu'il considérait à raison comme l'un des plus beaux jardins d'Europe. Ainsi, durant l'été 1920, alors qu'il passait ses vacances dans le petit village touristique de Wengen dans l'Oberland bernois, il composa *Pastorale d'été*, une pièce pour orchestre de chambre qui exprime le sentiment du compositeur face à la nature. Sur la couverture du manuscrit se trouve inscrite la pensée d'Arthur Rimbaud : « *J'ai embrassé l'aube d'été.* » Nul doute que la splendeur du massif de la Jungfrau au lever du jour encouragea fortement Honegger à transcrire les chants des oiseaux et l'écho de l'*Alpenhorn* (cor des Alpes). *Pastorale d'été* nous ferait presque oublier *Jour de fête suisse*, une autre pièce descriptive écrite cette fois pour un orchestre symphonique, et dont l'inspiration lui serait venue à la suite d'une fête populaire dans l'Oberland bernois. Honegger y représente les différents aspects d'une fête folklorique en montagne, comme le lancement de pierre, la lutte traditionnelle, l'*Alpenglühn* (la teinte rosée des montagnes au coucher du soleil), et chaque titre est écrit en dialecte local.

La Seconde Guerre mondiale venait de prendre fin et tout le monde espérait enfin pouvoir voyager plus librement. Honegger décida d'entreprendre un voyage d'agrément dans les Grisons dès la fin de l'été 1945. Il descendit à l'hôtel *Waldhaus* de Sils, vaste édifice luxueux aux allures de château qui domine les deux lacs de la région. Il y rencontra son ami, le grand mécène bâlois

L'hôtel *Waldhaus* de Sils hébergea le compositeur Arthur Honegger durant le mois d'août 1945.

Paul Sacher, accompagné de son épouse Maja et de ses deux chiens. Le village de Sils-Maria avait déjà hébergé bon nombre de personnalités par le passé, notamment le célèbre philosophe Friedrich Nietzsche, qui en avait fait sa destination favorite. Pour Honegger, ce fut l'occasion de relire le célèbre ouvrage *Ainsi parlait Zarathoustra*, dont certaines idées avaient été élaborées lors des promenades du philosophe le long du lac de Silvaplana. Le rocher de Surlej, lieu prétendu de la révélation nietzschéenne, offrit au compositeur le prétexte d'une promenade méditative autour du lac.

♪ *Pastorale d'été pour orchestre de chambre* (1920).

Serge RACHMANINOV
La rose noire d'Hertenstein

Serge Rachmaninov (1873-1943) étudia aux conservatoires de Saint-Pétersbourg et de Moscou avant d'entamer une fulgurante carrière internationale comme pianiste de concert, tout en continuant de composer. En 1917, il quitta la Russie pour mener d'épuisantes tournées à travers l'Europe et les États-Unis et s'installa pour quelques années au bord du lac des Quatre-Cantons, tout en gardant la nostalgie de son pays natal. Il s'expatria finalement aux États-Unis à la veille de la Seconde Guerre mondiale. Son style tonal et les grandes emphases mélodiques caractérisent ce romantique qui a toujours refusé de suivre l'évolution radicale de son époque. Sa musique parle avant tout au cœur, et c'est la raison de son immense succès, notamment lors des concours internationaux de piano. Ses concertos pour piano et sa fameuse *Rhapsodie sur un thème de Paganini* sont en effet davantage joués que ses symphonies, pourtant très belles elles aussi.

Après avoir quitté sa Russie natale lors de la Révolution de 1917, Rachmaninov se lança dans une carrière de pianiste soliste au point de devenir le virtuose compositeur le plus sollicité de son époque. De part et d'autre de l'Atlantique, on le réclamait sur les podiums et à n'importe quel prix. Mais à la fin des années 1920, il était épuisé par les tournées de concerts et avait perdu toute inspiration pour composer. Il éprouva le besoin de trouver un endroit calme pour redonner souffle à sa créativité. L'éternel voyageur fit régulièrement halte au bord du lac suisse de Lucerne, lieu qu'il découvrit en 1902 lors de son voyage de noces avec son épouse Natalia. En 1928, son ami biographe Oskar von Riesemann l'informa qu'un magnifique terrain était à vendre à Hertenstein, au pied du Rigi, dans la localité de Wimmis. Ce fut immédiatement le coup de foudre, bien que l'entourage du virtuose le taquinât sur son choix, puisque le Baedeker, guide touristique de référence, prétendait qu'il y pleuvait bien plus que partout dans le monde! La construction que le musicien commanda était de style Bauhaus, toute blanche de l'extérieur, avec une pièce de travail équipée de grandes baies vitrées donnant sur le lac. Le compositeur la baptisa du nom de « Senar », amalgame de son prénom et de celui de son épouse, auxquels ils ajoutèrent le « R » de Rachmaninov. Dès l'automne 1930, les Rachmaninov posèrent leurs valises dans leur nouvelle villa d'Hertenstein, avec la conviction de pouvoir cultiver une certaine intimité, après des années de déplacements incessants et de vie mondaine. Le musicien espérait surtout pouvoir renouer avec la composition, après quatorze ans d'interruption. Et le miracle se produisit : en moins de six semaines, il composa la *Rhapsodie sur un thème de Paganini* pour piano et orchestre opus 43 (1934), puis la célèbre *Troisième symphonie* en la mineur opus 44 (1936)[1].

Rachmaninov vécut au pied du Rigi les dix plus belles années de sa vie, lui qui avait connu une enfance malheureuse près d'un père joueur, une jeunesse précaire après la séparation de ses parents, la perte de sa sœur à l'âge de dix-neuf ans, et pour finir, en 1917, un exil de Russie dont il ne se remit jamais. Cette nostalgie de sa Russie natale, on la retrouve jusque dans les essences des arbres qu'il planta dans son jardin. Car le musicien était passionné par les plantes, et l'entretien de son immense parc de cinq hectares fut pour lui un plaisir essentiel de la vie : grand cultivateur de roses, il rassembla plus de quinze mille fleurs de quinze variétés différentes et finit par inventer sa propre variété, une rose noire qui, bien qu'en réalité pourpre foncé, donna lieu à un événement relaté dans la presse spécialisée.

[1] Une troisième œuvre importante vit le jour à Hertenstein : les *Variations sur un thème de Corelli* pour piano, opus 42 (1931).

Serge Rachmaninov photographié dans le jardin de sa villa d'Hertenstein.

Au fond du jardin, sur la rive du lac, Rachmaninov disposait d'un garage pour entreposer son bateau à moteur, son « canot automobile » comme on disait à l'époque, en réalité un yacht de course qu'il sortait de temps à autre pour filer en moins d'un quart d'heure jusqu'à Lucerne. On le connaissait passionné de vitesse et collectionneur de bolides : il conduisait ses voitures jusqu'aux limites de leurs performances et revenait de ses courses le front en sueur. Dans ses *Mémoires*, le violoncelliste Gregor Piatigorsky se souvient d'une sortie en bateau avec Rachmaninov, le compositeur fonçant à toute allure jusqu'à l'embarcadère tout en observant la réaction de son invité[2].

La villa a survécu après la mort de son propriétaire aux États-Unis en 1943, alors qu'il avait fui la Suisse deux semaines avant la déclaration de la guerre. Aujourd'hui, Senar est silencieuse mais attire toujours les passionnés d'architecture. Le magnifique piano Steinway offert à l'occasion du soixantième anniversaire de Rachmaninov s'est définitivement tu, et les roses noires ont toutes disparu du jardin d'Hertenstein…

♪ La *Rhapsodie sur un thème de Paganini* pour piano et orchestre opus 43 (1934) et la *Troisième symphonie* en la mineur opus 44 (1936) datent du séjour de Rachmaninov à Hertenstein.

[2] C'est ce genre d'anecdote qui justifie le surnom que Rachmaninov se donnait à lui-même : le Guillaume Tell de Senar !

La vue depuis le sommet du Rigi permet d'apercevoir Hertenstein au pied de la montagne.

Ildebrando PIZZETTI
Concerto d'été à Cortina d'Ampezzo

Tour à tour directeur des conservatoires de Florence, de Milan puis de Rome (Académie de Sainte-Cécile), Ildebrando Pizzetti (1880-1968) fut l'un des acteurs les plus dynamiques de la musique moderne italienne avec Gian Francesco Malipiero et Alfredo Casella. On lui doit une série d'opéras (*Fedra*, *L'Oro*, *Assassinio nella cattedrale*…), des concertos pour divers instruments (violon, harpe, violoncelle) et de la musique de chambre (deux quatuors, sonates diverses et trio). Son style incarne la mouvance romantique italienne avec des harmonies chromatiques.

Cortina d'Ampezzo est à l'Italie ce que Chamonix est à la France et Saint-Moritz à la Suisse, à savoir une station de sports d'hiver mondialement connue, où se rassemblent les skieurs et snowboardeurs de la jet-set et où fleurissent nombre de beaux hôtels. En 1895, Richard Strauss et son épouse Pauline – connus pour leurs exigences de confort et de mondanité – vinrent y passer leurs vacances d'été, c'est dire à quel point Cortina répondait déjà à cette époque aux goûts de luxe d'une certaine classe aisée de touristes.

Le compositeur italien Ildebrando Pizzetti était un habitué de Cortina, où il venait régulièrement passer ses vacances à l'hôtel *Faloria* ou à l'*Albergo Cristallo*, deux fleurons de l'hôtellerie des Dolomites. Les vacances d'été à Cortina d'Ampezzo étaient pour lui le moment idéal pour entreprendre de nouvelles compositions, car il était enfin déchargé de ses occupations professionnelles. Débarqué à l'hôtel *Faloria* en juillet-août 1928, il composa le *Concerto d'été*, une œuvre créée l'année suivante par Arturo Toscanini à la tête de l'Orchestre philharmonique de New York. Presque chaque année, Pizzetti revenait à Cortina[1], où il réalisait de belles excursions après son travail de composition, comme au lac de Braies, au lac Misurina ou encore à Dobbiaco. Son concerto pour harpe et orchestre fut sa dernière œuvre composée dans les Dolomites en juillet 1959.

Cortina d'Ampezzo est la station de sports d'hiver la plus connue des Dolomites. Ildebrando Pizzetti y passa régulièrement ses vacances d'été.

♪ *Concerto d'été* fut composé par Pizzetti à Cortina durant l'été 1928 et créé l'année suivante par Arturo Toscanini.

[1] En 1932, 1936, 1941, 1942, 1947, 1959.

Ernst KRENEK
Carnet de voyage dans le *Vaterland*

Ernst Krenek (1900-1991) est un compositeur autrichien naturalisé américain qui a abordé différents styles ou manières, révélant une nature en perpétuelle recherche. Il est passé ainsi d'un style atonal austère à une synthèse des styles postromantique, néoclassique et de la musique de jazz (son opéra *Jonny spielt auf*, sans aucun doute le plus grand succès de sa carrière, en est un exemple), pour adopter par la suite une écriture plus strictement dodécaphonique, mais d'une manière plus libre. Critiqué par les nazis bien que non juif, il préféra s'exiler aux États-Unis, où il s'est alors tourné vers les musiques expérimentales, notamment par l'utilisation de l'ordinateur. Il est l'auteur de quinze opéras, de sept symphonies et d'autant de quatuors. Il avait épousé en premières noces la fille de Gustav Mahler, Anna.

L'énorme succès de son opéra *Jonny spielt auf*[1], représenté partout en Europe et même à New York, rendit Krenek soudain riche et célèbre, après des années d'errance en Allemagne et en Suisse[2] où il survivait grâce à la générosité de quelques mécènes. C'est donc dans un climat de bonheur et d'aisance matérielle qu'il entreprit un voyage à travers les Alpes autrichiennes, accompagné de sa nouvelle épouse Berta et de ses parents[3] : « *Au printemps 1929, je décidai qu'il était temps pour moi d'explorer le pays pour lequel j'avais développé un amour passionné. J'ai découvert que je ne connaissais pas grand-chose de l'Autriche et que je souhaitais visiter ses contrées si éloignées*[4]. »

Son objectif était la redécouverte du patrimoine naturel et historique de son pays d'origine. Durant trois semaines, il parcourut les plus belles régions d'Autriche en train et en autocar : la Styrie, le Salzkammergut, la Carinthie et le Tyrol. À l'issue de ce voyage riche en impressions nouvelles, le compositeur fut soudain pris d'une rage d'écriture, et en l'espace de vingt jours seulement il composa les paroles et la musique de cet ensemble de mélodies qui forme l'un des plus beaux cycles vocaux du xxe siècle à propos duquel il écrit : « *Je crois que c'est la seule fois dans ma vie qu'une de mes œuvres fut directement inspirée par une expérience vécue. Je décidai sur-le-champ de composer un cycle vocal qui raconte ce que je venais de vivre. Quelques jours après mon retour, je commençai à composer le Reisebuch, et vingt jours plus tard je terminais les vingt lieder.* »

La première étape du voyage emmena Krenek à Mariazell, lieu de pèlerinage le plus important d'Autriche, situé dans les Préalpes calcaires à 165 kilomètres au sud-est de la capitale. La deuxième mélodie du cycle vocal *Verkehr mit der Bergbahn geht's elektrisch immer höher*[5] décrit précisément ce voyage en train vers Mariazell, l'un des premiers à avoir été équipé du courant continu (1911), à une époque où la plupart des lignes utilisaient encore la traction à vapeur. Il poursuivit son voyage en autobus, cette fois en direction des Alpes d'Eisenerz, une région réputée pour son étonnante « Montagne de fer » (l'Erzberg) à la base de la

[1] L'opéra fut créé à Leipzig le 10 février 1927.

[2] Krenek y rencontra notamment le poète Rainer Maria Rilke, installé près de Sierre dans le Valais.

[3] Krenek s'était séparé d'Anna Mahler, dite « Gucki », la fille du grand compositeur, après l'échec de leur vie commune.

[4] Ernst Krenek, *Im Atem der Zeit*, livre autobiographique.

[5] *Le transport en train de montagne électrique monte toujours plus haut.*

Voyage d'Ernst Krenek en 1929.

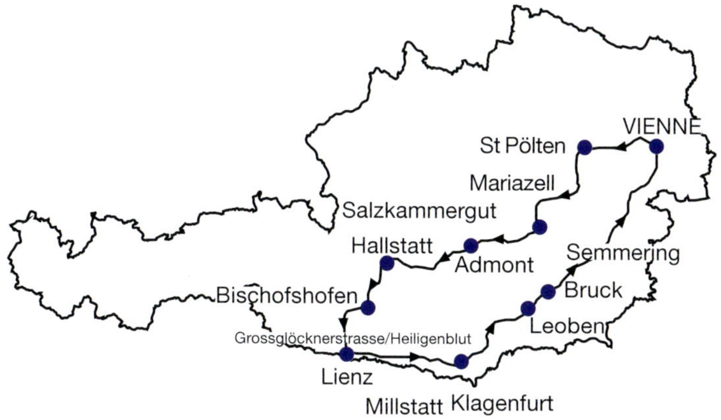

puissance industrielle de l'ancien Empire d'Autriche. Après avoir traversé les gorges du Gesäuse, dont le nom évoque le mugissement des eaux de l'Enns percutant les rochers, le compositeur fit étape au monastère d'Admont, célèbre pour sa remarquable bibliothèque rococo (*Stiftung Bibliothek*), qu'il évoque dans *Kloster in den Alpen Riesengross liegt das Kloster da im Tal*[6]. Krenek effectua ensuite la traversée de la chaîne des Hohe Tauern par la route du Grossglockner et fit étape à Heiligenblut, sur le versant sud du massif. Il poursuivit vers Lienz, petite ville tyrolienne ensoleillée aux portes des Dolomites italiennes qu'il décrit à la fois dans *Kleine Stadt in den südlichen Alpen* et dans *Ausblick nach Süden und über den Bergen liegt Welschland*[7]. Arrivé à Millstatt am See, en Carinthie, il profita du beau temps pour entreprendre une promenade le long du lac de Millstatt, qui reflète les contreforts des Hohe Tauern. Il évoque même la chaleur méridionale du lieu dans *Heisser Tag am See*[8]. Et pour clôturer son voyage, Krenek rejoignit Vienne par train express en passant par le col de Semmering, un retour qu'il décrit dans *Heimkehr. So trägt der schnelle Zug mich wieder heimwärts, die Reise ist zu End*[9].

Composées en vers libres non rimés, ces mélodies représentent une parenthèse musicale heureuse entre le style atonal de Krenek du début des années vingt et son adhésion au dodécaphonisme dix ans plus tard. Elles baignent dans un univers romantique qui n'est pas sans rappeler le style des lieder de Franz Schubert, en particulier celui du *Voyage d'hiver.* En dehors des caractéristiques proprement touristiques du cycle, le Reisebuch soulève certains aspects socio-économiques de la vie en montagne, notamment les conditions climatiques très rudes en altitude (*Wetter* et *Regentag*), la pauvreté du sol, la culture de la vigne, la vie monacale, les moyens de déplacement et de communication (trains, funiculaires, motos, téléphones), sans oublier une certaine nostalgie liée à la perte de provinces autrichiennes (Haute-Carniole, Tyrol du Sud et Istrie) à la suite du traité de Versailles de 1919 et un dégoût prononcé pour le tourisme de masse. *Friedhof im Gebirgsdorf* aborde les traditions funéraires des villages de haute montagne, dont celle de l'exhumation des corps au bout de dix ans, pour faire place à d'autres sépultures plus récentes, tout cela en raison du manque de terres cultivables. Dans *Alpenbewohner (Folklorisches Potpourri) Die Alpen werden von wilden Nomaden bewohnt*, Krenek souligne le contraste sévère entre le tourisme et la vie locale, entre ceux qui subissent la montagne tout au long de l'année et ceux qui l'admirent sans y vivre (ceux qu'il appelle « les nomades »). Il fustige aussi le tourisme de masse, un mal nécessaire pour les pauvres autochtones, mais qui a des conséquences désastreuses pour l'environnement alpin : les terrains de golf, les pistes de ski, les hordes de vulgaires motocyclettes, etc. En soulevant de tels sujets en 1929, Krenek apparaît comme un prophète des questions environnementales !

♪ *Reisebuch aus den österreichischen Alpen* opus 62, cycle de vingt mélodies, fut composé en 1929 à la suite du voyage de Krenek dans les Alpes autrichiennes.

Le centre d'Heiligenblut de nos jours, face au massif du Grossglöckner. Krenek y fit une étape en 1929.

[6] *Le cloître dans les gigantesques Alpes se trouve là dans la vallée.*

[7] *Regard sur le Sud et au-delà des montagnes se trouve l'Italie.*

[8] *Jour de chaleur au lac.*

[9] *Retour. Ainsi le train à grande vitesse me ramène à la maison, le voyage se termine.*

Karol SZYMANOWSKI Willy BURKHARD

La Montagne magique

Karol Szymanowski (1882-1937) reçut sa formation musicale à Varsovie, où il vécut et fonda le groupe Jeune Pologne. Il fut celui du mouvement qui incarna le mieux le renouveau de la musique polonaise après Chopin. Influencé d'abord par les grands compositeurs postromantiques tels que Wagner et Strauss, il se rapprocha ensuite de l'impressionnisme de Debussy et de Scriabine, pour finalement se tourner vers la thématique du folklore des monts Tatras et de Zakopane, où il résida à l'occasion de cures pour soigner sa tuberculose. Ses graves ennuis de santé conjugués à l'abus d'alcool et de tabac précipitèrent sa fin. Il a élaboré un langage harmonique et contrapuntique très raffiné et extrêmement sensuel, comme le montrent ses deux quatuors à cordes, les *Mythes* pour violon et piano ou encore ses trois remarquables symphonies.

Willy Burkhard (1900-1955) fut l'un des compositeurs suisses les plus importants du début du xxe siècle, mais sa santé fragile l'empêcha d'acquérir une notoriété comparable à celle de ses compatriotes Arthur Honegger, Ernest Bloch ou Frank Martin. Sa musique couvre tous les genres, avec une prédilection pour la musique de chambre et les œuvres vocales d'inspiration biblique. Après des études de piano et de composition à Leipzig, à Munich et à Paris, il occupa un poste de professeur de piano et de composition au Conservatoire de Berne jusqu'en 1933. Souffrant d'une tuberculose pulmonaire nécessitant des soins prolongés, il dut alors partir en sanatorium, d'abord à Montana, ensuite à Davos. Il enseigna jusqu'à sa mort la théorie et la composition au Conservatoire de Zurich. *Das Gesicht Jesajas*, oratorio commandé par le mécène suisse Paul Sacher, et *Fantaisie pour orchestre à cordes* lui assurèrent une certaine reconnaissance. Son style évolua du postromantisme vers un avant-gardisme plutôt modéré.

Durant le mois de juillet de l'année 1929, le compositeur polonais Karol Szymanowski se rendit au sanatorium autrichien d'Edlach, afin d'y suivre une cure et d'extraire un abcès qu'on pensait être d'origine hémorroïdale. Mais à la mi-août, se sentant encore très fiévreux, il commença à suspecter une forme d'incompétence de la part des médecins du centre. Après une visite chez un spécialiste viennois qui lui diagnostiqua une tuberculose à un niveau déjà avancé, il fut décidé non pas de l'envoyer à Zakopane, où l'on soignait la plupart des tuberculeux polonais, mais directement à Davos[1], en Suisse, dans un sanatorium à la pointe des traitements les plus modernes. À sa mère, Szymanowski écrivit une lettre rassurante, craignant que le nom de Davos ne suffise à l'alarmer, surtout depuis la parution

[1] C'est en 1853 que le docteur Alexander Spengler découvrit à Davos les bienfaits de l'air des montagnes pour les malades des bronches. Depuis cette époque et jusqu'à l'éradication de la maladie, des milliers de malades passèrent par les sanatoriums de Davos, considérés alors comme les meilleurs en Europe. La station s'est considérablement transformée pour devenir l'importante station climatique que l'on connaît, avec ses larges rues, ses beaux magasins, ses hôtels de luxe et établissements de cures en tout genre.

Prättigau, Davos et Arosa.

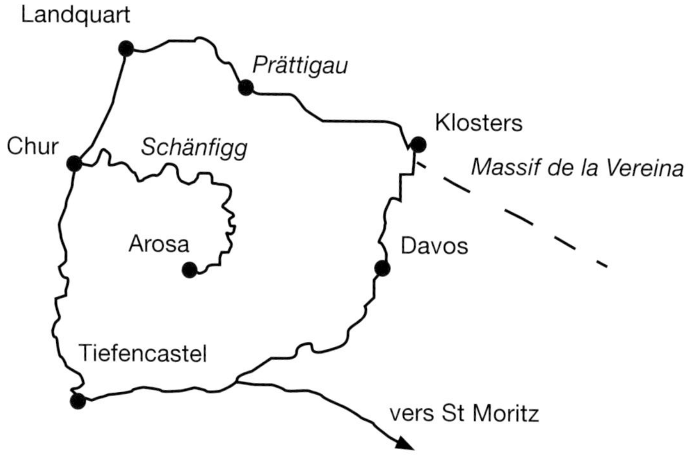

et le succès du livre *La Montagne magique* de Thomas Mann! Malgré son état, il ne put s'empêcher de continuer à boire et à fumer. Il fréquenta ses bars favoris, comme pour se prouver qu'il était encore bien en vie!

L'établissement choisi fut le sanatorium Guardaval de Davos, un centre dirigé par le médecin-chef Maurer qui, à trente-quatre ans seulement, passait déjà pour une sommité dans son domaine. Ce dernier tranquillisa le musicien car son état n'était pas si alarmant et le pneumothorax envisagé à Vienne ne s'imposait pas. Il fallait tout au plus passer les journées sous la véranda, beaucoup manger pour reprendre du poids, et ne pas fumer, sinon au fumoir! Le début de la cure se passa bien et sans tracas financiers, les frais étant pris en charge par le ministère polonais de l'Éducation[2] et par la veuve d'un riche industriel américain. Szymanowski ressentit rapidement une amélioration grâce au traitement et fut même autorisé à boire de la bière brune de Munich! Le programme de la journée était toujours le même: il se levait à 8 heures, déjeunait, faisait sa toilette. Sous la véranda, on installait son lit dans lequel il restait avec plaisir jusqu'à 7 heures du soir, heure du retour dans sa chambre. Entre-temps, il lisait, dormait, mangeait et c'était tout! Après le dîner, il se mettait jusqu'à 10 heures à sa table, où il rédigeait son courrier. Il recevait aussi régulièrement la visite d'une dame belge et d'un jeune Français, deux personnes cultivées et bien sympathiques. Ensuite, c'était le retour au lit pour dormir.

Malgré sa vie de coq en pâte, la qualité des soins administrés et tout le confort, le compositeur savait parfaitement qu'un sanatorium n'est jamais un paradis. Il savait que la mort rôdait partout, au point d'écrire: « *Comme il n'y a aucune douleur grave (sauf sans doute les derniers jours avant la mort), on a l'impression que des gens normaux habitent un hôtel, sans savoir pourquoi. Qu'ils peuvent partir demain, revenir chez eux et continuer à voyager. Entre-temps, parmi ces "voyageurs" il y en a qui sont alités depuis cinq ou six ans, jusqu'à ce qu'une certaine nuit ils partent enfin pour toujours*[3]. »

Avec le temps, son état général s'améliora et il prit du poids, passant de 62 à 75 kg. Il envisagea même de se remettre à composer, de préférence une œuvre religieuse. Les visites familiales et amicales s'enchaînèrent et atténuèrent son mal du pays; celui-ci était d'autant plus grand qu'il savait que bon nombre de compatriotes atteints du même mal se soignaient à Zakopane, la station des Tatras qui aurait pu le guérir et où il aimait tellement se promener. Comme le docteur Maurer l'estima en voie de guérison, Szymanowski envisagea son départ de Davos. Le 15 mai, il put enfin quitter la station et repartir en Pologne. Il avait hâte de rejoindre Zakopane, où il espérait prolonger les effets bénéfiques de la cure et éviter toute récidive qui l'entraînerait à nouveau à Guardaval. Le 22 octobre il signa un bail locatif pour le rez-de-chaussée d'un chalet de bois appelé l'Atma[4]. C'est là qu'il termina *Harnasie*, ballet montagnard en un acte et deux tableaux, pour ténor, chœur et orchestre, dont les parties chantées sont écrites en dialecte des Tatras. Ce fut l'une de ses œuvres les plus importantes.

Le ballet montagnard *Harnasie* pour ténor, chœur et orchestre date de la convalescence du compositeur Karol Szymanowski.

Quelques années plus tard, le compositeur suisse Willy Burkhard arriva au sanatorium de Davos-Clavadel, car on lui avait détecté une forme avancée de tuberculose pulmonaire. Tout avait commencé en 1933, lorsqu'il fut envoyé à l'hôtel *Cecil* de Crans-Montana, une clinique spécialisée dans le traitement de la maladie. Après une période de rémission, il fut envoyé à partir d'avril 1937 au sanatorium Clavadel de Davos. Ce fut le début d'une longue convalescence qui nécessita de multiples interventions chirurgicales. Burkhard se sentait

[2] Le compositeur était encore directeur du Conservatoire de Varsovie.

[3] VAN MOERE (Didier), *Szymanowski*, Éditions Fayard, 2008, p. 490.

[4] Le chalet Atma est devenu depuis un musée à la mémoire du compositeur.

Karol Szymanowski (assis dans le traîneau) en promenade hivernale à Davos, accompagné de quelques amis.

L'oratorio *Das gesicht Jesajas*, le chef-d'œuvre de Burkhard, date de la période de convalescence du compositeur.

à la fois affaibli et déprimé, car même si sa proche famille le suivait partout durant sa maladie, il se sentait exclu de toute vie culturelle, loin des autres compositeurs, des artistes-interprètes et de ses éditeurs. Il semble pourtant qu'à Davos le compositeur ne souffrit pas autant de solitude et de dépression qu'à Montana, puisqu'il se remit à composer, après une longue période de stérilité musicale. Heureusement pour lui, il était toujours accompagné de son épouse et de ses deux enfants, qui vivaient à proximité du sanatorium. Mais cela n'allait pas sans difficultés : tout changement de lieu imposait une adaptation de la famille, des frais supplémentaires, une nouvelle scolarisation pour les enfants, etc. Hans Zurlinden, premier biographe de Burkhard, se souvint l'avoir rencontré à Davos alors qu'il était lui-même allongé dans un sanatorium voisin : « *Burkhard occupait un appartement dans l'établissement situé en face de ma fenêtre, une sorte de grande maison peinte en vert foncé, avec des balustrades, des tonnelles et des pignons sur le toit. Elle était située sur la pente raide au milieu des sapins, un peu comme le pavillon d'un prince allemand. On se sentait immédiatement à l'aise parmi l'heureuse domesticité du couple et de leurs deux enfants. Frau Burkhard organisait des petits concerts dans lesquels elle chantait…* »

À lire également

- WIGHTMAN (Alistaire), *Karol Szymanowski, His Life and Work*, Routledge, 1999.
- VAN MOERE (Didier), *Szymanowski*, Éditions Fayard, 2008.

Alban BERG

L'Oiseau bleu des Dolomites

Alban Berg (1885-1935) fait partie, au même titre que Webern et Schönberg, de la trilogie des compositeurs de la Seconde école viennoise. Il est sans doute celui du groupe qui a le moins exploré les limites du sérialisme, mais il est le plus expressif et le plus lyrique, ce qui fait de lui le plus apprécié des trois. Il assura sa notoriété à partir de la création de son opéra *Wozzeck*, composé à la suite de la Première Guerre mondiale. La montée du nazisme, hostile à son œuvre, l'exil de son ancien maître Schönberg et la fragilité de sa santé l'obligèrent à se retirer dans sa propriété au bord du Wörthersee. Il est mort la nuit de Noël des suites d'une septicémie. Il avait à peine cinquante ans.

Dans une monographie consacrée à Alban Berg, Willi Reich écrit : « *À côté de son idyllique lieu de travail à Auen sur le Wörthersee, la plus grande joie de Berg fut sa petite voiture Ford qui lui procura un peu de détente durant ses dernières années*[1]. » Berg évoquait déjà l'achat hypothétique d'une voiture dans une lettre adressée à Webern en 1925, alors qu'il était sans ressources financières[2]. Les sorties en voiture avec des connaissances et amis, comme avec les deux maris successifs d'Alma Mahler (Franz Werfel et Walter Gropius) ou encore en compagnie de la famille Fuchs-Robettin (Berg eut une relation amoureuse cachée avec Hanna Fuchs), ne firent qu'amplifier ce désir. C'est finalement grâce aux bénéfices obtenus par la nouvelle production de son opéra *Wozzeck* à l'Opéra de Vienne qu'il put enfin réaliser son rêve, l'achat d'une Ford cabriolet deux places de type A 1930, qu'il baptisa du nom poétique de « *Blaue Vogel* » (Oiseau bleu), mais qu'il surnomma le plus souvent « Wagerl ».

Le 3 juillet 1930, Berg passa l'épreuve de conduite avec succès et réceptionna son nouveau véhicule un mois et demi plus tard. Il entreprit aussitôt une sortie en Carinthie et fit apposer sur chaque porte ses initiales et celle de sa femme (Helene-Alban-Berg). Après un an et demi, le compteur affichait déjà 20 000 kilomètres ! Il faut dire que Berg enchaînait les sorties, que ce soit pour se rendre auprès de son éditeur à Vienne ou pour réaliser des excursions, seul ou avec Helene, comme à Heiligenkreuz (26 mai 1931), dans les Turracherhöhe (juin 1931), à travers le Katschberg ou encore dans les Tauern de Radstadt. Les 22 et 23 juillet, le couple décida d'entreprendre la fameuse route du Grossglockner. En moins de quatre heures ils rejoignirent le village d'Heiligenblut situé au pied du massif. Le 6 août, Arnold Schönberg, son ancien mentor, reçut deux cartes postales avec la mention

Grand tour d'Helene et Alban Berg dans les Dolomites du Tyrol du Sud.

[1] REICH (Willi), *Alban Berg*, Vienne, 1937, p. 16. Berg résidait durant l'été dans un chalet au bord du lac du Wörther, à Auen en Carinthie.

[2] Lettre du 18 septembre 1925.

Le compositeur viennois Alban Berg et sa femme Helene posent devant leur cabriolet Ford A lors d'une excursion au col de Loibl en Carinthie.

suivante : « *Notre Wagerl à la cabane du Glockner, 2250 m.* » Commençant à Villach, le tour comprenait Spittal, Dölsach, Iselsberg, Winklern, Heiligenblut et retour par la même route. Le 7 août 1931, ils firent un arrêt au col de Loibl en Carinthie et profitèrent de l'occasion pour se faire photographier devant la Ford[3].

Vers la fin du mois d'août 1931, Helene et Alban réalisèrent un Grand Tour en voiture dans les Dolomites du Tyrol du Sud. Ce fut probablement la sortie la plus audacieuse et la plus éloignée d'Auen, mais elle fut gâchée par un malencontreux accident : le 26 août, le « Wagerl » traversa la petite localité de Versciaco située dans la commune de San Candido (Innichen)[4] et renversa un piéton âgé qui traversait la rue, le blessant heureusement sans gravité et sans qu'aucune responsabilité ne soit imputée à Alban.

Malgré l'accident et les tracas qui en découlèrent, Berg qualifia cette sortie de « *véritable partie de conte de fées* ». À son ami Willi Reich, il écrivit : « *... du matin à travers 4 cols, tous d'environ 2200 mètres : le Grödnerjoch, le Sellajoch, le Pordojpass et le Falzaregopass, Cortina d'Ampezzo et le lac de Misurina. Vous ne pouvez vous représenter quelle magnificence ! Rien de ce que j'ai vu jusqu'ici n'est comparable*[5] ». Et il lui ordonna d'imprimer dès son retour une série de treize cartes postales de photos qu'il avait réalisées dans la seule journée du 6 septembre 1931, et qui mettent en scène Helene et la Ford dans un décor spectaculaire d'arêtes dolomitiques. « *À l'arrivée au Grödnerjoch nous avons passé ici la nuit terriblement refroidis. Tout est gelé* », écrit Helene au dos de l'une d'elles. Une autre photo présente le Grödnerjoch (2 137 m) avec en face le Sellagruppe puis le Langkofel (Sassolungo). D'autres clichés montrent encore le Passo Pordoï (2 239 m), la Marmolada (3 342 m), le Falzarego Pass (2 477 m) et le Sella Pass (2 213 m), avec chaque fois Helene assise au volant ou posant devant leur cabriolet[6].

L'opéra *Lulu* (d'après les pièces de Wedekind) mit sept ans à voir le jour (entre 1928 et 1935), et le troisième acte est resté inachevé. Berg voyageait dans les Dolomites muni de la partition manuscrite de cet opéra.

[3] Berg et Helene enverront régulièrement à leurs amis des photos qui mettent en scène la Ford « sport coupé pour 2 personnes ».

[4] Versciaco est le premier hameau situé à la frontière actuelle entre l'Autriche et l'Italie, à quelques kilomètres à peine de la célèbre station de Toblach où vécut Gustav Mahler.

[5] Lettre de Berg à Willi Reich. 1/1931. Library of Congress de Washington.

[6] L'histoire complète de la Ford d'Alban Berg est relatée dans un très bel ouvrage édité par la Fondation Alban Berg : *Alban Berg und der Blaue Vogel, Eine Auto-Biographie*, 2017. Le reportage photographique des Dolomites est conservé à la Bibliothèque nationale de Vienne.

Paul HINDEMITH
Exil politique en pays neutre

Issu d'une famille modeste, remarquablement doué dès son plus jeune âge pour toute sorte d'instruments, Paul Hindemith (1895-1963) suivit les cours du Conservatoire de Francfort et devint rapidement premier violon à l'Opéra. Après la Première Guerre mondiale durant laquelle il fut mobilisé, il se tourna vers l'alto, un instrument qu'il mania à la perfection et qui lui valut une belle carrière comme soliste et quartettiste. Nommé professeur à la Hochschule de Berlin, il fut inquiété par le régime nazi et finit par s'expatrier, d'abord en Suisse, puis aux États-Unis. Comme compositeur, on lui doit une œuvre néoclassique abondante dont la qualité est assez inégale. Il a laissé de nombreux concertos, des œuvres solistes pour l'alto, un ensemble de six quatuors et des pièces symphoniques, *Mathis der Maler*, *Nobilissima Visione* ou encore *Die Harmonie der Welt*, qui sont ses trois chefs-d'œuvre.

Les Alpes suisses n'ont jamais eu de secret pour le compositeur allemand Paul Hindemith. Ainsi, à la veille de la Grande Guerre à laquelle il participa comme soldat d'infanterie, il jouait déjà du violon dans diverses formations orchestrales de casinos et d'hôtels en Suisse, notamment au Bürgenstock (Lucerne) et à Lugano. Durant l'été 1921, à peine remis du traumatisme des combats, il tomba sous le charme des cimes valaisannes. Présent lors du montage d'un film muet que le cinéaste Arnold Fanck venait de tourner dans le massif du Mont-Rose, film qui racontait l'ascension du Lyskamm (4 530 m) par une petite équipe d'alpinistes, il fut émerveillé par les prises de vues et proposa aussitôt de mettre les images en musique : ainsi naquit *Filmmusik im Kampf mit dem Berge - Sturm und Eis für Salonorchester*, musique pour orchestre de salon, redécouverte il y a peu. Hindemith, qui n'en était qu'à ses débuts dans la composition, écrivit alors sous le curieux pseudonyme de Paul Merano !

Près d'une quinzaine d'années plus tard, durant l'été de l'année 1938, il quitta son appartement de la Sachsenplatz de Berlin pour passer des vacances au *Grand Hôtel* de Chandolin, dans le Valais. En réalité, il cherchait à s'établir en Suisse depuis que les nazis, arrivés au pouvoir en Allemagne, l'accusaient d'écrire une musique dégénérée et d'avoir épousé Gertrude Rottenberg, la fille d'un chef d'orchestre juif. En septembre de la même année, Paul et Gertrude décidèrent de louer le Chalet de Preux sur Sierre situé dans le petit village de Bluche, sur la commune de Randogne (Crans-Montana). Ils s'y installèrent avec soulagement mais inquiets de l'évolution politique en Allemagne. En effet, les obligations professionnelles continuaient d'appeler Hindemith en Allemagne, et, à chacun de ses départs, Gertrude imaginait le pire pour son mari.

La vue depuis le chalet était particulièrement impressionnante, puisqu'on pouvait observer les cimes du Weisshorn, de la dent Blanche, du Rothorn de Zinal, les Aiguilles Rouges, la Rosa Blanche, le mont Gelé, jusqu'aux dents du Midi et,

Gertrude et Paul Hindemith à la villa La Chance de Blonay (VD), vers 1955.

plus à l'est, jusqu'au Breithorn. Et plus bas, la plaine, Sierre et les bois de Finges caressés par le Rhône. Entre les moments d'intense activité créatrice (Hindemith composait vite et beaucoup), de bricolage (il avait l'esprit inventif) et de détente (il pratiquait le jardinage et adorait faire circuler ses modèles réduits de trains électriques), le couple partageait des moments conviviaux entre amis, comme en compagnie des époux Milhaud, venus passer l'été aux Mayens-de-Sion, de l'autre côté de la vallée du Rhône. Hindemith semblait très heureux de vivre au milieu des vaches à cloche, comme il l'écrivit en octobre 1938 : « *C'est comme si cette petite maison était taillée sur mesure pour nous, et ses environs sont ce qu'il y a de plus beau que l'on puisse espérer: une prairie charmante et un environnement arboré entouré des plus belles vues. Derrière nous la chaîne des Alpes bernoises, sur le côté les énormes montagnes du Valais couvertes de neige (Weisshorn etc.) et en face de nous, bien plus bas, la vallée du Rhône, que l'on peut observer sur plus de 40 km. Ensuite il y a l'isolement dans un petit village fermier rempli de vaches qui sonnent sans arrêt, la petite maison avec une véranda et un jardin avec des arbres fruitiers; Que peut-on espérer de mieux ?*[1] »

Après l'invasion de la France, Hindemith, désormais étiqueté compositeur *entartet* (dégénéré) et mis à l'index par les autorités nazies, ne se sentit plus en sécurité nulle part en Europe. Le couple décida de quitter la Suisse pour s'installer aux États-Unis durant la guerre.

En 1953, Paul et Gertrude Hindemith réapparurent en Suisse dans une immense voiture américaine! Ils n'avaient pas oublié le Valais qui avait été leur premier asile. Mais ils rêvaient désormais d'une maison à eux, tranquille, confortable, avec beaucoup d'hectares. Ils voulaient des prairies et des forêts tout autour. Leurs amis valaisans cherchèrent un domaine qui puisse leur convenir, si possible dans le voisinage d'un aérodrome, pas loin d'une petite église ou d'une cathédrale, et surtout isolé au fond d'un bois, de préférence pas loin d'un lac[2] !

Après maintes recherches, le couple s'installa dans une villa cossue de Blonay, appelée La Chance. Hindemith y coula les dix dernières années de sa vie. Mis à part quelques amis proches et la famille, personne ne connut jamais ce lieu de retraite bien caché. Hindemith avait l'habitude de composer sous une petite tonnelle du jardin ou dans son bureau à l'étage, qu'il nommait l'« aquarium » en raison de sa grande baie vitrée. De là, il pouvait profiter d'une vue exceptionnelle sur le lac Léman jusqu'aux Alpes valaisannes et savoyardes voisines.

Paul Hindemith contemplant une vallée en Forêt-Noire, vers 1935.

Lorsque Paul Hindemith résidait à Bluche, il composa principalement *Mathis der Maler*, sa plus belle œuvre scénique, créée à Zurich le 28 mai 1938, et *Nobilissima Visione*, une suite pour orchestre tirée du ballet du même nom.

[1] ZERMATTEN (Maurice), « Souvenirs sur Paul Hindemith », in *Revue musicale de Suisse romande*, numéro spécial P. HIndemith, juin 1972, p. 5.
[2] HAENNI (Georges), « Les Années valaisannes de Paul Hindemith », in *Revue musicale de Suisse romande*, numéro spécial P. Hindemith, juin 1972.

Darius MILHAUD
Flâneries aux Mayens-de-Sion

Issu d'une famille juive de Provence, Darius Milhaud (1892-1974) reçut sa formation musicale au Conservatoire de Paris, notamment avec Paul Dukas. Il évita les combats de la Grande Guerre en acceptant le poste de secrétaire particulier de Paul Claudel, alors ambassadeur de France au Brésil, où le compositeur élargit son univers sonore au folklore sud-américain. De retour en France, il présenta *Le Bœuf sur le toit*, qui lui valut son premier grand succès public et il adhéra au groupe des Six. Mais avec la montée du nazisme, il s'expatria aux États-Unis. Après la guerre, il fut nommé professeur de composition au Conservatoire de Paris et partagea son temps entre la Californie et le vieux continent. Sa veine mélodique est intarissable et son œuvre gigantesque dégage un parfum méridional très sensuel.

Pendant deux ans les époux Milhaud passèrent leurs vacances aux Mayens-de-Sion, situés sur les hauteurs de la ville de Sion, avant de rejoindre Aix-en-Provence. L'endroit était ravissant, il dominait la vallée et le cours sinueux du Rhône. Le patron de l'hôtel était pâtissier-boulanger et tenait à la fois une épicerie et un café où les habitants des chalets voisins venaient faire leurs provisions, boire le traditionnel vin de Fendant ou manger la raclette. Madeleine Milhaud, qui se plaisait beaucoup aux Mayens, avait dit à l'hôtelière : « *Nous reviendrons tous les étés, sauf s'il y a une catastrophe*[1]*…* »

Sur le versant opposé de la vallée du Rhône vivaient Paul Hindemith et son épouse Gertrude, qui s'étaient décidés à quitter l'Allemagne, puisque la musique de Paul Hindemith était désormais interdite et qu'il n'avait plus le droit d'y enseigner. À côté de chez eux habitait Blanche Honegger, la femme du grand compositeur suisse. En retournant aux Mayens après avoir visité les Hindemith, les Milhaud firent un petit détour pour aller dans un village où, à flanc de coteau, se trouvait la tombe de Rilke. Georges Haenni, musicien valaisan qui fréquenta assidûment le couple Hindemith durant son séjour bluchois, décrivit l'un de ces moments de rencontre privilégiés entre les deux compositeurs : « *Je me souviens d'une "raclette" organisée dans la forêt de Plan Mayen avec nos amis communs M. et Mme Darius Milhaud. Chacun mettait la main à la pâte. Il en résultait une ambiance où régnaient l'humour et l'optimisme, même la confidence. Paul (Hindemith) s'était attaché à mes quatre enfants, il jouait avec eux de mille manières, je le revois à quatre pattes avec l'un ou l'autre sur son dos…*[2] »

De chaque côté de la vallée du Rhône, on aperçoit de magnifiques sommets enneigés.

Milhaud composa aux Mayens les *Quatrains valaisans pour chœur a cappella sur des poèmes français de Rilke*. Hasard du calendrier et des circonstances, Hindemith composa au même moment les *Six chansons pour chœur mixte a cappella d'après Rilke* !

[1] MILHAUD (Darius), *Ma vie heureuse*, Éditions Belfond, 1973, pp. 212-213. La catastrophe dont parle Madeleine Milhaud arriva deux ans plus tard…

[2] HAENNI (Georges), « Les Années valaisannes de Paul Hindemith », in *Revue musicale de Suisse romande*, numéro spécial P. Hindemith, juin 1972, pp. 2-3.

Frank MARTIN
L'inspiration vient en grimpant !

Frank Martin (1890-1974), fils d'un pasteur natif d'Eaux-Vives (canton de Genève), grandit dans la culture germanique alors que ses goûts le portaient vers la musique française. Il définissait lui-même son style comme la synthèse d'éléments germaniques et latins. Après des études de physique et de mathématiques, il se tourna définitivement vers la musique, qu'il apprit en autodidacte car il ne fréquenta aucun conservatoire. Mis à part son abondante œuvre vocale et lyrique, il cultivait un goût marqué pour la forme concertante, mais dans des combinaisons d'instruments souvent inédites, comme ce *Concerto pour instruments à vent, cordes et percussion*, ou cette *Petite symphonie concertante pour harpe, clavecin, piano avec deux orchestres à cordes*. Ayant épousé une Hollandaise, il a vécu principalement aux Pays-Bas après la Seconde Guerre mondiale.

Parmi les grandes personnalités musicales que compte la Suisse, Frank Martin est toujours resté fidèle à son pays d'origine. Il aimait passer ses vacances en montagne, particulièrement dans des petites vallées reculées, loin du tourisme de masse et des grandes infrastructures hôtelières.

Le deuxième conflit mondial n'en finissait pas et la Suisse offrait un ultime abri aux artistes et aux intellectuels européens. Immobilisés par la guerre, Martin et sa troisième épouse, la flûtiste hollandaise Maria Boecke, décidèrent d'arpenter les montagnes valaisannes et grisonnes. Ils choisirent d'explorer le Lötschental, cette magnifique vallée en cul-de-sac demeurée préservée par son isolement entre le Valais et l'Oberland. Ils s'installèrent à Fafleralp, tout au bout de la vallée, dans un petit hôtel sympathique que l'on rejoignait à l'époque à pied ou à dos de mulet depuis la gare de Goppenstein. Durant les promenades, comme il avait le pied très montagnard, Frank ne restait jamais sur les sentiers balisés. Il lui fallait toujours découvrir de nouveaux parcours, quitte à s'aventurer dans des pierriers, des pentes raides ou de la broussaille. C'est d'ailleurs ce qui inquiétait Maria, toujours de la partie, mais anxieuse à l'idée de ne pas arriver à destination : « *Au début, cela me faisait assez peur. J'avais fait beaucoup de varappe étant jeune fille, même des ascensions difficiles, mais toujours avec un guide. Ceci était un exercice tout différent. Voyant que Frank était sûr de ce qu'il faisait et qu'on finissait toujours par arriver à bon port, je m'y habituai. Pour le surplus, nous avions tous deux un sens de l'orientation assez sûr, ce qui ne gâte rien dans ces circonstances*[1]. »

Lötschental.

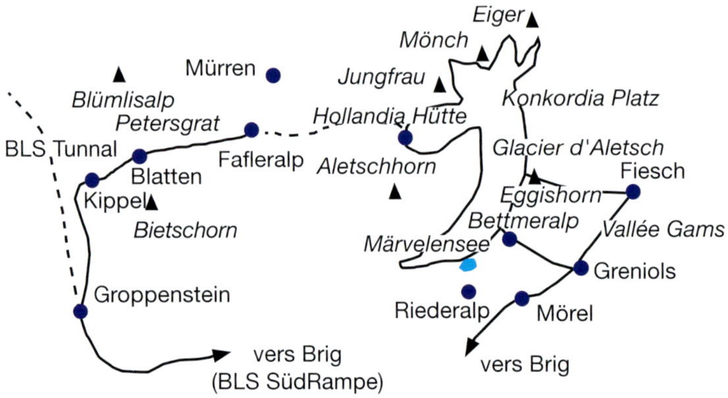

L'une des plus belles excursions du séjour est celle que Frank et son épouse entreprirent en compagnie d'une cordée qui souhaitait rejoindre la cabane Hollandia en grimpant

[1] MARTIN (Maria), *Souvenirs de ma vie avec Frank Martin*, Éditions L'Âge d'Homme, 1990, p. 71.

Frank Martin, ses filles et son épouse Maria, photographiés à Maloja en juillet 1943.

le long du glacier du Langgletscher. Après une nuit en cabane, la journée fut consacrée à la traversée du grand glacier d'Aletsch, suivie de la descente sur Riederalp en passant par le lac gelé de Märjelen, sur lequel flottaient encore des icebergs, comme dans les mers polaires. À l'approche de la cabane Hollandia (3 238 m), une jeune fille, première de cordée derrière le guide, mit le pied sur un pont de neige, qui céda sous son poids. Elle fit une chute spectaculaire dans la crevasse, mais elle fut immédiatement assurée par la corde du guide, qui parvint à la remonter : « *Nous vîmes réapparaître un visage aussi vert que la glace* », dit Maria[2] !

Les conditions météo en haute montagne évoluèrent d'heure en heure et se dégradèrent rapidement. Vers la fin de la journée, il y eut un orage violent qui montait de la vallée vers les hauteurs. Frank Martin s'installa dehors sur le petit mur bordant la terrasse de la cabane, seul à contempler le spectacle du rocher en surplomb alors que tous les autres se détendaient autour d'une bonne assiette de soupe. Le compositeur était fasciné par les manifestations de puissance de la nature, comme les tempêtes, les orages ou les tremblements de terre, qu'il voulait vivre de plus près. Les colères de la nature ne lui faisaient pas peur, elles étaient une forme de nourriture spirituelle. Après la traversée de l'immense glacier d'Aletsch, le plus long d'Europe, et après avoir observé de loin un guide glisser dans une crevasse mais en être ressorti indemne, le couple rejoignit Riederalp puis Mörel, où il reprit le petit train rouge et blanc de la Furka-Oberalp en direction de Brig.

Durant l'été 1944, Martin reçut l'invitation du grand mécène Paul Sacher à venir passer les vacances dans son chalet de Saanen, là même où Béla Bartòk avait séjourné six ans auparavant. Sacher, qui dirigeait toujours le festival de Gstaad, espérait que son invité mènerait à bien la composition d'une

[2] *Ibid.*, p. 72.

petite *Symphonie concertante* qu'il lui avait commandée pour l'orchestre de chambre de Bâle. Mais contrairement à Bartók, qui parvint à achever son *Divertimento* en seulement quinze jours et même à entamer un nouveau quatuor, les Martin firent de nombreuses excursions et visitèrent régulièrement les Sacher, installés au *Palace Hôtel* de Gstaad, ce qui retarda considérablement le travail : « *Mais il ne pouvait pas travailler là-haut de façon aussi concentrée qu'à la maison, bien sûr. Il fallait aussi qu'il se joigne de temps en temps à la famille pour des excursions et des visites à Paul et Maja Sacher, qui séjournaient au Palace de Gstaad, où Paul dirigeait pendant le festival*[3]. » Martin parvint néanmoins à commencer une autre composition, l'oratorio *Golgotha*, dont il termina le premier tableau et la méditation.

À peu près à la même époque, une cousine hollandaise de Maria accepta de céder pour le mois de juillet un chalet de vachers qu'elle possédait à Churwalden (1 229 m), au sud de Coire, sur un alpage dénommé Farfiella. Le chalet était isolé à une heure et demie de montée raide au-dessus du village. Aucune nouvelle du monde ne leur parvenait, à moins de redescendre spécialement dans la vallée, une situation qui, à pareille époque, était de nature à leur faire oublier la dure réalité de la guerre. C'était un très vieux chalet qui datait de l'époque où les gens étaient plus petits que ceux d'aujourd'hui, à en juger d'après la hauteur des portes trop basses pour la famille, surtout pour le compositeur. Le trou-peau de vaches paissait sur un alpage encore plus haut. Il ne restait au chalet qu'une seule vache qui venait de mettre bas. Le vacher, qui était présent pour soigner la bête, obligea les Martin à acheter cinq litres de lait par jour, une quantité bien trop importante pour la consommation journalière de la famille. Il fut alors décidé de transformer une partie du lait en beurre. Et c'est Frank qui le fabriqua, ravi de cette nouvelle occupation. Le beurre fut d'une telle qualité qu'il put le mettre en boîte et le servir durant tout l'hiver. Pour faire la cuisine, il y avait un grand fourneau à bois que Frank alimentait après avoir coupé du bois dans la forêt voisine. Pendant que le compositeur réalisait l'instrumentation de son cycle *Der Cornet* pour alto et orchestre, Maria effectuait des balades avec ses filles, chantant et jouant de la flûte au milieu des vaches à cloche !

De Churwalden, les Martin rejoignirent Maloja, en Haute Engadine, où ils louèrent l'aile « *Für die Freunden* » d'une grande villa appartenant à la famille Grub. Le paysage de Haute Engadine s'étalait dans toute sa splendeur face aux grandes fenêtres du salon. Il y avait là des objets de grande valeur rapportés par les propriétaires de leurs voyages : des vases de Chine, des tapis d'Orient, des meubles de style ancien et aussi un beau piano à queue sur lequel Frank composa des chansons commandées par le chef d'un chœur du Jura bernois.

Le cycle *Der Cornet* pour alto et orchestre date du séjour de Frank Martin en Engadine. La *Petite Symphonie concertante* fut écrite principalement à Saanen et créée en 1946 à Zurich par Paul Sacher lui-même à la tête du Collegium Musicum de Bâle.

[3] *Ibid.*, p. 95.

Au-delà du village de Blatten, la vallée du Lötschental se rétrécit jusqu'à un col d'accès vers Konkordiahütte.

Benjamin BRITTEN
La Suisse à la mode *British* !

Initié à la musique par sa mère, Benjamin Britten (1913-1976) commença à travailler avec Frank Bridge, ensuite à la Royal Academy of Music de Londres auprès de John Ireland. Très inquiet de la situation politique en Europe et profondément antimilitariste, il décida de s'expatrier aux États-Unis en 1939. Toutefois, Il retourna en Grande-Bretagne à partir de 1943, où, réformé définitivement, il s'isola pour composer *Peter Grimes*, son premier grand succès international. Dès 1947, il s'installa définitivement dans sa propriété The Red House à Aldeburgh, où il composa une œuvre abondante qui magnifie la voix par une maîtrise parfaite de la langue anglaise. Il ne révolutionna pas le langage musical en tant que tel, mais il renouvela sans cesse les formes traditionnelles (concertos, quatuors) par une utilisation très personnelle du rythme et de la couleur orchestrale.

Les Anglais ont toujours été attirés par les Alpes, c'est bien connu, et plus spécialement par la Suisse. En 1934, Benjamin Britten fit un voyage en train avec sa mère pour explorer la Suisse et l'Autriche. Et durant l'hiver 1947, le jeune compositeur débarqua à Zermatt, accompagné cette fois de son compagnon, le ténor Peter Pears, et de quelques amis, pour pratiquer la descente à skis et observer le massif du Mont-Rose enneigé. Il logea dans le chalet Felsennest prêté par la délégation culturelle anglaise (British Council) et situé un peu à l'écart du complexe hôtelier. Chaque matin, Britten et Pears prenaient le train pour grimper en haut des pistes et, bien que débutants en la matière, ils prirent énormément de plaisir à dévaler les pentes à skis : « *J'ai dû renoncer momentanément au ski, depuis que je me suis foulé un muscle la semaine dernière et j'ai dû interrompre trois à quatre jours (ce qui signifie que j'ai retrouvé mon opéra !), mais sinon j'en profite énormément. Évidemment, on commence très lentement et maladroitement à notre âge, mais aussi longtemps que l'on ne se préoccupe pas de tomber ni de paraître stupide on peut avoir d'excellents moments*[1]. »

Dans un courrier à sa sœur Barbara, Britten manifeste une certaine hostilité envers les touristes anglo-saxons, qu'il

Le jeune Britten posant devant la cime enneigée du Weisshorn lors de son séjour à Zermatt en janvier 1947.

[1] MITCHELL (Donald), REED (Philip) et COOKE (Mervyn), *Letters from a Life. The Selected Letters of Benjamin Britten*, vol. 3, 1946-1951. Lettre du 29 janvier 1947.

Peter Pears, la princesse de Hesse et Benjamin Britten pris en photo au pied du château de Tarasp durant l'été 1956.

trouve snobs et imbus d'eux-mêmes : « *Nous avons dû quitter l'hôtel pour un chalet en bois situé juste au-dessus de Zermatt et dans lequel nous occupons un appartement. Excellente nourriture bien moins onéreuse que celle des hôtels ; et des gens bien plus sympathiques, plus réellement authentiques qu'en bas, au village qui, malgré sa beauté, est juste un peu trop "anglais et hôtelier". L'Anglais est plutôt ennuyeux – juste le genre qu'on ne peut supporter ; très riche, snob, blasé, et pour leur aptitude à skier (ils y viennent toute l'année lorsqu'ils ne sont pas à la chasse) plutôt ennuyeux. Mais on ne les rencontre pas, excepté dans les trains et occasionnellement dans les restaurants…* »

Quelques années plus tard, Britten et Pears firent connaissance de la famille von Hesse, avec laquelle ils entreprirent une tournée mondiale de novembre 1955 à mars 1956. Ce long voyage, qui passait par l'Autriche, la Yougoslavie, la Turquie, Singapour, l'Indonésie, le Japon, la Thaïlande, l'Inde et le Sri Lanka, fut exténuant. Pour se reposer, ils passèrent l'été 1956 dans la propriété de Schloss Tarasp, dans les Grisons, à l'invitation de la princesse de Hesse. Britten et son compagnon découvrirent une imposante demeure entièrement meublée de pièces antiques d'Engadine et du Tyrol voisin. Un vrai décor d'opéra propice à l'inspiration du moment : *Le Prince des pagodes*, ballet qui vit le jour sous l'influence de la découverte de l'Extrême-Orient. Britten et Pears disposaient d'une voiture pour rayonner dans toute la région, mais le temps pluvieux et froid qui sévissait alors dans les Grisons compromit les nombreuses sorties prévues au programme, de sorte que l'orchestration du ballet put avancer plus vite que prévu[2].

♪ Durant le séjour de Benjamin Britten à Zermatt, il composa *Alpine Suite* pour trio avec clavecin. À Schloss Tarasp, il poursuivit la composition du ballet *Le Prince des pagodes*.

[2] Propos inspirés par la correspondance de Britten. Réf. : *Letters from a Life. The Selected Letters and Diaries of Benjamin Britten.*

Olivier MESSIAEN
Catalogue d'oiseaux à la Meije

Olivier Messiaen (1908-1992) naquit dans un milieu très cultivé, d'un père traducteur de Shakespeare et d'une mère poétesse qui s'installèrent à Grenoble dans le Dauphiné. Doué pour la musique dès son jeune âge, il s'inscrivit à onze ans au Conservatoire de Paris et travailla notamment avec Paul Dukas pour la composition et Marcel Dupré pour l'orgue. Il fut ensuite organiste à l'église de la Sainte-Trinité à Paris puis professeur, d'abord à la Schola Cantorum, ensuite au Conservatoire de Paris. Son œuvre singulière se définit par sa foi catholique et un goût particulier pour les chants d'oiseaux.

Bien que natif d'Avignon, Messiaen déclara un jour : « *Je suis un Français des montagnes, comme Berlioz.* » La montagne fut pour lui d'abord une source de bonheur et de santé, avant d'être un immense laboratoire de travail. Le musicologue belge Harry Halbreich, qui fut l'un de ses proches amis, écrit à son propos : « *La nature que Messiaen aime, c'est avant tout la montagne, et plus spécialement celle des Alpes dauphinoises, qui l'a marqué dès sa tendre enfance d'une ineffaçable empreinte*[1]. »

C'est durant l'été 1950 que Messiaen choisit d'aller passer pour la première fois ses vacances à La Grave. Il y trouva le repos et la tranquillité pour achever son *Livre d'orgue*, et fut immédiatement conquis par la beauté des lieux, notamment par le sommet de la Meije[2], qu'il qualifia plus tard de « parfaitement dissymétrique ». Fort heureusement, à l'époque de Messiaen, le massif de l'Oisans était protégé du tourisme et ne bénéficiait d'aucun accès facile. Et c'est précisément cette nature calme et préservée qu'il recherchait, au détour de ses déplacements dans les vallées de la Romanche et du Vénéon. Que ce soit dans la solitude du cirque du glacier de Bonne-Pierre, au pied de la masse énorme du massif des Écrins (4 102 m), devant les lacs Lérié et Noir ou encore au plateau d'Emparis, Messiaen venait s'inspirer et se ressourcer, le plus souvent muni de sa paire de jumelles. Il pouvait alors observer ses oiseaux favoris, dont certains apparaîtront dans le *Catalogue d'oiseaux* : le gypaète barbu, le chocard, le grand corbeau, la niverolle alpine, le cassenoix moucheté, sans oublier le seigneur de la haute montagne : l'aigle royal.

Massif des Écrins.

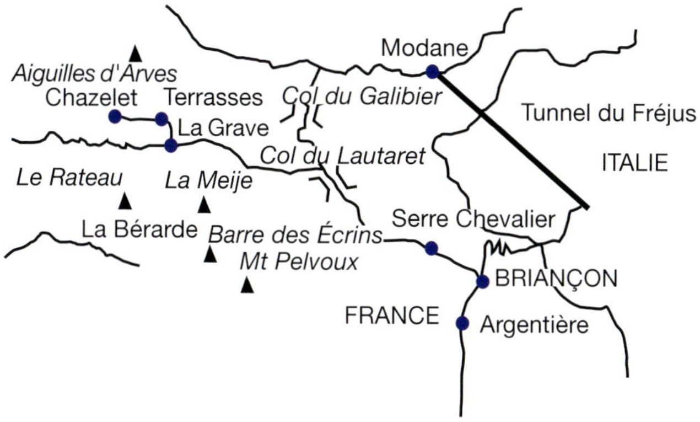

Pierrette Mari a parfaitement résumé l'action de la nature alpine sur l'œuvre d'Olivier Messiaen : « *Dans ce pays béni*

> Le *Livre d'orgue* de Messiaen a été directement inspiré par le massif des Écrins.

[1] HALBREICH (Harry), *L'Œuvre d'Olivier Messiaen*, Éditions Fayard, 2008.

[2] La Meije, deuxième sommet du massif des Écrins, est l'une des montagnes les plus difficiles des Alpes : ce fut en effet le dernier sommet majeur des Alpes à avoir été gravi, après dix-sept tentatives infructueuses entre 1870 et 1877, car aucune de ses voies n'est aisée. Pour cette raison, la Meije occupe une place particulière dans l'imaginaire des alpinistes, qui l'appellent parfois « Sa Meijesté » ou encore « la Reine Meije » !

Le sommet de la Meije vu du plateau d'Emparis.
Ce lieu était l'une des promenades favorites d'Olivier Messiaen, d'où il pouvait observer les chocards et l'aigle royal.

et vivifiant, Messiaen éprouve une joie secrète si forte que son besoin de s'extérioriser se transforme en inspiration. Les découvertes qui se renouvellent périodiquement, au cours de ces séjours alpins, le silence impressionnant des hautes cimes figées, les bruits des torrents, du vent, les craquements de crevasses, l'amènent à défricher des champs sonores toujours plus étendus, toujours plus féconds. Il en a été ainsi pour le Livre d'orgue[3].

[3] MARI (Pierrette), *Olivier Messiaen*, collection Musiciens de tous les temps, Éditions Seghers, 1965, p. 85.

Henri DUTILLEUX
Retraite en val d'Hérens

Henri Dutilleux (1916-2013) fut l'un des plus éminents compositeurs français de la seconde moitié du xxe siècle. Grand Prix de Rome en 1938, son séjour à la villa Médicis fut malheureusement interrompu par la guerre. Il composait surtout sur commande, ce qui explique une production peu abondante, mais chaque composition présente des qualités uniques qui suscitent à chaque fois un intérêt renouvelé. Il privilégiait le grand orchestre, encore que les masses sonores étaient utilisées avec une grande économie de moyens. Il rejetait en général les cadres préfabriqués mais pas l'idée d'un message musical à caractère spirituel, comme dans *L'Arbre des songes* (son concerto pour violon écrit pour la violoniste Anne-Sophie Mutter), *Tout un monde lointain* (composé à la demande du violoncelliste Mstislav Rostropovitch), ou encore *Ainsi la nuit* (son unique quatuor à cordes créé par le quatuor Parrenin).

Henri Dutilleux était un habitué du hameau valaisan de La Sage, situé sur les hauteurs du val d'Hérens[1]. Il y séjourna fréquemment durant près d'un demi-siècle.

Pour accéder au val d'Hérens, il parcourait en voiture les sept cents kilomètres qui séparaient son domicile parisien de cette vallée préservée du tourisme. Il rejoignait en général La Sage vers la fin du mois d'août ou alors en février, parfois à d'autres périodes de l'année, surtout lorsqu'il devait impérativement terminer une partition en cours (ou en retard). Lorsque les Dutilleux découvrirent la vallée en 1952, il n'y avait pas de route d'accès jusqu'à La Sage et on ne pouvait y grimper qu'à dos de mulet ou après une petite heure de marche au départ du terminus de l'autobus jaune de la Poste des Haudères. À l'époque, on ne pouvait loger qu'à l'*Hôtel de La Sage*, qui date de 1905, et qui accueillit les premiers randonneurs de la vallée. C'est aujourd'hui un petit hôtel de charme où l'on se souvient encore du passage des Dutilleux. Au départ, le choix de La Sage fut celui de la pianiste Geneviève Rey, l'épouse du compositeur, mais Henri adopta rapidement l'endroit afin de pouvoir s'isoler pour composer, de préférence hors saison et en plein hiver. Il cherchait en réalité à fuir les sollicitations permanentes de la vie à la capitale mais aussi un lieu qui puisse

Vue générale du val d'Hérens avec le village d'Évolène en contrebas. Le hameau de La Sage est situé dans le coin supérieur gauche. Au fond, la dent Blanche.

[1] Au sud de Sion commence le val d'Hérens, long d'environ trente kilomètres, d'où l'on aperçoit la majestueuse dent Blanche (4 357 m). Il y a peu de temps, cette vallée était encore préservée du grand tourisme, sans doute en raison de l'absence de ligne de chemin de fer. À la sortie des Haudères, le val d'Hérens se coupe en deux, formant d'un côté le val de Ferpècle et de l'autre le val d'Arolla. La Sage et les deux villages voisins de Villaz et de La Forclaz se trouvent dans le val Ferpècle à une altitude de 1 700 mètres, à la verticale d'Évolène et des Haudères.

Henri Dutilleux et son épouse Geneviève en excursion sur les hauteurs du val d'Hérens au milieu des années 1960. Le compositeur est assis à gauche.

lui offrir la concentration nécessaire. Il lui arrivait d'y séjourner deux semaines consécutives, parfois davantage, pendant lesquelles il pouvait rester à sa table de travail de 5 heures du matin à minuit, ce qu'il fit jusqu'à ses quatre-vingt-onze ans[2] !

Le compositeur appréciait le mode d'existence des habitants du val d'Hérens, paysans pour la plupart, qui portaient l'habit traditionnel aux grandes occasions et causaient le « patois d'Évolène ». Leur existence n'avait pas beaucoup évolué au cours des siècles, même si la civilisation moderne avait depuis transformé la physionomie des lieux, notamment avec la construction tant décriée du barrage de la Grande Dixence. Mais la nature a gardé tous ses droits dans le val d'Hérens, et c'est ce qui fit dire un jour à Dutilleux dans son ouvrage[3] : « *Ici, tout est différent, mes seules relations sont les vaches (quand elles ne se trouvent pas plus haut dans la montagne), quelques mules, des paysans (femmes en costume traditionnel) et des animaux sauvages tels que des renards, des blaireaux et des chamois sur les sommets.* »

Après avoir occupé le chalet de l'ancienne poste pendant plus d'une trentaine d'années, les Dutilleux déménagèrent derrière le *Café des Collines*, dans un chalet qu'ils occupèrent durant les dix années suivantes. Le compositeur disposait alors de bonnes conditions de travail et d'un piano. Mais en 1996, le couple déménagea une nouvelle fois pour occuper le premier étage du chalet de l'ancienne forge, un modeste appartement de trois pièces disposant d'un petit balcon offrant une vue imprenable sur le village et le Pigne d'Arolla (3 796 m). Le compositeur choisit alors une petite pièce à l'arrière du chalet, en réalité une sorte de débarras minuscule équipé d'une table et d'une chaise, mais sans piano – il pouvait s'en passer. Lorsqu'il ne prenait pas ses repas au restaurant, Dutilleux s'alimentait à l'épicerie du village en viande séchée, tomates, œufs durs, fromage, pain beurré et vin. Il aimait se promener seul et s'émerveillait du spectacle que lui offrait la nature, comme l'apparition de la dent Blanche éclairée par les derniers rayons du soleil alors qu'il commençait à faire nuit.

[2] Dutilleux est venu pour la dernière fois à La Sage en août 2008, à l'âge de quatre-vingt-onze ans, soit un an avant la mort de son épouse.

[3] DUTILLEUX (Henri), *Le Mystère de l'instant. 1. Voyage musical* : http://medias.ircam.fr/xcd6967.

Francis POULENC
Entretiens à l'hôtel *Beau-Rivage*

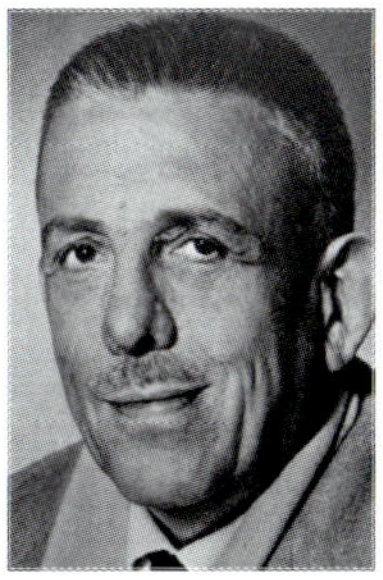

Francis Poulenc (1899-1963) naquit dans une famille parisienne qui aimait et pratiquait la musique avec assiduité. Il commença le piano dès l'âge de cinq ans, se perfectionna avec le pianiste Ricardo Viñes, puis rencontra Erik Satie, qui lui fit grande impression. Après avoir intégré le groupe des Six et sur recommandation de Darius Milhaud, il se perfectionna auprès de Charles Koechlin puis obtint une commande des ballets de Serge de Diaghilev, le ballet *Les Biches*, son premier grand succès. Poulenc a produit une musique éminemment française, tantôt légère, gracieuse, grave ou humoristique. Bien que touchant à tous les genres, c'est dans la musique vocale qu'il excella, notamment par ses très nombreuses mélodies, son opéra-bouffe *Les Mamelles de Tirésias, Stabat Mater*, et dans son opéra *Le Dialogue des carmélites*.

« *Comment peut-on venir en Suisse pour son plaisir. Comment peut-on aimer la neige quand il y a du soleil, des mimosas, des amis dans le Midi ! Je suis en clinique voilà tout !*[1] » C'est ainsi que s'exprime Francis Poulenc – toujours avec cette pointe d'humour bien à lui – à propos de deux séjours qu'il effectua à l'hôtel *Beau-Rivage* de Ouchy-Lausanne, l'un des nombreux palaces qui peuplent le pourtour lémanique. L'établissement prestigieux avait déjà accueilli Richard Strauss vers la fin de la guerre. Quelques années plus tard, en janvier et en décembre 1953, Poulenc fréquenta l'hôtel à l'occasion d'une série d'entretiens qui lui furent consacrés par la radio suisse. Le compositeur sembla particulièrement satisfait de l'accueil et du confort : « *Je suis paradisiaquement installé. Chambre au 4e sur le lac. Salon avec piano à queue à quelques pas de là, détaché d'une "Suite royale" et isolé pour le bruit. Il y a environ 100 personnes à l'hôtel mais 60 % étant des royautés (Roi et Reine de Jordanie et leur suite, sœur de Farouk, Charlie Chaplin and family) tout ce beau monde prend ses repas dans (ses) suites. Nourriture très simple, mais bonne, petit déjeuner sublime avec un extraordinaire thé de Ceylan. Les messieurs de la radio sont venus dès hier soir. Très gentils, sérieux, déférents, Suisses 150 %.* [...] *Quel calme ! Que cela fait du bien. Quel temps pour travailler !... Mille affections*[2]. »

Début décembre, Poulenc se rendit à nouveau à Lausanne pour conclure ses entretiens radiophoniques et poursuivre le travail du *Dialogue des carmélites* durant ses heures de loisir. Cette fois, l'hôtel *Beau-Rivage* sembla totalement déserté par « *les royautés déchues* », comme il se plut à dire. Le rythme du jour était toujours le même : réveil à 6 heures, suivi d'une lecture au lit. Toilette à 7 heures, ensuite breakfast (thé et confitures sublimes) à 7 h 30. De 8 à 9 h 30, préparation des vingt causeries radiophoniques avec le présentateur Claude Rostand. 9 h 30, petit tour dans le jardin de l'hôtel. De 10 heures à 13 heures, musique, grâce à un piano isolé dans un petit salon privé. 13 heures, déjeuner. Entre 14 et 15 heures, promenade le long du lac. De 15 à 18 heures, musique, suivie d'un petit tour à Lausanne. Dîner (léger) à 20 heures et retour au lit à 21 h 30 !

> En 1953, durant son séjour à Lausanne, Poulenc poursuivit le travail du *Dialogue des carmélites*.

[1] POULENC (Francis), *Correspondance 1910-1963*, réunie par Myriam Chimènes, Éditions Fayard, 1994, pp. 747-748.

[2] *Op. cit.*, extrait d'une lettre à Pierre Bernac, *hôtel Beau-Rivage, Ouchy-Lausanne.* Mardi 6 janvier 1953.

Wawrzyniec ZULAWSKI
Sauvetage avorté au Mt Błanc du Tacuł

Fils d'un écrivain polonais et d'une traductrice de littérature française, Wawrzyniec Zulawski (1916-1957) poursuivit des études de philosophie et de musicologie à l'Université de Varsovie avant de se consacrer à la composition au Conservatoire de cette ville. Durant la Seconde Guerre mondiale, il fut résistant pendant l'insurrection de Varsovie et aida bon nombre de juifs à se cacher, ce qui lui valut le titre de « Juste ». Après la guerre, il se perfectionna à Paris dans la classe de Nadia Boulanger. Promu professeur de composition à Lodz puis à Varsovie, il pratiqua parallèlement l'alpinisme et le sauvetage en montagne dès 1932, principalement dans les Alpes et sur les versants polonais et slovaque des monts Tatras, dont il raconte les exploits dans plusieurs livres[1]. Sa musique exprime une grande liberté à l'égard des formes et des courants de la modernité, comme dans son *Quintette avec piano* ou dans sa *Sonatine pour piano*. Il mourut tragiquement dans le massif du Mont-Blanc lors d'une expédition de sauvetage d'un camarade-résistant disparu.

[1] Dont *La Croix Bleue, Les Signaux des parois rocheuses, Les Tragédies des Tatras* et *La Trilogie des Tatras*.

En ce mois d'août 1957, Zulawski, que l'on surnommait Wawa dans le milieu de l'alpinisme polonais, vivait à Paris. Les secours engagés dans le massif du Mont-Blanc pour retrouver un ami polonais entré comme lui dans la Résistance durant la Guerre, ne donnaient rien. Ne pouvant supporter l'idée de sa disparition, il se précipita aussitôt pour former une équipe de sauveteurs franco-polonaise. Le 18 août, les recherches se poursuivirent mais en vain, et c'est alors que Zulawski fut emporté par une avalanche de séracs sous la pente septentrionale du Mont Blanc du Tacul, payant ainsi de sa vie pour retrouver son compatriote. Les sauveteurs durent couper la corde qui reliait Zulawski à son partenaire, laissant notre héros profondément enseveli dans la neige compactée par une puissante avalanche, où il resta englouti à jamais. À Chamonix, une plaque commémorative nous rappelle la disparition de l'un des plus grands alpinistes polonais.

Quelque temps auparavant, Zulawski avait déclaré à son frère Adam : « *Quant à mes exploits en montagne, vous n'avez pas à vous inquiéter. En règle générale ce sont les jeunes qui sont tués en raison de leurs ambitions démesurées en termes d'expérience et de technique... Avec l'état des techniques actuelles, je maintiens qu'un accident mortel dans les Tatras pendant l'été est impossible si deux personnes, formant une équipe soudée, respectent scrupuleusement les méthodes de sécurité modernes... En hiver, ou dans les Alpes, la météo peut vous achever, ainsi que ce facteur indépendant de l'homme, l'avalanche*[1]... ». La catastrophe du 18 août 1957 fut précisément causée par ce « *facteur indépendant de l'homme* », qui obligea Zulawski à affronter son destin par devoir envers son compagnon perdu dans la montagne.

Le *Quintette à clavier* de Zulawski date de 1943.

W. Zulawski lors d'une ascension dans les Tatras.

[1] ZULAWSKI (Adam), *Wawrzyniec Zulawski, alpiniste, compositeur, auteur, frère*, 2015.

W. Zulawski lors d'une ascension dans les Tatras.

Richard Strauss, 1864 – 1949.

BIBLIOGRAPHIE

La présente bibliographie ne constitue pas le catalogue exhaustif de toutes les publications relatives au domaine qui nous occupe. Elle ne comprend que les titres cités qui ont nourri nos propos, principalement des biographies, des carnets de voyage et des articles en relation avec les Alpes et les compositeurs. Certains ouvrages sont déjà mentionnés dans les notes de bas de page ou dans les encarts de chapitre.

A

- ARNBOM (Marie-Theres), *Die Villen vom Traunsee, wenn Haüser Geschichten erzählen*, Vienne, Amalthea Signum Verlag, 2019.

B

- BÄDEKER (Karl), *Die Schweiz, Handbuch für Reisende nach eigener Anschauung und den besten Hülfsquellen bearbeitet*, Coblence, Bädeker, 1848.
- BAILY (Kathryn), *The life of Webern*, Cambridge University Press, 1998.
- BARRAUD (Henri), *Hector Berlioz*, Fayard, 1979.
- « Bartók et la Suisse », in *Revue musicale de la Suisse romande*. Extrait de Feuilles musicales, octobre 1950, p. 120.
- BAUER-LECHNER (Natalie), *Souvenirs de Gustav Mahler, Mahleriana*, introduction par Isabelle Werck, éd. L'Harmattan, 1998.
- BEATTIE (Andrew), *The Alps, A cultural History*, Oxford University press, 2006.
- BERLINSKY (Valentin), *Le Quatuor d'une vie*, Éditions Aedam Musicae, 2015.
- BERLIOZ (Hector), *Mémoires*, 2 vol, éd. Pierre Citron, Paris, Garnier Flammarion, 1969.
- BERLIOZ (Hector), *Correspondance générale*, 8 vol., éd. Pierre Citron et Hugh Mac Donald, Paris, Flammarion, 1972-2002.
- BETTEX (Gustav) et GUILLON (Edouard), *Les Alpes suisses dans la littérature et dans l'art*, Matty Librairie, 1913.
- BEWES (Diccon), *Un train pour la Suisse*, Lausanne, éd. Helvetiq, 2014.
- BEWES (Diccon), *Le suissologue, Un regard anglais sur la Suisse*, Lausanne, éd. Helvetiq, 2013.
- BLANCHET (Émile-Robert), *Traité du doigté*, notes inédites de Blanchet, ouvrage constitué et parachevé par Germaine Schmidt et Francis Lombriser.
- BLANCHET (Émile-Robert), *Technique moderne du piano*, Paris, éd. Salabert, 1935.
- BLANCHET (Émile-Robert), *Hors des chemins battus*, éd. Victor Attinger, 1946.
- BORY (Robert), *Une retraite romantique en Suisse : Liszt et la comtesse d'Agoult*, éd. Victor Attinger, 1930.
- BOSTRIDGE (Ian), *Le voyage d'hiver de Schubert, Anatomie d'une obsession*, Actes Sud, 2017.
- BOUCOURECHLIEV (André), *Igor Stravinsky*, Fayard, 1982.
- BOYER (Marc), *Histoire générale du Tourisme du* XVIe *siècle au* XXIe *siècle*, Paris, L'Harmattan, 2005.
- BRANGER (Jean Christophe), *Jules Massenet*, Fayard, 2024.
- BRUCKNER (Anton), *Chronologische Datenbank*, A.Bruckner Institut, Linz.
- BRUNEL (Pierre), *Vincenzo Bellini*, Fayard, 1981.

C

- CAIRNS (David), *Hector Berlioz*, 2 vol., trad. Dennis Collins, Paris, Fayard, 2002.
- CONDÉ (Gérard), *Charles Gounod*, Fayard, 2009.
- CONDÉ (Gérard), *Charles Gounod et le Prix de Rome*, in *Romantisme*, 2011/3 (n° 153).
- CRISPINI (Patrick), *Ramuz-Stravinsky, Chemins faisant, Préface à un programme de concert de L'histoire du Soldat*, Transartis Productions, mai 2013.

D

- D'AGOULT (Marie), *Journal, Mémoires 1833-1854*, volume 2, troisième partie, « *La Passion* », Createspace Indep. Publishing Platform, 2015.
- DANUSER (Hermann), *Gustav Mahler und seine Zeit*, Laaber, 1991.

- De CANDÉ (Roland), *La Vie selon Franz Liszt*, Paris, éd.du Seuil, 1998.
- DE LA GRANGE (Henry-Louis), *Gustav Mahler, chronique d'une vie*, en trois volumes :
  – tome 1 *Les chemins de la gloire (1860-1900)*, Librairie Arthème Fayard (édition originale revue et augmentée), 1979.
  – tome 2 *L'âge d'or de Vienne (1900-1907)*, Librairie Arthème Fayard (pour l'édition française), 1983.
  – tome 3 *Le génie foudroyé (1907-1911)*, Éditions Fayard (pour l'édition française), 1983.
- DELAIGUE-MOINS (Sylvie), *Franz Liszt et George Sand, entre amour et amitié*, Vendeuvres, château de Lancosme, éd. Lancosme, 2000.
- DELAMARCHE (Claire), *Béla Bartók*, Fayard, 2012.
- DES CARS (Jean) et PFEFFER (Frédéric), *Sur les pas de Mozart*, Librairie académique Perrin, 1991.
- DORIGNÉ (Michel), *Serge Prokofiev*, Fayard, 1994.
- DUAULT (Alain), *Dictionnaire amoureux de l'Opéra*, Plon, 2012.
- DUTILLEUX (Henri), *Le Mystère de l'instant.1. Voyage musical* : http://medias.ircam.fr/xcd6967.

E

- EHRISMANN (Sibylle), *Hoch aufn Berg, tief im Thal. Die Schweizer Inspirationen von Johannes Brahms*, catalogue d'exposition, Thoune, Schweizerischer Bankverein, 1997, p. 11-48.
- EIGELDINGER (Jean-Jacques), *Les années de pèlerinage de Liszt. Notes sur la genèse et l'esthétique*, Revue musicale de Suisse romande, XXXIII/4,1980, p. 147-172.
- ENDER (Daniel), HAFOK (Barbara) & WOLF (Axel), *Alban Berg und der Blaue Vogel, Eine Auto-Biographie*, herausgegeben von der Alban Berg Stiftung, Vienne, 2017.

F

- FAUQUET (Joël-Marie), *Voyage d'un musicien en Italie (1809-1812)*, Éditions Mardaga, 1993.
- FEHR (Max), *Richard Wagners Schweizer Zeit*, 2 vol., Aarau/Leipzig, Sauerländer, 1934 & 1953.
- FLEURY (Michel), *Charles Koechlin*, Radio Classique, 2014.
- FÖLLMI (Beat), *Othmar Schoeck ou le maître du Lied*, Genève, Papillon, 2013.
- FRANCOIS-SAPPEY (Brigitte), *Félix Mendelssohn*, librairie Arthème Fayard, 2003.
- FRANCOIS-SAPPEY (Brigitte), *Robert Schumann*, Fayard, 2000.
- FRANCOIS-SAPPEY (Brigitte), *Clara Schumann*, Papillon, 2001.
- FRANCOIS-SAPPEY (Brigitte), *De Brahms à Mahler et Strauss, Le post romantisme allemand*, Fayard, 2010.
- FRANCOIS-SAPPEY (Brigitte), *Johannes Brahms, Chemins vers l'Absolu*, Fayard, 2018.
- FUCHS (Lotte), FUCHS (Anton), LOIBNEGGER (Roland), *Au ihren Spuren in Kärnten von Anton Fuchs*, WÖRTERSEE KULTURT(O)UR, Tourismverband Pörtschach, Austria.
- FUCHSS (Werner), *Béla Bartók en Suisse*, collection « Les Musiciens », Éditions Payot, 1975.

G

- GALLIARI (Alain), *Anton von Webern*, Éditions Fayard, 2007.
- GALLOIS (Jean), *Ernest Chausson*, Éditions Fayard, 1994.
- GIRAUD (Yves), « *Les stéréotypes du voyage à travers les récits de madame de la Briche* », in *Charles de Brosses et le voyage lettré au* XVIII*e siècle* (dir. Sylviane Leoni), Éditions universitaires de Dijon, 2004.
- GIROUD (Françoise), *Alma Mahler ou l'art d'être aimée*, Éditions Robert Laffont, 1988.
- GLASENAPP (Carl Friedrich), *Das Leben Richard Wagners*, 6 vol., Leipzig, Breitkopf & Härtel, 1894-1912.
- GOLDET (Stéphane), *Hugo Wolf*, Fayard, 2003.
- GOLDRON (Romain), « *Johannes Brahms à Thoune* », Revue musicale de Suisse romande, extrait de *Feuilles musicales*, septembre 1959.
- GRAF (Max), *The Legend of a musical city – The story of Vienna*, Literary Licensing LLG, 2012.
- GREGOR-DELLIN (Martin), *Richard Wagner. Sa vie, son œuvre, son siècle*, trad.O.Demange, J.J.Bequet et.al, Paris, Fayard, 1981.
- GUILLON (Edouard) & BETTEX (Gustave), *Les Alpes suisses dans la Littérature et dans l'Art*, Montreux, éd. F.Matty, 1913.
- GUT (Serge), *Franz Liszt*, Paris, De Fallois ; Lausanne, L'âge d'homme, 1989.
- GUT (Serge), *Swiss influences on the compositions of Franz Liszt*, Journal of the American Liszt Society, 38. 1995, p. 1-22
- GYSI (Fritz), « Alpine Darstellungen in der Musik »,

Schweizerisches Jahrbuch für Musikwissenschaft, 1-1924 ETH, Zürich, pp.76-91.

- GYSI (Fritz), *Richard Wagner und die Schweiz*, Frauenfeld/ Leipzig, Huber & Co, 1929.

H

- HAENNI (Georges), « *Les Années valaisannes de Paul Hindemith* », Revue musicale de Suisse romande, numéro spécial P. Hindemith, juin 1972.
- HAILEY (Christopher), *Alban Berg and his world*, New Jersey, Princeton University Press, 2010.
- HALBREICH (Harry), *L'Œuvre d'Olivier Messiaen*, Éditions Fayard, 2008.
- HALBREICH (Harry), *Arthur Honegger*, Fayard, 1992.
- HELL (Henri), *Francis Poulenc*, Fayard, 1978.
- HENDERSON (Donald G.), *The Freischütz Phenomenon : Opera as Cultural Mirror*, Xlibris 2011, Washington, Library of Congress.
- HENSEL (Sebastian), *Die Familie Mendelssohn 1729-1847, Nach Briefen und Tagebüchern*, Hesse & Becker, 1929.
- HÉROLD (Louis Joseph Ferdinand), *Souvenirs inédits de Ferdinand Hérold un musicien français à Vienne en 1815 (voyage de Venise à Vienne par le Tyrol)*, Musicologie.org, publié dans le Bulletin français de la Société internationale de Musique, janvier et février 1910.
- HILL (Peter) & SIMEONE (Nigel), *Olivier Messiaen*, Fayard, 2008.

J

- JAMEUX (Dominique), *L'école de Vienne*, Fayard, 2002.
- JOUTY (Sylvain), *Alpinistes extraordinaires*, Paris, éd. Hoëbeke, 2009.

K

- KELKEL (Manfred), *Alexandre Scriabine*, Fayard, 1999.
- KENNEDY (Michael), *Richard Strauss*, Fayard, 2001.
- KING (Alec Hyatt), *Mountains, Music, and Musicians, The Musical Quarterly*, 31/4, octobre 1945, p. 395-419.
- KOCH (David), *Alle Wochen von uns einen langen Brief*, Correspondance de Willy Burkhard-Indermühle, Schweizer Musikzeitung, n° 6/2015, juin 2015.
- KÖHLER (Marlus) & SCHMIEDEL (Reinhard), *Ernest Krenek*, notice de CD CPO 999203.
- KRAFFT (Nathalie), *Rachmaninov : un beau conte en Suisse*, mai 2013.

L

- LACOMBE (Hervé), *Françis Poulenc*, Fayard, 2013.
- LAKI (Peter), *Bartók and his wold*, Princeton university Press, 1995.
- LAMBERTH (Marion), *Interaktion von Leben und Werk bei Schönberg. Analysiert Anhand seiner Ehekrise des Jahres 1908*, Varia Musiologica, Heft 12, Bern, ed. Peter Lang AG, 2008.
- LANZ (Josef), SCHRÖDER (Nina) & PARTSCH (Erich Wolfgang), *Gustav Mahler in Toblach, Gustav Mahler Gesellschaft*, Brixen, 2005
- LESURE (François), *Claude Debussy*, Fayard, 2003.
- LETELLIER (Robert Ignatus), *Giacomo Meyerbeer, A critical Life and Iconography & Diaries*, Cambridge Scholars Publishing, 2018.
- LETELLIER (Robert Ignatus), *Journal intime (G.Meyerbeer)*, traduit, édité et annoté par Robert Ignatus Letellier, Farleigh Dickinson, University Press, 2004.
- LETEURÉ (Stephane), *Camille Saint-Saëns, le compositeur globe-trotter (1857-1921)*, Arles, Actes Sud, Palazzetto Bru Zane, 2017.
- LINDGREN (Uta), *Voyager entre Salzbourg et l'Italie à la fin du XVIIIe siècle*, Université de Bayreuth, traduction Marc Vignal, *Les Chemins de l'Europe*, sous la direction de Brigitte Massin, actes du Congrès de Strasbourg, 1991.
- LISCHKE (André), *Piort Ilyitch Tchaikovski*, Librairie Arthème Fayard, 1993.
- LISCHKE (André), *Tchaikovski au miroir de ses écrits*, textes choisis, traduits et présentés par A.Lischke, Fayard, 1996.
- LISZT (Franz), « *Avant-Propos* », dans *Album d'un voyageur*, 1re année, Suisse, Vienne, Haslinger, 1842.
- LOCKSPEISER (Edward) & HALBREICH (Harry), *Claude Debussy*, Fayard, 1989.

M

- MAHLER-WERFEL (Alma), *Ma Vie*, traduit de l'allemand par Gilberte Marchegay, pré. Roland Jaccard, Hachette pour la trad.fr., 1985.
- MAHLER-WERFEL (Alma), *Journal intime, Suites, 1898-1902*, trad. de l'allemand et présenté par Alexis Tautou, Paris, Rivage poche, éd. Payot-Rivage, 2012.
- MARI (Pierrette), *Olivier Messiaen*, collection Musiciens de tous les temps, Éditions Seghers, 1965.
- MARNAT (Marcel), *Maurice Ravel*, Fayard, 1995.
- MARTIN (Maria), *Souvenirs de ma vie avec Frank Martin*, Éditions L'Âge d'Homme, 1990.
- MASSIN (Brigitte), *Franz Schubert*, Librairie Arthème Fayard, 1977.
- MASSIN (Brigitte et Jean), *Wolfgang Amadeus Mozart*, Fayard, 1990.
- Matinales d'Espace 2, « *Des musiciens en voyage. Henri Duparc* », émissions radiophoniques, RTS.
- MEYLAN (Pierre), « *Tchaïkovsky à Clarens* », Revue musicale de Suisse romande, extraits de *Feuilles musicales*, 1954-2.
- MICHOT (Pierre), *Les musiciens voyageurs en Suisse*, Association culturelle pour le Voyage en Suisse, 10e anniversaire de l'ACVS, Bulletin n°11,2008.
- MILHAUD (Darius), *Ma vie heureuse*, Éditions Belfond, 1973.
- MILLINGTON (Barry), *Wagner*, Fayard, 1996.
- MITCHELL (Donald), REED (Philip) et COOKE (Mervyn), *Letters from a Life. The Selected Letters of Benjamin Britten*, vol. 3, 1946-1951.
- MONNARD (Jean-François), *Les séjours de Maurice Ravel en Suisse*, Revue musicale de la Suisse romande, mars 2012.
- MOOSER (R. A), *Souvenirs : Genève 1886-1896, Saint Petersbourg 1896-1909,* Georg ed., 1994.
- MORRIS (Christopher), *Modernism and the Cult of Mountains, Music, Opera, Cinema*, Burlington USA, Ashgate, 2012.
- Musée Royal de Mariemont, *Leopold et Wolfgang Amadeus Mozart à Marie Anne et à Nannerl Mozart*, extrait de 400 lettres de musiciens, collection Arthur Warocqué.

N

- NECTOUX (Jean-Michel), *Gabriel Fauré. Les Voix du clair-obscur*, Éditions Fayard, 2008.
- NIEDERMEYER (Alfred), *Souvenirs d'Alfred Niedermeyer, fils du compositeur*, Fondation Niedermeyer (CH).

P

- PALGRAVE SIMPSON (J.), *Carl Maria von Weber, The life of an Artist*, 2 vol., London, Chapman & Hall, 1865.
- PARK-DUFOUR (Marine), *Villa Senar : berceau d'inspiration du dernier compositeur romantique*, février 2018.
- PAROUTY (Michel), *Mozart et ses trois voyages en Italie, Passage des Alpes*, Les Echos, janvier 2006.
- PERRET (Simon-Pierre) et RAGOT (Marie-Laure), *Paul Dukas*, Fayard, 2007.
- PETERMAYER (Klaus), *Anton Bruckner geht wandern. Eine Zwieselalmbesteigung im Jahre 1888*, Gustav Adolf Gassner, Österreichische Touristenzeitung, Jg.1882, page 261.
- PICTET (Adolphe), *Une course à Chamounix, conte fantastique*, 3e édition ; Genève, A. Cherbulliez et Cie ; Paris, Librairie Sandoz et Fischbacher, 1872.
- POULENC (Francis), *Correspondance 1910-1963*, réunie par Myriam Chimènes, Fayard, 1999.
- PUISEUX (Pierre), « *Autour de Zinal – août 1893* », Annuaire du Club alpin français d'août 1893, Paris, 1894.

R

- RAFF (Helene), *Portrait of a life, Joachim Raff, exklusiver Kulturevent der Joachim Raff Gesellschaft im Historichen Grandhotel Giessbach, bei Brienz*, 27-29 avril 2018.
- RAMAUT (Alban), *Berlioz, compositeur romantique français*, Arles, Actes Sud, 1993.
- RAMUZ (Charles Ferdinand), *Souvenirs sur Igor Strawinsky*, *œuvres complètes*, vol. *La Beauté sur la terre*, Éditions Mermod, 1941.
- RAMUZ (Charles Ferdinand), *Souvenirs sur Igor Stravinsky,* L'Aire, 1978.
- REBATET (Lucien), *Une histoire de la musique*, Éditions Robert Laffont, 1969.
- REICH (Willi), *Alban Berg*, Vienne, 1937.

- REICHLER (Claude), *Le voyage en Suisse. Anthologie des voyageurs français et européens de la Renaissance au xxe siècle*, Paris, Laffont, 1998.
- RIEGER (Eva) et SCHROEDER (Hiltrud), *Ein Platz für Götter, Richard Wagners Wanderungen in der Schweiz*, Böhlau Verlag, 2009.
- ROBBINS-LANDON (H.C.), *Dictionnaire Mozart*, traduit par Dennis Collins, éd. J.CL LATTÈS, pour la traduction française, 1990.
- ROPARTZ (Guy), *Notations artistiques. Stockholm en hiver. À Bayreuth. Vers l'Adriatique...*, Éditions Alphonse Lemerre, 1891.
- ROSEN (Charles), *La Génération romantique : Chopin, Schumann, Liszt et leurs contemporains*, trad.G.Bloch, Paris, Gallimard, 2002.
- ROSSET (Georges-A.), « *Ernest Ansermet : l'aube d'une glorieuse carrière : Clarens et Les Diablerets* », Revue historique vaudoise, n° 91, 1983, p. 178.
- ROSTAND (Claude), *Johannes Brahms*, Fayard, 1978.
- RUSKIN (John), *Écrits sur les Alpes*, textes réunis et présentés par Emma Sdegno et Claude Reichler, trad. André Hélard, Paris, Presses universitaires de Paris-Sorbonne, 2013.

S

- SAMUEL (Claude), *Prokofiev*, Seuil coll. Solfèges, 1960.
- SAUSSURE (Horace Bénédict de), *Voyage dans les Alpes. Partie pittoresque*, Paris, Abraham Cherbuliez, 1834.
- SCHLICK Dr. (Hartmut), *Eine musikalische Bergtour ohne Gipfelkreuz, Die Alpensinfonie von Richard Strauss*, Akademie Aktuell, Focus., 2019.
- SCHNEIDER (Mathieu), *L'Utopie suisse dans la musique romantique*, Paris, Éditions Hermann, 2016.
- SCHUBERT (Giselher), *Hindemith*, Hamburg, Rowohlt, 1981.
- SCHUMANN (Robert), *Reise nach des Schweiz und oberitalien.1829, Tagebuch Band 1, 1827-38*, Herausgegeben von Gerd Nauhaus, ed. Stroemfeld/Roter Stern, Basel & Frankfurt am Main, 1982.
- SCHWARZ (Manuela), *Vincent d'Indy et son temps*, Sprimont, Mardaga, 2006, p. 195-210.
- SENANCOUR (Étienne Pivert de), *Oberman*, éd. Fabienne Bercegol, Paris, GF Flammarion, 2003.
- SIMON (D.) & DENTAN (G.), *Hommage à C.F.Ramus*, La Concorde, 1947.
- SPALINGER (René), *Quand Mozart traversait la Suisse*, éd. Slatkine, 2022.
- SPOHR (Ludwig), *Selbstbiographie*, 2 volumes, Kassel, 1860-1861. Traduction anglaise, Longman, Green, Longman, Roberts & Green, *The Musical Journeys of Ludwig Spohr*, pp. 241-245.
- STEINER (Ena), *Schoenberg on Holiday : His six summers on Lake Traun, The Musical Quarterly,* vol.72, n° 1 (1986), p.28-50.
- STEVENS (Denis), *Mendelssohn in Switzerland, The Musical Times*, vol.132 n°1 (august 1991), p.413-414.
- STIERLIN-VALLON (Henri), « *E.-R. Blanchet, le musicien-poète* », dans *Feuilles musicales*, 2e année, Lausanne, décembre 1949 (n° 1949-8).
- STÖCKLER (Eva Maria), *Reisebuch aus den österreichischen Alpen op.62 (1929)*, article, mai 2010.
- STRAUSS (Richard) & THUILLE (Ludwig), *Briefe der Freundschaft 1877-1907*, Munich, Éditions Alfons Ott, 1969.
- STRAVINSKY (Igor), *Chroniques de ma vie*, Éditions Denoël et Steele, 1935.
- STUCKENSCHMIDT (Hans Heinz) & POIRIER (Alain), *Arnold Schöenberg*, Fayard, 1993.
- STUPPAN (Wolfgang), « *Alpenmusik* », in Musik in Geschichte und Gegenwart, Kassel, Bärenreiter, 1994-2007, t. I, col.470-479.
- SZABOLCSI (Bence), *Bartók, sa vie et son œuvre*, Paris, Boosey & Hawkes, 1968.

T

- TARENNE (George), *Recherche sur le Ranz des vaches ou sur les chansons pastorales des bergers de la Suisse ; avec musique*, Paris, F.Louis, 1813.
- TCHAMKERTEN (Jacques), *L'expatrié et les Mandarins : Helvetia d'Ernest Bloch et la poétique de la « vieille Suisse »*, Annales Suisses de Musicologie, Neue Folge 36 (2016), Bern, Verlag Peter Lang, pp.63-89.
- THIRIEZ (Frédéric), *Dictionnaire amoureux de la Montagne*, Paris, éd. Plon, 2016.
- TRENKER (Marianna), *Gustav Mahler's stay at Carbonin Vecchia*, mémoires de la fille adoptive de la famille Trenker, Toblach, 1938.

- TROYAT (Henri), *La Baronne et le Musicien, Madame von Meck et Tchaikovski*, Grasset, 2006.

U

- UZY (Agnès), DONZEL (Catherine) & WALTER (Marc), *Voyages dans les Alpes*, éditions du Chêne. Coll. Voyages, 2007.

V

- VAN MOERE (Didier), *Montagnes imaginées, montagnes représentées. Nouveaux discours sur la montagne, de l'Europe au Japon*, collectif sous la direction d'André Siganos et Simone Vierne, ELLUG, Université Stendhal, Grenoble, 2008.
- VAN MOERE (Didier), *Szymanowski*, Éditions Fayard, 2008.
- VAN NEVEL (Paul), *Nicolas Gombert et l'aventure de la polyphonie franco-flamande*, Paris, Éditions Kargo & l'Éclat, 2004.

W

- WAGNER (Cosima), *Die Tagebücher*, 2 vol éd. Martin Gregor-Dellin & Dietrich Mack, Munich, Piper, 1976-1977.
- WAGNER (Cosima), *Journal*, 4 vol., éd. Martin Gregor-Dellin & Dietrich Mack, trad. M-F.Demet, Paris, Gallimard, 1979.
- WAGNER (Daniel), *Inspiration in der Sommerfrische*, Wienerzeitung, déc.2012
- WAGNER (Richard), *Sämtliche Briefe*, tome XI, publié par Martin Dürrer, 1999.
- WAGNER (Richard), *Mein Leben, ML II.26*, Éditions Martin Gregor-Dellin, 1963.
- WAGNER (Richard), *Ma Vie*, trad. N. Valentin & A. Schenk, Éditions Perrin, 2012.
- WAGNER (Richard), *Lettres de Richard Wagner à Minna Wagner*, trad. Maurice Rémon, avant-propos de Gustave Samazeuilh, Paris, Gallimard, 1943.
- WALKER (Alan), *Franz Liszt*, 2 vol., trad.H.Pasquier, Paris, Fayard, 1989
- WALLACE (Lady, trad.), *Letters of Felix Mendelssohn Bartholdy, from Italy and Switzerland*, Oliver Ditson & Co., Boston, Kessinger Publishing, 2010.
- WARRACK (John), *Carl Maria von Weber*, Fayard, 1987.
- WEBER (Carl Maria von), *Weber Gesamtausgabe Tagebücher*.
- WEBER (Carl Maria von), *La Vie d'un musicien et autres écrits,* traduction de l'allemand par Lucienne Gérardin, présentation et notes de Gérard Condé, Éditions Jean-Claude Lattès, 1986.
- WERLEY (Matthew), *The architecture of trauma, Richard Strauss, Salzburg, and the Great War*, Routledge Publishing, 2018.
- WIDMANN (Josef), *Johannes Brahms*, Amerbach, 1947.
- WIDMER (Urs), *Reise an den Rand des Universums*, Diogenes, 2014, traduit de l'allemand par Camille Luscher, in *Le Courrier* du 6 mai 2014.
- WIGHTMAN (Alistaire), *Karol Szymanowski, His Life and Work*, London-New-York, Routledge, 1999.
- WOLF (Christian) et MAY (Jürgen), *Bei Richard Strauss in Garmisch-Partenkirchen*, München, Éditions Prestel, 2008.

Z

- ZABIEGA (Tadeusz), *Anton Webern et l'idée de la nature*, Revue musicale de Suisse romande, mai 1981.
- ZERMATTEN (Maurice), *Souvenirs sur Paul Hindemith*, in *Revue musicale de Suisse romande*, numéro spécial P. HIndemith, juin1972.

La Symphonie n° 7 de Joseph Joachim Raff, 1875.

Richard Strauss

REMERCIEMENTS

Ma gratitude est grande envers Catherine Destivelle, grande alpiniste française et directrice des éditions du Mont-Blanc, dont la fibre musicale n'est pas étrangère à la publication de cet ouvrage. Je remercie l'équipe éditoriale et les nombreuses personnes qui ont permis de documenter ce livre, parmi lesquelles : Philip Leussink de la Frank Martin Society, Regula Koch de l'association Fritz Brun (CH), Daria Obmann du château de Leonstein, Stefan Koch de l'association Richard Stöhr, Irene Imseng Murmann de la Gemeine Verwaltung Blatten (CH), Arthur Vieille de la Maison d'Igor à Morges (CH), Mégane Rime, conservatrice du Musée historique de la ville de Vevey (CH), Veronica Lisino du Musée national de la montagne CAI à Turin, Alison Thomas de l'association Theodor Leschetitsky, Yvonne Götte des archives Joachim Raff à Lachen (CH), Jürg Schmutz et Jürg Dirt des archives d'état du Canton de Lucerne, Roland Schmidt-Hensel des archives Mendelssohn à la Bibliothèque d'État de Berlin (Preussische Staatsbibliothek), Nathalie Barnier du service des collections du Musée alpin de Chamonix, Virág Büky, des archives Béla Bartók de Budapest (HUN-REN), Dr Veronika Rall et Dr med. P.R.Berry des archives Wilhelm Mengelberg/Casa Zuort, Moritz Ablinger du Turistverband Attersee, Karl C.Weigl de la Fondation Karl Weigl, Dr Simon Obert des archives de la Fondation Paul Sacher de Bâle (CH), Christoph Leibundgut de Interlaken Tourism (CH), Eingestellte Bahnen (CH). Je remercie également le Centre de documentation de la Fondation Louis Niedermeyer à Nyon (CH), l'Institut Richard Strauss de Garmisch-Partenkirchen, le Centre Arnold Schönberg, la Fondation Alban Berg, la Gustav Mahler Foundation, la Fondation Paul Hindemith de Blonay (CH), Britten-Pears Arts d'Aldeburgh (UK), la Bibliothèque nationale d'Autriche à Vienne (ÖNB), l'Office du Tourisme de la vallée de Chamonix, Christine Étienne du Val d'Évolène et Franziska Kaufmann.

Enfin, je tiens à remercier Laure Roussel pour sa relecture attentive et ses conseils judicieux, ainsi que mon épouse, pour sa bienveillance et sa patience durant la rédaction et lors des nombreuses visites sur le terrain.

L'AUTEUR

Dominique Huybrechts est né à Bruxelles et vit dans le Hainaut occidental. Après avoir obtenu ses diplômes de violoniste-altiste au Conservatoire royal de musique de Bruxelles et d'historien d'art à l'Université libre de Bruxelles, il passe quelque temps en orchestre avant de se consacrer pendant près de quarante ans à l'enseignement du violon, de l'alto et de la musique de chambre. Il dirige aujourd'hui un festival de quatuor à cordes à Tournai. Comme historien, il a publié un ouvrage sur les musiciens pendant la Grande Guerre (*Musiciens des tranchées*, Éditions Racine) et une série de livres consacrés au quatuor à cordes (*Voces Intimae* aux Éditions Wapica, *L'Âge d'or du quatuor à cordes*, *Le Quatuor Schuppanzigh*, *Lutherie du quatuor contemporain* aux Éditions Proquartetto).

CRÉDITS

p. 4: Collection Yves Ballu / p. 6: Fondation P. Sacher / p. 10: Adobe Stock / p. 11: A.Callegari / p. 12: Collection Yves Ballu / p. 15: Fondation Karl Weigl / p. 16: D. Huybrechts / p. 19: Collection Jacques Perret / p. 20: carte postale ancienne Eingestellte-Bahnen.ch / p. 21 haut: Richard Strauss Institut, G.P. / p. 21 bas: Staatsarchiv Kanton Luzern / p. 23 haut: Aquarelle de Jean Dubois, avec l'aimable autorisation du Musée alpin de Chamonix, réf.: M1053. AG1374 / p. 23bas: D. Huybrechts / p. 24: © Ditta Pásztory, Bartók Archives Budapest / p. 27 gauche: 22summits.ch / p. 27 droite: Archives Ledo Stefanini / p. 28: Karl Weigl Foundation / p. 30: Mahler Foundation / p. 33 (gauche et droite): Richard Strauss Institut, G.P. / p. 37 haut: gravure de Louis Bertrand, Archives Jacques Perret / p. 37 bas: D. Huybrechts / p. 38: Collection Jacques Perret / p. 40: D. Huybrechts / p. 43: Collection Jacques Perret / p. 45 haut: © Musée d'art et d'histoire, Ville de Genève, photographe: Yves Siza / p. 45 bas: D. Huybrechts / p. 46: collection Jacques Perret / p. 48 gauche: collection Alamy / p. 48 droite: © booking.com / p. 49 gauche: © hôtel Le Mandarin oriental / p. 49 droite: Alamy / p. 51: D. Huybrechts / p. 52: D. Huybrechts / p. 53: Interlakentourism / p. 54: collection Jacques Perret / p. 55, 56, 57: D. Huybrechts / p. 58 gauche: Staatsbibliothek zu Berlin, réf.: MA-BA-13, domaine public / p. 58 droite et 59: Alamy / p. 61: D. Huybrechts / p. 62 bas gauche: Alamy / p. 62 bas droite: Lithographie de Charles Weibel, Musée alpin de Chamonix-Mt Blanc. réf. AG156 / p. 62 haut droite: collection Jacques Perret / p. 63 gauche et droite: D. Huybrechts / p. 64 gauche: Staatsbibliothek zu Berlin, réf. MA-BA-11 / p. 64 droite: G. Huybrechts / p. 65 gauche haut et bas: D. Huybrechts / p. 65 droite haut gauche: Staatsbibliothek zu Berlin, réf. MA-BA-12 / p. 65 droite haut droite: D. Huybrechts / p. 65 droite bas: Staatsbibliothek zu Berlin, réf. MA-BA-10 / p. 66 gauche: Mitsuho Sakata. Pixabay / p. 66 droite: D. Huybrechts / p. 67 gauche haut: D. Huybrechts / p. 67 gauche bas: Staatsbibliothek zu Berlin, réf. MA-BA-188,61 / p. 67 droite: D. Huybrechts / p. 68: Valais & Heinrich Siegfried, Bibliothèque nationale suisse GS-GRAF-ANSI-SZ-22 / p. 69: D. Huybrechts / p. 71: collection Jacques Perret / p. 73: OT Vallée de Chamonix-Mt Blanc / p. 75: Alamy / p. 77: D. Huybrechts / p. 79: Alamy / p. 81: Phototypie Co, Neuchâtel, carte postale 1921 / p. 83 haut: Marcel Schiegg, Appenzell.ch / p. 83 bas: T. Huybrechts / p. 84: D. Huybrechts / p. 85: Peinture de 1850, domaine public / p. 86: Library of Congress, domaine public / p. 88: Staatsbiliothek zu Berlin. Réf.: MA-BA-14 / p. 89: AG103 Photoglob Zürich ca. 1900, Musée alpin de Chamonix / p. 90: St Moritz Tourismus AG / p. 91: archives Yves Ballu / p. 93: Alamy / p. 94: D. Huybrechts / p. 95: Schloss leonstain.at / p. 96: Alamy / p. 97: Staatsbibliothek zu Berlin, Réf.: MA-BA-07 / p. 98: D. Huybrechts / p. 99: Interlakentourism / p. 101 haut: InterlakenTourism / p. 101 bas: F. Huybrechts / p. 103: Gettyimages / p. 105: Carte postale ancienne, Riviera-images / p. 107: alamy / p. 108: ÖNB / p. 110, 112, 113: D. Huybrechts / p. 114: Interlaken Tourismus / p. 115: collection J. Perret / p. 116: D. Huybrechts / p. 117 haut: R. Strauss Institut, G.P. / p. 117 bas gauche: A. Schoenberg Center / p. 117 bas droite: Privatarchiv Peter Grill / p. 119: Stock Adobe / p. 120 haut et bas: Richard Strauss Institut, G.P. / p. 121 haut D. Huybrechts / 121 bas: Richard Strauss Institut, G.P. / p. 122: Collection Musée de Montreux / p. 123 gauche et droite: Richard Strauss Institut / p. 125 hautgauche: Carte postale ancienne, Musée historique de Vevey / p. 125 droite: Musée historique de Vevey / p. 127 gauche: D. Huybrechts / p. 127 droite: Stock Adobe / p. 128: TVB Attergau/ Moritz Ablinger / p. 131: D. Huybrechts / p. 132: D. Huybrechts / p. 134: Anniviers Tourisme / p. 136 gauche et droite: D.Huybrechts / 138: Alamy / p. 140 gaucheet droite: Alamy / p. 140 gauche: Alamy / p. 140 droite: T. Huybrechts / p. 141, 142 gauche et droite: D. Huybrechts / p. 143: ÖNB / p. 145: Bibliothèque nationale suisse, cabinet des estampes / p. 147: Coll. Musée Paderewski, Morges CH / p. 149 gauche: K. Weigl Foundation / p. 149 droite: Fondation R. Stöhr / p. 151: F. Brun Stiftung / p. 152: Gemeinde Verwaltung Blatten CH / p. 155: ARB Sammlung / p. 157: TVBFerienregiontraunsee / p. 159: D. Huybrechts / p. 160 gauche et droite: cartes postales anciennes, domaine public / p. 162, 164 haut et bas: D. Huybrechts / p. 166: Maria Hercz, Zug, *Béla Bartok en Suisse*, Werner Fuchss, Éditions Payot / p. 167 haut et bas: Bartók Archives Budapest, HUN-REN / p. 169: Werner Fuchss, *Béla Bartók en Suisse*, Éditions Payot, 1973 / p. 170: D. Huybrechts / p. 171 haut: Alamy / p. 171 bas: Igor.ch / p. 172: D. Huybrechts / p. 173: Alamy / p. 175: Hof Zuort / p. 176: Alamy / p. 177: OT. Vallée de Chamonix-Mt Blanc / p. 179, 180: Alamy / p. 181, 182 et 183: Fondation Paul Sacher / p. 184: Alamy / p. 186 gauche: Franziska Kaufmann / p. 186 bas: Alamy / p. 187: René Slinckx / p. 189: Matin Glandschnig / p. 192: Alamy / p. 194: Alban Berg Stiftung / p. 195 et 196: Fondation P. Hindemith de Blonay / p. 197: D. Huybrechts / p. 199: F. Martin Society / p. 200: Lötschental Marketing AG / p. 201 et 202: Britten-Pears Arts / p. 204haut et bas: D. Huybrechts / p. 205: Christine Etienne / p. 206: Archives Henri Dutilleux / p. 208 et 209: Damian Granowski / p. 210: Alamy / p. 217: Collection Yves Ballu / p. 218: Alamy.

DANS LA MÊME COLLECTION MONTAGNE-CULTURE :

- *REGARDS SUR LES ALPES*, JACQUES PERRET, 2011.
- *MONT-BLANC, PREMIÈRES ASCENSIONS*, MICHEL JULLIEN ET JACQUES PERRET, 2012.
- *LA MONTAGNE À LA UNE*, PHILIPPE BONHÈME, 2013.
- *ALPINISME, LA SAGA DES INVENTIONS*, GILLES MODICA, 2014.
- *DOLOMITES, 150 ANS D'HISTOIRE*, BERNARD VAUCHER, 2016.
- *FONTAINEBLEAU, 100 ANS D'ESCALADE*, GILLES MODICA, 2017.
- *LA MONTAGNE SOUS PRESSE, 200 ANS DE DRAMES ET D'EXPLOITS*, YVES BALLU, 2018.
- *LA CONQUÊTE NATURALISTE DU MONT-BLANC*, ÉRIC ASSELBORN, 2018.
- *HAUTE MONTAGNE. 100 ANS DE GRAND ALPINISME AVEC LE GHM*, PHILIPPE BRASS, DAVID CHAMBRE, GILLES MODICA ET BERNARD VAUCHER, 2019.
- *PIOLETS D'OR. LES PLUS BEAUX EXPLOITS DE L'ALPINISME MODERNE*, DAVID CHAMBRE ET CLAUDE GARDIEN, 2021.
- *LE 9ᴱ DEGRÉ, TOUTE L'HISTOIRE DE L'ESCALADE*, DAVID CHAMBRE, 2022.
- *MONT BLANC. LA VÉRITABLE HISTOIRE DE LA PREMIÈRE ASCENSION*, GRAHAMBROWN ET GAVIN DE BEER, 2024.

IMPRIM'VERT®

Achevé d'imprimer en octobre 2024 sur les presses de la SEPEC en France
Numéro d'impression : 24132240502

Certifié PEFC
Ce produit est issu de forêts gérées durablement, de sources recyclées et contrôlées
PEFC 10-31-3532
www.pefc-france.org